HISTORIA MÍNIMA
DE LOS FEMINISMOS EN AMÉRICA LATINA

Colección
HISTORIAS MÍNIMAS

Director
Pablo Yankelevich

Consejo editorial
Soledad Loaeza
Carlos Marichal
Óscar Mazín
Erika Pani
Francisco Zapata

HISTORIA MÍNIMA
DE LOS FEMINISMOS EN AMÉRICA LATINA

Dora Barrancos

EL COLEGIO DE MÉXICO

305.42098
B2689h
　　　Barrancos, Dora
　　　　　Historia mínima de los feminismos en América Latina / Dora Barrancos -- 1a. ed. -- Ciudad de México : El Colegio de México, 2020.
　　　　　274 p. ; 21 cm -- (Colección Historias mínimas)

　　　　　ISBN 978-607-564-185-0 (volumen 2)
　　　　　ISBN 978-607-564-173-7 (obra completa)

　　　　　1. Feminismo -- América Latina -- Historia -- Siglo XX. 2. Mujeres -- Condiciones sociales -- América Latina -- Historia. 3. Derechos de la mujer -- América Latina -- Historia. 4. Feminismo -- América Latina -- Historia -- Siglo XXI. I. t. II. ser.

Historia mínima de los feminismos en América Latina
Dora Barrancos

Primera edición, agosto de 2020

DR © EL COLEGIO DE MÉXICO, A.C.
　　　Carretera Picacho-Ajusco 20
　　　Ampliación Fuentes del Pedregal
　　　Alcaldía Tlalpan
　　　14110 Ciudad de México
　　　www.colmex.mx

ISBN 978-607-564-185-0 (volumen 2)
ISBN 978-607-564-173-7 (obra completa)

Impreso en México

ÍNDICE

Prefacio
11

Introducción
17

PRIMERA PARTE
Feminismos en México, Centroamérica y el Caribe
Notas introductorias, 47; México, 51; Guatemala, 69;
El Salvador, 74; Honduras, 78; Nicaragua, 83; Panamá, 87;
República Dominicana, 91; Cuba, 95; Costa Rica, 100

SEGUNDA PARTE
Feminismos en América del Sur
Notas introductorias, 109; Venezuela, 112; Colombia, 118;
Ecuador, 129; Perú, 137; Bolivia, 145; Chile, 155; Paraguay, 168;
Brasil, 177; Uruguay, 188; Argentina, 198

Posfacio
Feminismos latinoamericanos del siglo XXI
Notas introductorias, 213; *#NiUnaMenos* y la campaña nacional por el aborto en Argentina, 222; Mayo feminista en Chile: insurgencias desde la Universidad, 229; Mujeres movilizadas por la paz en Colombia, 235; La mayor movilización de mujeres en la historia de Brasil: "Ele não", 239; Feminismos con tonos nativos y los juicios de *Abya Yala* a la justicia patriarcal, 244; La cruzada contra la ideología de género, 251

Notas bibliográficas, 259

*Para Valentina y Martina,
que ya cargan bandera*

AGRADECIMIENTOS

La empresa de escribir este libro ha sido una de las más difíciles que he asumido, por el objeto y sus localizaciones a lo largo de toda América Latina, y también por el contexto de la escritura, una vorágine con tantas demandas militantes en el último año. Es enorme la contribución de la historiografía de las mujeres, de las relaciones de género, de las disidencias sociosexuales en la región, y desde luego es encomiable el esfuerzo por construir la historia de los feminismos. Pero sigue siendo difícil el acceso a las fuentes, aunque debe reconocerse que algunos países han hecho la ardua tarea de reunir en bases disponibles las publicaciones periódicas producidas por las feministas. Debo a muchas personas toda suerte de contribuciones, y a riesgo de injustas exclusiones quiero reconocer especialmente, en primer lugar, a Pablo Yankelevich, a su apuesta por esta historia para incluirla en la consagrada colección de las Historias Mínimas, a sus ideas y consejos. Es inmensa mi gratitud a Adriana Valobra, Eugenia Rodríguez Sanz, Donna Guy, Asunción Lavrin, Gabriela Cano, Joana Pedro, Graciela Sapriza, Kemy Oyarzun, Olga Grau, Lorena Soler, Yolanda Marco, Paola Andrea Díaz Bonilla, Adriana Boria, Ana Laura Martin, Gabriela Schvartzman, Margareth Rago, María Himelda Ramírez Rodríguez, Patricia Funes. Al Centro de Investigaciones y Estudios de Género (CIEG) de la Universidad Nacional Autónoma de México. A Juan Manuel Ontivero por la dedicación correctora.

A mi amada familia, y a Eduardo, sostén invariable en tantas décadas.

PREFACIO

> No se nace feminista, de la misma
> manera que no viene embutido en la
> especie el orden patriarcal

Este libro se propone narrar de modo sucinto el largo periplo de las acciones protagonizadas por las feministas en los países latinoamericanos. El objetivo central es que amplios públicos puedan conocer los aspectos fundamentales de las luchas por los derechos de las mujeres sostenidas en cada uno de los países de la región. Aspiro a que se adviertan al menos las principales acciones emprendidas por las participantes en los ciclos históricos transcurridos desde su aparición como fenómeno, inicialmente acotado, en cada una de las sociedades de América Latina, hasta la experiencia inédita de nuestros días en las que se asiste a una "masividad" de la inscripción feminista. Ese propósito fundamental obliga a que el planteamiento resulte necesariamente selectivo respecto de la miríada de acciones desarrolladas por las activistas en América Latina. Es necesario también decir que el periodo investigado se detiene, en los diferentes territorios, en los procesos del siglo XX y sólo por excepción se introducen acontecimientos acaecidos en el siglo XIX. Pero el capítulo final, que obra como posfacio, presenta una síntesis de lo que ha estado ocurriendo en las casi dos décadas del nuevo siglo, los desafíos de los feminismos renovados en la mayoría de los países, pues se asiste a una coyuntura excepcional de renacimiento de las demandas vinculadas sobre todo a la violencia y a la legalización del aborto. Quedarán de lado no pocas experiencias en cada país, toda vez que se trata de revisar las cuestiones más importantes de las agencias que hicieron posible la obtención de derechos para las mujeres y que, más allá de los zigzagueos, acabaron solidarizándose también con las luchas de quienes resultaban discriminados a causa de su orientación sexual y de género. Las movilizaciones de las feministas han sido fundamentales para otros colectivos en procura de reconocimiento y dignidad, aunque no ha sido fácil concitar alianzas y reconocimientos mutuos. Y aunque hoy se ha tornado amigable la identidad feminista debido a la masividad de la acogida de las exigencias de equidad entre los géneros, todavía concita prevenciones e incluso denostaciones. Ahí radica todavía su carácter insurgente, pues nada debería estar más lejos de la apuesta feminista que la adaptación, la resignación o la incuria. En el pasado, decirse feminista era llamar la atención acerca de la posibilidad de una confusión sexual, un plano inclinado de pérdida de la *esencia femenina*, una amenaza a roles que era menester preservar para no poner a las sociedades patas para arriba. No se veía fuera de lo común el epíteto de *marimachos* arrojado a conjuntos de militantes. Por eso resultaba corriente cierta cautela en materia de adhesión feminista, una confesión que en lo posible se evitaba. Pero muchas militantes solían pronunciar con absoluta llaneza su identificación con los reclamos feministas y hasta se permitían cálculos sobre el impacto de sus expresiones que podían sonar a un revulsivo. Tal vez éste haya sido —y siga siendo— el propósito agregado del alineamiento con las luchas por la equidad entre los géneros, por la igualdad de oportunidades en todos los órdenes de la vida social, cualquiera que sea la inscripción sexo-genérica. En todas las sociedades los varones fueron a menudo sorprendidos por el alcance de las demandas, y muy especialmente por el presunto caos social y moral que podía arrojar la incorporación de las mujeres a la vida política, su inscripción en actividades no convencionales. En todos los territorios hubo reacciones y no sólo masculinas. Muchas mujeres no deseaban adherirse al ideario feminista, aun cuando en algunas regiones los contextos patriarcales habían transformado bastante las prevenciones. En efecto, hubo medios político-sociales que resultaron atravesados por las manifestaciones progresistas, por agencias liberales más radicalizadas y por socialistas. Allí donde la masonería hacía un lugar a la denominada "masonería por adopción", hubo un cierto resquebrajamiento de la misoginia y hasta puede asegurarse que muchos grupos anarquistas entraron en crisis a raíz de las mayores exigencias enarboladas por sus adherentes femeninas.

Pero no podría cerrar este prefacio sin aludir a la situación general de América Latina como contexto gravitante de la incorporación de las agencias feministas, y me explayaré sobre el concepto de *agencia* que usaré a menudo en este recorrido histórico. Una amplia bibliografía sociológica emplea el vocablo agencia para informar de las acciones que emprende un grupo humano en su voluntad por obtener determinados objetivos, especialmente por conquistar derechos. El término agencia en este libro se emplea para dar a conocer los colectivos femeninos empeñados en transformar las condiciones de existencia, en modificar la falta de reconocimiento y la subordinación social. Los movimientos integrados por las mujeres decididas a la conquista de derechos entrañan la constitución de agencias toda vez que sostienen un programa de reivindicaciones. Agenciar en torno de prerrogativas que eliminen la inequidad sintetiza la larga saga de las formaciones feministas en los diferentes países de América Latina.

El siglo XX fue altamente convulsionado en toda la región, y sus consecuencias centrales han sido —y en buena medida siguen siendo— la vulnerabilidad de la mayoría de sus poblaciones expuestas a la explotación económica y a la segregación social, al dominio de poderosos grupos económicos en gran parte internacionales, con enormes dificultades para alcanzar ciudadanía plena. Entre la mayoría de las poblaciones indígenas, campesinas y en la vastedad de los sectores trabajadores en diferentes ramas de actividad con salarios depreciados, las mujeres han sido las menos reconocidas y las más victimizadas por la pobreza. Desde luego no han sido pocas las transformaciones habidas toda vez que pudieron intervenir gobiernos de corte popular y orientados a la distribución de la renta, que significaron oportunidades para ampliar el mercado interno y el empleo, controlar los procesos de concentración de riqueza e incrementar la equidad entre los sectores sociales.

Pero más allá de las políticas distributivas vividas en la región, resulta moneda corriente que las tasas de participación en la población económicamente activa (PEA) de las mujeres latinoamericanas en promedio no sobrepasaban 34% a mediados del siglo pasado, aunque en todos los países se constata el mismo fenómeno del subregistro censal por razones valorativas patriarcales: en todos los países el trabajo femenino estuvo castigado por la escasa legitimidad ya que las funciones imperativas han sido las hogareñas. La excepción en cualquier lugar fue el desempeño en la docencia, puesto que la enseñanza de párvulos era de absoluta adecuación a las funciones naturalmente prescritas para las mujeres. La brecha salarial entre varones y mujeres fue de más de 50% en un buen número de actividades en las primeras décadas del XX, por ejemplo, en la industria del calzado, y muy segregada en industrias caracterizadas por la radicalidad obrera, como la gráfica, en donde casi no se admitía mujeres en los puestos de mayor calificación, como la tipografía. Pero al finalizar el siglo, la brecha remunerativa pudo disminuir bastante y se ubicó quizá en torno de 25%, y aunque las mujeres pudieron calificarse singularmente desde los años 1960, década en la que ingresaron de modo masivo a las universidades, y se desempeñan en la actualidad en actividades que les eran escatimadas —cuando no impedidas—, como investigar en laboratorios dedicados a biología molecular, pilotar aviones comerciales, actuar como juezas y presidir naciones. Gran parte de esos cambios tuvo que ver con la saga de los feminismos y con las luchas que sostuvieron, con la persistencia con que actuaron sorteando coyunturas aciagas, recuperándose tras sangrientas dictaduras.

Al cierre de este libro se observa nuevamente una América Latina amenazada por las fórmulas neoliberales que siempre han significado un azote para las mayorías y que han vulnerado mucho más a las mujeres, en cualquier caso las peor colocadas en el mercado laboral, con altas tasas de desempleo y sobreexigencias de desempeño para suplir la retirada del Estado de los resortes básicos de la sobrevivencia. Se ha asistido a insurgencias populares en varios países y, de manera trágica, se ha interrumpido el sistema democrático en Paraguay, Honduras, Brasil y muy recientemente en Bolivia, país que está viviendo regresiones ominosas de discriminación, hostilidad y persecución a sus propias poblaciones aborígenes que constituyen, además, la enorme mayoría de los habitantes. Se observan violentas acciones represivas contra quienes defienden el orden constitucional, pero se asiste a resistencias valerosas, y es particularmente conmovedora la decidida acción de las mujeres.

Ojalá que este texto sirva para ayudar a muchas congéneres a sacudir las adhesiones esencialistas y a otorgarse una nueva subjetividad en cauces liberadores, pero esperamos también que unos cuantos varones abandonen las actitudes patriarcales. Es una invitación para que abdiquen definitivamente del largo usufructo de una jerarquía que no tiene asidero, que no responde a ningún mandato natural, ni sobrenatural, pues ha sido fruto de una insidiosa construcción sociocultural a lo largo de los tiempos.

INTRODUCCIÓN

DE LOS PRIMEROS FULGORES
A LA MADUREZ DEL MOVIMIENTO FEMINISTA

El feminismo es una corriente de pensamiento y de acción política cuyo objetivo central se sintetiza en la conquista de la igualdad de derechos para las mujeres y en consecuencia su propósito es extinguir toda y cualquier tutela masculina subordinante. Surgió a mediados del siglo XIX —aunque pueden encontrarse trazos anticipatorios en épocas anteriores— y se ha manifestado por medio de diversos movimientos y de distintas fórmulas metodológicas. En efecto, aunque hubiera idénticos objetivos en las agendas de los diferentes grupos, los modos de articulación y sobre todo los métodos de acción pudieron ser contrapuestos. De tal modo que es conveniente referirnos en plural a "los feminismos" para dar a conocer las agencias que han contendido para hacer posibles cambios de la condición subalterna forjada por el sistema patriarcal. Este sistema, surgido en algún momento de la evolución del periodo Neolítico y como fenómeno muy probablemente vinculado a la larga "revolución agrícola", desarrolló ideas y prácticas de sometimiento de las mujeres, y aunque ha sufrido modificaciones según tiempos y contextos, también redujo la consideración de los varones que no se adecuaban a la exigencia normativa de la masculinidad. El orden patriarcal tuvo enorme responsabilidad en el remoto origen de la desigualdad social ya que las oposiciones debidas al sexo se encuentran entre las primeras formas de jerarquización que conocieron las sociedades humanas. Para Friedrich Engels, quien con Karl Marx fue una de las figuras centrales del cauce del "materialismo histórico" surgido en el siglo XIX, la propiedad privada se hallaba en la base angular de la creación del patriarcado y así lo sostuvo en su clásico texto aparecido en 1884 —después de una larga investigación—, *El origen de la familia, la propiedad privada y el Estado*. La hipótesis de Engels se basaba en una serie de interpretaciones de la época, algunas muy elaboradas, como las del singular etnógrafo Lewis Morgan, pero la renovación historiográfica relacionada con la condición de las mujeres y las relaciones de género de las últimas décadas produjo una reinterpretación integral del fenómeno del patriarcado, coincidente con la idea de que éste se originó antes de la experiencia privatizadora de la tierra y de otros bienes. La mayoría de las investigaciones con que hoy contamos llega a la conclusión de que el dominio ejercido por los varones ya existía cuando se establecieron las diferencias entre grupos a propósito de la propiedad privada. Pero también numerosas indagaciones han señalado la sinergia que se estableció entre el sistema subordinante producto de la apropiación particular y el sometimiento femenino, con alcance de valor simbólico en todos los grupos, más allá de las clasificaciones de orden jerarquizado. Los varones que estaban despojados de bienes tuvieron la compensación de la atribución mandataria sobre las mujeres de su familia y de usufructuar —al menos simbólicamente— el principio de domeñar a la población femenina por tratarse de una segunda categoría, según las concepciones arquetípicas en nuestras sociedades.

No hay dudas de que el siglo XIX subrayó el sojuzgamiento de las mujeres. El triunfo de la burguesía la animó a sostener el paradigma de las relaciones jerarquizadas de género con mucha más audacia de lo que había ocurrido en los siglos anteriores. La historiografía feminista ha sostenido, con mucha razón, que periodos más expansivos para los varones resultaron refractarios para las mujeres, y una voz de gran significado académico fue la de Joan Kelly Gadol, quien se permitió preguntar, como un anatema, en su conocido texto *¿Tuvieron Renacimiento las mujeres?* La respuesta estaba en la misma pregunta pues su conclusión fue que en aquel singular periodo histórico de Occidente, cuando los varones pudieron incrementar en alguna medida trazos de individualidad, no ocurrió lo mismo con las mujeres que quedaron claramente relegadas, aunque es cierto que aquéllos aumentaron la consideración según su rango social. La historia muestra un permanente zigzagueo de la condición de posibilidad de mayor reconocimiento por parte de las poblaciones femeninas, desde luego, no se puede pasar por alto el contexto de inscripción de clase ni su identificación étnica, dimensiones que han coadyuvado decididamente a los marcos de segregación y dominio. Pero hay acuerdos acerca del mayor sometimiento femenino con la expansión de los ideales patriarcales burgueses, pues fue la madurez del sistema capitalista y la rotunda afirmación de la burguesía como grupo dominante la clave del fortalecimiento del régimen patriarcal. Insisto en afirmar que el orden masculino burgués fue determinante en la elaboración de normativas, de ideas científicas y de valoraciones que tornaron subalterna la condición de las mujeres, con alcances inéditos. No deja de ser paradójico el contrapunto entre la puerta que abría la materialidad moderna y en general el "proceso civilizatorio", y la simétrica obturación de la esfera pública que impedía que las mujeres pudieran desempeñarse en gobiernos, ciencias y profesiones liberales. La construcción del valor compensatorio exponencial de la maternidad —fenómeno erigido en ese siglo de tantos cambios— confirió a las mujeres un extraño estatuto de minusvalía pues se trataba de sujetos discordantes con la razón. Las mujeres debían permanecer en la vida doméstica a causa de su ingénita vinculación con la naturaleza, señal de un rezago de la propia evolución de la especie. Una buena parte de los análisis que se destinaron en las sociedades occidentales para abordar la cuestión de "la mujer" —un monto creciente de elucubraciones, tal como señaló con tanta anticipación, ironía y agudeza Virginia Woolf en *Un cuarto propio*— se detenía en las características de sus limitadas competencias respecto de los individuos varones, la debilidad física, el límite de su capacidad de raciocinio, todo lo cual suscitaba la exigencia de la tutoría masculina. Esta arbitraria negación de la equivalencia entre los sexos, tan vivificada durante el siglo XIX, se parangonaba con la justificación de la desigualdad a propósito de la esclavitud, fenómeno que posibilitó la acumulación del proceso capitalista hasta que su propia realización estuvo en riesgo debido a los costos de manutención de los trabajadores esclavos, razón por la que cuestionó —con creciente capacidad de interdicción— la legitimidad de esa empresa. No puede sorprender que las mujeres se vieran en el espejo de la esclavitud, en la ignominiosa condición de pertenecer a amos y que el despertar de la conciencia feminista coincidiera con las luchas para terminar con el flagelo de la servidumbre. Pero vayamos un poco más atrás en los acontecimientos.

FIGURAS PRECURSORAS

A lo largo de los tiempos hubo voces de mujeres que hicieron una incisión en el tejido patriarcal, pero hasta el siglo XIX no surgieron los proyectos colectivos emancipatorios. No se constata que hasta entonces hubiera constitución de agencias colectivas, más allá de los círculos que podían vincular a determinadas mujeres. Entre las que se manifestaron con audacia anticipatoria se encuentran Christine de Pizan quien escribió *El libro de la ciudad de las damas*, en 1405, y Marie Le Jars de Gournay, a quien se debe *Escritos sobre la igualdad de hombres y mujeres* de 1622. Aunque las sociedades relegaban a las mujeres, su condición social y jurídica se agravó considerablemente en el salto a la modernidad en el mundo occidental.

No pocas mujeres estaban esperanzadas en que el cambio del Antiguo Régimen —que excluía a la enorme mayoría de la población—, cuando se encendió la Revolución francesa, significara una era de reconocimientos de la igualdad entre varones y mujeres. Los revolucionarios, tras el lema cifrado en la célebre trilogía "libertad, igualdad y fraternidad", votaron la *Declaración de los derechos del hombre y del ciudadano* en la Asamblea Nacional Constituyente francesa el 27 de agosto de 1789, y vale recordar que su primer artículo reza: "Los hombres nacen y permanecen libres e iguales en derechos". Aunque "hombres" parecía asimilarse a "humanidad", las mujeres comprendieron que había un acto deliberado de excluirlas. Olympe de Gouges —su nombre verdadero fue Marie Gouze— se sitúa en un lugar muy destacado en la galería de las precursoras feministas. Escribió la *Declaración de los derechos de la mujer y de la ciudadana* en 1791, a contrapelo de la discriminante decisión masculina de la "declaración de los derechos del hombre". El preámbulo de la propuesta de Olympe decía que las madres, las hijas, las hermanas demandaban integrar el organismo de representación de la voluntad popular, y que la ignorancia, la negligencia y el desprecio por las mujeres constituían la fuente sustantiva de todas las desgracias públicas. Reclamaba que los actos de poder de las mujeres pudieran ser comparados con los de los hombres como meta de la vida institucional pública, y que reinara el respeto para el "sexo superior en belleza y en valor", como reitera para hacer referencia a la condición femenina. El primer artículo de su declaración se situaba en el mismo plano de la igualdad de origen de todos los seres humanos: "La mujer nace igual al hombre en derechos. Las distinciones sociales no pueden ser fundadas sino en la utilidad común". Y no puede sorprender la alusión al "sexo superior en belleza y en valor de los padecimientos maternos", dos circunstancias que resultaron ensambladas en el andamiaje de la dicotomía de los sexos que obtuvo tanta solidez. Las mujeres eran la auténtica estética de la Naturaleza que en todo caso podía ser copiada por la obra de arte, y si la épica política no las contaba en absoluto, era imprescindible detenerse en los dolores del parto, una gesta heroica que requería al menos la recompensa de un gesto. De Gouges sabía que esas alusiones —el reconocimiento de la belleza y la proeza reproductiva— gozaban de extendido apego y que algún efecto tendrían en la comunidad de los varones, pero probablemente estaba lejos de suponer que de todos modos su reto se interpretaría como una amenaza gravísima y que le costaría la guillotina en los días del Terror.

No puede dejar de citarse a otra precursora, Mary Wollstonecraft, quien se identificó con la idea de la racionalidad equivalente de las mujeres en esa bisagra de las épocas en que finalmente no cuajaron las condiciones de posibilidad de los derechos femeninos. En clara respuesta a la misoginia de figuras como Rousseau, su *Vindicación de los derechos de la mujer,* escrita en 1792 —apenas un año más tarde de la *Declaración* de De Gouges—, la autora desafiaba los erróneos presupuestos acerca de la constitución irracional de las mujeres. Muy cercana a los acontecimientos de la Revolución francesa —vivió en París por un tiempo, en plena etapa convulsionada—, su manifiesto era menos un alegato acerca de la completa igualdad entre los sexos, que una conjura contra los detractores de la condición femenina. Sostuvo, de modo paradójico, que había dimensiones masculinas con alguna superioridad pero negó de modo rotundo que no fuera posible para las mujeres participar de las mismas virtudes y facultades de los varones. Esta autora realizó —a diferencia de De Gouges— una crítica a la "soberanía de la belleza" que tornaba a las mujeres "engreídas", haciendo aún más lamentable su estado de dependencia. Era absurdo que las mujeres celebraran su debilidad y que hasta hicieran de esta circunstancia una suerte de baluarte. Abominaba la sujeción femenina relacionada con el deseo de ser tratadas como reinas, con certeza un prejuicio común de su tiempo. Pero uno de los aspectos centrales de su obra es que refutó a Rousseau y sus creencias —sin duda compartidas por una buena parte de sus contemporáneos— de que la inteligibilidad y las facultades mentales desarrolladas estaban ausentes en el sexo femenino, que la educación debía evitársele por ociosa y no pertinente, y fue sobre todo en torno de esta circunstancia que alentó su emancipación. Las mujeres serían independientes cuando fueran beneficiadas por una mayor educación. Estas voces anticipatorias no crearon de inmediato un cauce colectivo, pero en el suelo de los vertiginosos cambios del siglo XIX y la agudización de los contrastes sociales y culturales, como he mencionado, fueron advertidas las prerrogativas patriarcales que redundaban en la ominosa sujeción de las mujeres.

LA MARCHA DE LAS MUJERES CON NOMBRE PROPIO

Para un buen número de congéneres fue esclarecedor el sistema de esclavitud que sufrían las poblaciones traídas de África. Cuando las diversas reformas del derecho civil sancionaron la relativa inferioridad jurídica de las mujeres, su completa dependencia de los cónyuges, tal como lo hizo la precursora normativa francesa de 1804 —el bien conocido Código Bonaparte— que fue finalmente emulado tanto en los países de tradición codificadora como en los que se apartaban de ésta, se reforzó el imaginario acerca de que resultaban propiedad de los maridos. Se trataba de una expresión de la servidumbre, como resaltó John Stuart Mill —en gran medida gracias a la notable inspiración de su esposa Harriet— en su texto de 1869 traducida, entre otras versiones, como *El sometimiento de las mujeres*. En el espejo de la esclavitud se articularon las primeras manifestaciones grupales que se extendieron paulatinamente, contaminando las sensibilidades y alentando a las primeras agencias de denuncia y de enunciación de derechos. Suele mencionarse el hito de Seneca Falls en 1848 —la célebre reunión en la capilla metodista cercana a Nueva York— como primera asamblea con proyección de mujeres que debió tanto a la acción de Elizabeth Cady Stanton y Lucretia Mott. Allí surgió la *Declaración de sentimientos*, que fue firmada también por alrededor de treinta varones, y vale la pena recorrer algunas de sus expresiones. Se sostenía que la historia de la humanidad era la historia de "repetidas vejaciones y usurpaciones perpetradas por el hombre contra la mujer", porque el objetivo había sido el dominio tiránico. Se aseguraba que los varones, aunque no tuvieran ningún valor moral, gozaban de prerrogativas que les eran negados a las mujeres, y se hacía mención a que la falta de derechos las tornaba socialmente irresponsables. La imposibilidad de sufragar las condenaba a estar impedidas de ciudadanía, y el matrimonio las convertía en muertas civiles, porque debían obedecer a sus maridos, constituidos como verdaderos amos. El propio derecho a la propiedad —tan fundamental en el orden burgués— también se les restringía, y tampoco gozaban del usufructo de los jornales que ganaban con su trabajo. Los hombres monopolizaban los empleos lucrativos y resultaban abrumadoras las diferencias en las remuneraciones. La educación era una prerrogativa casi inexistente para las mujeres que deseaban estudios universitarios. En suma, se les habían cerrado "todos los caminos que conducen a la fortuna y a la distinción" por los varones, quienes sólo los consideraban honrosos para sí mismos.

Aunque los acontecimientos de Seneca Falls han sido caracterizados como inaugurales del feminismo en el propio territorio norteamericano y en la mayoría de los países europeos, desde décadas anteriores habían asomado discursos que abogaron de diferentes modos por los derechos femeninos. Baste recordar el activismo desplegado en Francia a inicios de la década de 1830, que se manifestó con publicaciones periódicas, tal como las analizó de manera precursora Léon Abensour —un amigo de la causa de las mujeres— en *Le féminisme sous le règne de Louis-Philippe et en 1848*. No puede pasarse por alto que "feminismo" no era el concepto empleado por esos incipientes movimientos de malestar contra la regencia masculina. El término demoró bastante y su primera introducción resultó un modo sarcástico para mostrar la intranquilidad femenina. Se atribuye a Alexandre Dumas, hijo, una suerte de ataque a las nuevas manifestaciones con un término que pretendía peyorativo, dirigido sobre todo a varones que desafiaban las normas sociales conservadoras, en particular a quienes alentaban derechos como el divorcio. El uso conspicuo del término se debe a una gran militante francesa, Hubertine Auclert, quien en 1882 identificó así al movimiento por los derechos femeninos en su publicación *La Citoyenne*. Fue en el ambiente francés que la noción encontró un cauce que inundó paulatinamente a nuestras sociedades, y aunque a veces su semántica fue confundida porque no se discernía entre las habituales concepciones de "lo concerniente a la condición femenina" (lo femenil), por un lado, y la alteración de tales concepciones con la conquista de derechos, por el otro, el término "feminismo" finalmente se empleó, ya iniciado el siglo XX, para referirse a este segundo fenómeno. Se aludió cada vez más rotundamente a disconformidad con la segregación funcional y con el diferencial de derechos que separaba a los sexos. Las militantes francesas, en líneas generales, mantuvieron un apego al "diferencismo" sexual, un modo perdurable para que se reconociera que no podían saltar hacia el modo identitario de la individuación que torna "iguales" a los seres humanos. Dicho de otro modo, una tradición que finalmente evitó que no se reconocieran las diferencias. También entre las adherentes feministas francesas aparecieron trazos tempranos en torno a la defensa del aborto, como fue el caso de Madeleine Pélletier quien escribió en 1913 un texto singular, *Le Droit à l'avortement*, y que a raíz de las reformas de la ley penal de 1939 en Francia —que penalizó hasta con la muerte a quien producía abortos— estuvo algún tiempo detenida y perdió la razón.

Una de las voces más sugerentes surgidas en las primeras décadas del XX, pero que no es posible ubicarla como militante feminista aunque estuvo cerca de algunas afiliadas, fue Virginia Woolf, a quien ya he mencionado. Esta notable escritora inglesa abordó las relaciones de género de manera crítica y con remarcada osadía en la mayoría de sus obras, pero en particular se le deben dos textos, *Un cuarto propio* (1929) y *Tres guineas* (1938), que se tornaron más tarde emblemáticos en las luchas por la igualdad. Aunque la literatura concerniente a la condición de las mujeres no fuera escasa en su tiempo, sobre todo en la obra de ficción, en el teatro y en otros géneros literarios, Woolf hizo aportes historiográficos y teóricos en gran medida inaugurales. Describió el problema de heteronomía femenina bajo la regencia patriarcal en la sociedad inglesa con notas de gran corrección histórica que han sido convalidadas por recientes investigaciones. Su percepción de que la clave de la emancipación de las mujeres se encuentra en el desempeño laboral, en la profesionalidad creciente para extinguir los lazos de la dependencia económica y asegurarse dignidad, constituye un reto fundamental todavía en los días de hoy. Woolf participaba de ideas con tintes socialistas: el reconocimiento de las mujeres también exigía una sociedad socialmente más justa y con vínculos menos competitivos. Sostuvo de manera expresa que el desempeño profesional de las mujeres debía evitar las rivalidades. En otro sentido también fue una precursora al proponer las alteridades de género, la inestabilidad de las configuraciones sexuales, la apertura a las identidades, como lo exhibe su notable novela *Orlando* (1928), cuya protagonista muta a varón según la época y las circunstancias.

ALBORES DEL MOVIMIENTO OBRERO Y SU RELACIÓN CON EL FEMINISMO

Antes de proseguir con la saga del movimiento feminista que tuvo repercusión en Latinoamérica, deseo abordar algunos fenómenos advenidos en esa gran época de cambios que fue la segunda mitad del XIX. Es necesario detenerme en las relaciones difíciles, controvertidas y tantas veces frustradas de los feminismos con las organizaciones del proletariado y con las ideologías que han preconizado su representación. Esto no significa que las asociaciones fueran negligentes respecto de la más ominosa condición de las obreras y baste recordar que la primera Asociación Internacional de Trabajadores (AIT) —en cuya creación influyeron Marx y Engels—, en su primer congreso llevado a cabo en Ginebra en 1866, abordó expresamente la situación de aquéllas junto con la de la infancia. Sus miserables remuneraciones constituyeron un pilar de la acumulación capitalista y los representantes en la AIT volvieron a insistir en los congresos siguientes de Lausana, Bruselas, Basilea y Londres. Sin embargo, aquellos representantes de los trabajadores no contemplaron a las mujeres en su estatuto y la opinión generalizada aun en los medios de mayor radicalidad obrera no difería de la proveniente de sus explotadores burgueses. Había que evitar el desempeño de las mujeres fuera del hogar ya que además de la dureza de los procesos laborales, el hostigamiento sexual era habitual por parte de patrones y capataces. La clase trabajadora no expresaba ninguna simpatía por las tareas extradomésticas de las mujeres y era muy común que cuando el jefe de la familia obrera ascendía de categoría o pasaba a desempeñarse en una función de mayor reconocimiento y conquistaba respetabilidad —como ocurría con los segmentos que el notable historiador inglés Eric Hobsbawm denominó "aristocracia obrera"—, por lo general decidía cancelar el trabajo fuera del hogar de su cónyuge. Diversos análisis muestran que los sentimientos de los varones de las clases trabajadoras no diferían de los burgueses pues compartían ampliamente la noción de patrimonialidad de los cuerpos femeninos. Sin embargo, no faltaron voces en el cauce del proletariado que abogaron por la liberación de las mujeres, referentes también del "socialismo utópico" que creó puentes hacia el reconocimiento más igualitario entre los sexos. Pero el balance de las primeras experiencias feministas no tuvo lazos estrechos con las organizaciones obreras, que encontraban distantes, cuando no controversiales, los objetivos de aquellas mujeres que pretendían la emancipación.

Pero no pueden obviarse las manifestaciones en gran medida pioneras de Flora Tristán, la militante peruano-francesa que impulsó de modo denodado las luchas reivindicativas obreras y que contagió su verbo con alegatos sobre la situación de las mujeres, solicitando su reconocimiento y dignidad. En el opúsculo *L'Union ouvrière* publicado en 1843 escribió una frase célebre: "El nivel de civilización a que han llegado diversas sociedades humanas está en proporción a la independencia de que gozan las mujeres". Se empeñó en dirigirse sobre todo a las mujeres pobres forzadas a trabajar en condiciones más ominosas que los varones. Sostuvo que no había razones para encontrar diferencias jerarquizadas en las características naturales de los seres humanos y se anticipó a describir las circunstancias violentas que acompañaban la vida de las mujeres. Ella misma fue un ejemplo de humillaciones y sufrió terribles tratos. Aunque de niña había vivido de manera holgada —su padre era peruano de ascendencia hispana con muchos bienes y supo prodigarle trato cariñoso, aunque nunca la reconoció legalmente—, a su muerte pasó a vivir con muchas penurias, debió trabajar por un menguado jornal en un taller dedicado a la litografía y terminó casándose con su propietario André Chazal. Éste era un individuo violento con el que tuvo tres hijos —uno de ellos muerto precozmente— y los otros dos, una niña y un niño, también padecieron sus iracundias, al punto de que Flora debió huir con ellos de la casa. Chazal consiguió la tenencia del varón pero no cejó en violencias contra la madre y la hija y en una oportunidad atentó contra la vida de Flora por lo que fue condenado a una larga prisión. La hija, Aline, fue la madre del célebre pintor Paul Gauguin. Flora conoció de cerca el desprecio de la sociedad peruana cuando vivió cierto tiempo en Lima, a donde fue en procura de recuperar la herencia paterna, que finalmente no consiguió. Las vicisitudes personales la condujeron a una profunda empatía con los excluidos, especialmente con las mujeres sufrientes del proletariado, a quienes nunca olvidó en los combates que protagonizó impulsando sus derechos. De modo también iniciático, porque sus alegatos sostuvieron una cuestión específica de las mujeres, un feminismo de clase, y más allá de las limitaciones que puedan encontrarse en su programa, hay que considerar a Flora Tristán, la ardiente militante de la causa obrera. Con ella se abrió un cauce para una comunión entre feminismo y movimiento obrero, pero debe admitirse que fue un intento finalmente fallido.

POSICIONES ANARQUISTAS Y DIATRIBAS CONTRAFEMINISTAS

El anarquismo, en sus diversas variantes (se cuentan al menos las orientaciones individualista, colectivista bakuniana —relacionada con las posiciones del notable teórico Mijaíl Bakunin— y la mutualista, inspirada en Piotr Kropotkin), hizo consideraciones esenciales sobre todas las formas de subordinación e inspiró mecanismos de resistencia contra las fuentes de autoridad que limitaban la autonomía de los individuos. En todos los casos propuso enfrentar la juridicidad y su expresión originadora, el Estado, al que consideró la máxima expresión del poder atenazador de los individuos. Con igual fuerza, bakunianos y kropotkianos rechazaron el orden capitalista, condenaron el dominio de los patrones y exaltaron la insurgencia de las fuerzas obreras para extinguir la explotación.

Aunque dentro de la tradición anarquista no puede omitirse a Pierre Proudhon, quien actuó en la primera mitad del XIX y cuyas consideraciones fueron completamente adversas a la condición femenina —fue autor de un célebre texto misógino—, el conjunto de las corrientes anarquistas consideró que las mujeres estaban especialmente sometidas y que su emancipación de los poderes tradicionales era decisiva para asegurar la marcha libertaria. A inicios del XX, allí donde el anarquismo consiguió una franca expansión, sobre todo en España e Italia, hubo numerosas adhesiones por parte de las trabajadoras y se fortalecieron los núcleos femeninos identificados con esa corriente. Pero las anarquistas que luchaban contra el sojuzgamiento en la vida pública y privada, y que tuvieron una influyente participación en la vida cultural y sindical gestada por las organizaciones libertarias, no se identificaban como "feministas". Eran comunes las diatribas con las representantes del feminismo a quienes siguieron viendo como mujeres burguesas, concentradas de modo exclusivo en las cuestiones inherentes a su condición, y denostaban las luchas por la obtención de derechos porque desde la perspectiva antijurídica anarquista resultaba un contrasentido pedir la sanción de leyes. No obstante, hubo singulares formulaciones emancipatorias por parte de las mujeres que se alinearon con el anarquismo y hasta fueron iniciadoras de movimientos precursores que sólo en la segunda mitad del siglo pasado fueron absorbidos por los feminismos. Me refiero a la circunstancia de haber encabezado, casi con total espíritu pionero, las posiciones anticonceptivas, las luchas por la maternidad voluntaria y las manifestaciones antinatalistas. Las anarquistas fueron activas propagandistas de técnicas y métodos anticonceptivos, y en los países latinoamericanos, especialmente los del Cono Sur, donde se registró una fuerte influencia del anarquismo, surgieron grupos defensores de esa posición.

Pero hay otra circunstancia que debe ser señalada como veta de lo que alguna vez hemos identificado como el "contrafeminismo del feminismo anarquista". Y es el ángulo desde el cual las diferentes vertientes libertarias sostuvieron la primacía del "amor libre" contra las convenciones burguesas que limitaban los sentimientos y la genuina experiencia de la sexualidad. Más allá del límite histórico en que se ubicaron estas sensibilidades, de la morigeración de las conductas sexuales y hasta de la malla moral con que se recubrieron buena parte de las concepciones anarquistas, no puede soslayarse el reconocimiento de una onda precursora que fue a dar con el feminismo.

UNA PLAYA CONDESCENDIENTE: LA SOCIALDEMOCRACIA

A fines del XIX se había extendido la fuerza política que, más allá de los matices, consagró una identidad socialista bajo el nombre de *socialdemocracia* y tuvo disímil penetración en América Latina, aunque seguramente los países constructores de partidos socialistas más robustos fueron Chile, Argentina y Uruguay. El movimiento socialista heredaba en gran medida las tesis de Marx y Engels y aunque realizó diversas adaptaciones destinadas a conciliar la radicalidad de las ideas con métodos de acción política que facilitaran la incorporación de las mayorías obreras y otros segmentos sociales en un tránsito de transformaciones paulatinas, gestadas centralmente en la vida parlamentaria, su arraigo europeo fue muy singular si se tiene en cuenta la experiencia en Alemania, Austria, los países nórdicos, y también en Hungría, los Países Bajos, Francia y Bélgica. Las relaciones con las organizaciones obreras marcan asimismo diferencias, pues hubo expresiones de mayor solidez como las que correspondieron a la cuenca alemán-austriaca en donde la articulación de los diferentes frentes, el político y el sindical, fue más pronunciado. Deseo evitar el debate que ha sido moneda corriente y que contrapone a los vertederos del socialismo, por un lado el radicalizado, anclado en el antagonismo crucial de la lucha de clases, y por otro a los denominados "revisionistas", que en la mayoría de los casos propusieron la vía parlamentaria para las transformaciones económicas y sociales que extinguirían la explotación capitalista. Cualquiera que sea la identificación que asumieron los socialdemócratas, lo cierto es que se trató de la primera fuerza política que propuso otorgar el voto a las mujeres, un paso de enorme significado dado durante las sesiones del Congreso de Erfurt en 1891. No puede olvidarse que la socialdemocracia había realizado una notable manifestación de solidaridad con la condición femenina con un texto que alcanzó enorme difusión, me refiero a *La mujer y el socialismo* de Augusto Bebel, aparecido en 1879. Fue una de las obras socialistas más divulgadas y debe recordarse que Bebel aseguraba que los dos sujetos de mayor opresión eran el trabajador y la mujer. No puede extrañar que en buena medida las socialistas se adhirieran a los objetivos del feminismo y que la mayoría de las militantes que desempeñaron importantes funciones en esa corriente se identificaran con las luchas por los derechos femeninos, como Clara Zetkin, Rosa Luxemburgo, Therese Schlesinger y Louise Saumoneau, entre otras. Sin embargo, las socialistas defendían el punto de vista primordial de la clase: había que plegarse antes que nada al movimiento que eliminaría las odiosas diferencias sociales, y luego identificarse con las oprimidas mujeres. Véanse estos párrafos esclarecedores de Zetkin en octubre de 1909, en *Justice*:

Las mujeres socialistas se oponen tajantemente a la creencia de las mujeres burguesas de que las mujeres de todas las clases deben reunirse en torno a un único movimiento apolítico y neutral que reivindique exclusivamente los derechos de las mujeres. Sostienen, en la teoría y en la práctica, la convicción de que los antagonismos de clase son más poderosos, efectivos y decisivos que los antagonismos sociales entre sexos, y que por ello, las mujeres obreras nunca conseguirían su plena emancipación a través de una lucha de todas las mujeres sin distinción de clase contra los monopolios sociales del sexo masculino, sino que sólo lo conseguirán en la lucha de clases de todos los explotados, sin diferencia de sexo; en la lucha de clases contra todos los que explotan, sin diferencia de sexo. Y eso no quiere decir, en absoluto, que subestimen la importancia de la emancipación política del sexo femenino; sino al contrario, emplean mucha más energía que las mujeres alemanas de derechas por conquistar el sufragio. Pero el voto no es, de acuerdo con su punto de vista, la máxima expresión de sus aspiraciones, sino un arma, un medio de lucha para alcanzar un objetivo revolucionario: el orden socialista.

En esta galería de socialistas no puede dejar de citarse a Alexandra Kollontai quien escribió varios textos sobre la condición femenina desde una perspectiva que anclaba también en el principio de la dominación de clase. Alexandra era rusa y de procedencia aristocrática, participó en la Revolución de Octubre y se destacó por una serie de circunstancias que sugieren una personalidad muy determinada. Debe recordarse que entre los movimientos sociales surgidos durante el régimen zarista se encontraba el propio feminismo, con militantes como Alexandra Kornilova, Sofia Perovskaia y Rosalie Jakesburgar. Incluso había aparecido un Partido de las Mujeres Progresistas, y no faltaron las huelgas, severamente reprimidas, en sectores de la producción feminizados. Kollontai pasó largo tiempo en Alemania luego de que se desatara una persecución a raíz de los acontecimientos de 1905, integrándose a la socialdemocracia, e hizo un pormenorizado análisis de la situación de la maternidad aunque lamentablemente no hay traducción de esa investigación. Lo cierto es que en el remolino de la Revolución en 1917 actuaron numerosas mujeres y que algunas, como Alexandra, fueron puestas en cargos de cierta significación. Ella fue designada como Comisaria del Pueblo en 1918 por algún tiempo, pero fueron manifiestas las oposiciones que obstaculizaron su tarea. Alexandra había dirigido buena parte de su atención a las embarazadas y a las madres con hijos pequeños, y todo indica que su temperamento más libre implicaba repetidas contrariedades por lo que se vio forzada a renunciar. Participó de concepciones progresistas sobre el "problema de la sexualidad", pero lejos de lo que puede imaginarse como disrupciones severas del canon moral de la época, sus preocupaciones se centraban en las cuestiones matrimoniales, los desaciertos que llevaban al adulterio y aseguraba que este fenómeno ocurría mucho menos entre las clases trabajadoras. Estaba convencida de que la vida familiar era más integrada entre los obreros, y que entre éstos había menos problemas de estafas y engaños amorosos. En general, sus puntos de vista tendían a considerar al feminismo como un cauce que expresaba las necesidades de las mujeres burguesas, y no parece haber cambiado de opinión en décadas posteriores, aun cuando a fines de los años 1920 se desempeñó como representante soviética en Noruega, y luego en Suecia. Fue una de las primeras mujeres en trabajar en el servicio diplomático —también fue representante de la Unión Soviética en México—, y ha sido evocada como una personalidad libre, que se permitió relaciones de pareja no convencionales, de ahí que su figura se asocie con un feminismo de hecho. Repetiré algunas conclusiones que redacté a propósito de la reedición en Argentina de un conjunto de textos de Alexandra Kollontai. Sostuvo centralmente las siguientes posiciones: las mujeres no han sido forjadas a su condición secundaria por la Naturaleza sino por las condiciones sociales; el capitalismo es el responsable por el sometimiento de ambos sexos; la liberación de las mujeres sólo puede asegurarse con la modificación radical del sistema capitalista; la clase obrera está siempre más cerca de la liberación de las mujeres debido a su ínsita posición de "compañerismo" y de "solidaridad esencial".

FEMINISMOS DE LA "SEGUNDA OLA"

El feminismo clásico que transcurrió del siglo XIX al XX combatió las dimensiones fundamentales que trababan la posibilidad de establecer igualdad con los varones. Gracias a sus acciones en la mayoría de los países occidentales, allí incluidos los de la región, se fueron ganando derechos civiles, políticos y, en alguna medida, derechos sociales, dependiendo de los ciclos políticos vividos en cada nación. En el periodo de entreguerras las activistas lograron conquistar más facultades, pero al finalizar la segunda Guerra pudieron consagrarse mayores prerrogativas sobre la base del denominado Estado de Bienestar, y avanzaron las cuestiones inherentes a la ciudadanía de las mujeres. En la mayoría de los países se extinguieron dos fantasmas que habían obrado de modo simétrico impidiendo la igualdad en el campo cívico, a saber: el que preveía el abandono completo de las funciones femeninas con la incorporación de las mujeres a la vida política, y el que prevenía acerca de las inclinaciones naturalmente conservadoras de las mujeres, por lo que había que negarles el voto. Pero luego de la conquista de los derechos políticos parece haber ocurrido un cierto letargo de los viejos combates feministas. En algunas sociedades se revitalizaron los programas domésticos de la condición femenina, y aunque se asistió a cambios singulares a mediados de siglo, ni la aparición en 1949 del notable ensayo de Simone de Beauvoir, *El segundo sexo,* pareció influir de modo inmediato para sacudir cierta modorra del movimiento feminista. Detengámonos en este texto imponderable para la teoría feminista. Su autora, al momento de la escritura, no manifestaba una identidad política "feminista" —más bien tenía ciertas prevenciones pues pensaba que la aguda queja de las mujeres podía significar un atolladero más que una salida—. Pero el libro fue el producto de una larga investigación sobre la evidencia de que el sujeto femenino, filosófica y socialmente, había sido condenado a una segunda categoría. Debe pensarse que hacía poco tiempo que en la guerra se había derrotado al nazifascismo, pero sus ominosas concepciones biologistas —que condujeron al exterminio de judíos, gitanos, homosexuales y lesbianas, entre otras categorías humanas "indeseables"— todavía gozaban de cierta salud. De Beauvoir realizó un examen ponderado y minucioso de la extendida conjetura biológica de las diferencias jerarquizadas con resultados de gran significado aunque mediatos. Enarboló un lema que fue un estilete para lo que se configuraría como el renacimiento del feminismo: "No se nace mujer, se llega a serlo". Desde una posición filosófica existencialista, De Beauvoir interpretó la principal razón por la que las mujeres seguían fieles al régimen del sometimiento patriarcal, y sostuvo que eso era posible porque la libertad era un paso lleno de vicisitudes, y que frente a sus desafíos prevalecía la actitud de la inmovilidad. El libro fue traducido a varios idiomas en el transcurso de la década de 1950 —debe decirse que el idioma español fue uno de los primeros—, y sirvió de incubadora para el fermento de las nuevas teorías en torno de la liberación femenina. La propia Simone de Beauvoir pasó a identificarse como feminista.

En los años sesenta arreció una serie de acontecimientos internacionales, además de las nuevas focalizaciones que tuvo la "Guerra Fría" que caracterizaba a las relaciones entre las potencias occidentales y la Unión Soviética. En esa década se desencadenaron guerras y estallidos revolucionarios anticoloniales y crecieron las agitaciones de las poblaciones racialmente segregadas, como ocurrió en Estados Unidos. Este país, en particular, entró en nuevas contiendas y fue sacudido por las reacciones contra una de las experiencias bélicas más desgarradoras, la guerra de Vietnam, que tuvo una significativa cantidad de muertos y heridos provocando numerosas manifestaciones antibélicas. Además, fueron años de encrespamiento de los movimientos estudiantiles que contendieron contra el *statu quo* en casi todas las sociedades, y también surgieron manifestaciones anticapitalistas que abrevaban en la resistencia al consumo, como fueron los alegatos y hasta los modos de vida de los denominadas grupos *hippies* que brotaron en nuestras sociedades. Pero en la década de 1960 hubo un ingrediente sobresaliente, una contribución farmacológica singular: el surgimiento de los anticonceptivos en forma de píldora, una verdadera revolución que modificó las actitudes relacionadas con la sexualidad. Ese contexto de transformaciones, agitaciones y retos reavivó la llama de los feminismos.

En Estados Unidos, en 1961, tuvo lugar, entre otras movilizaciones, una gran manifestación de mujeres que protestaban contra la guerra, y en ese ambiente convulsionado apareció un texto de Helen Gurley Brown, *Sex and Single Girl*, que pontificaba abiertamente acerca de la independencia sexual y mantenía los principios liberales cifrados en que una mujer soltera podía permitirse todo, incluido ganar mucho dinero. Años más tarde se filmó una película basada en este texto. Pero la obra que quebró lanzas fue la de Betty Friedan, *La mística de la feminidad* (1963), una crítica incisiva sobre las características de las norteamericanas que habían adoptado conductas enmarcadas en los mandatos clásicos de la domesticidad, en la dominante afición a la crianza de los hijos como expectativa fundamental de sus vidas. La mística de las mujeres trasuntaba el ordenamiento de los mandatos casi invariables, su felicidad consistía en hacer felices a los otros. El ensayo tuvo una gran recepción y la autora con un grupo de activistas fundaron en 1966 la National Organization for Women (NOW) que decía en su declaración: "Ha llegado el momento de enfrentar, con acciones concretas, las condiciones que ahora impiden que las mujeres disfruten de la calidad de la oportunidad y la libertad de elección que es su derecho, como estadounidenses individuales y como seres humanos". En 1969, Gloria Steinem publicó el artículo "After Black Power, Women's Liberation", una invitación a dar continuidad a las luchas por la emancipación de las mujeres. El cauce mayor ideológico y político de su expresión era el liberalismo, forjado en la idea central de la asimilación igualitaria entre los sexos, y sin duda fue de este tinte el arranque de la acción feminista en aquel país. Pero en pocos años surgieron cuestionamientos a esas posiciones y se diversificaron las formulaciones más a la izquierda, incluso con intérpretes teóricas que provenían del marxismo. La vertiente que más se expandió fue la llamada "radical", que alcanzó contundencia en la caracterización del patriarcado, con enfoques sobre el fenómeno de las esferas, privada y pública, la creación de los estereotipos y las formas simbólicas y materiales de la violencia. Fue un periodo de enorme producción teórica, en pocos años aparecieron obras como las de Shulamith Firestone, *La dialéctica del sexo: en defensa de la revolución feminista* (1970), Kate Millett, *Política sexual* (1976), Germaine Greer *La mujer eunuco* (1970), ensayos de particular repercusión en diversas latitudes. Otro texto notable fue el editado por Michelle Zimbalist Rosaldo y Louise Lamphere, *Woman, Culture and Society* en 1974. Pero si en Estados Unidos se vivía esa renovación, no fue menos intenso lo que ocurrió en Europa. Haré un rápido recorrido de países cuyas autoras tuvieron influencia destacada en las feministas de América Latina. En Gran Bretaña no pueden dejar de evocarse a Juliet Mitchell y su *Woman's State* (1971) y a Sheila Rowbotham y su obra *Women, Resistance and Revolution* (1972); en Francia, las teóricas feministas de los inicios de la segunda ola —que no podían ocultar el impacto Beauvoir— produjeron ensayos críticos singulares como el de Annie Leclerc, a quien se debe *Parole de femme* (1974), y el de Luce Irigaray, *Espéculo de la otra mujer* (1974). Irigaray quebrantaba las interpretaciones del psicoanálisis y además mostraba la supresión del sujeto femenino en la historia de la filosofía; sus posiciones fueron muy difundidas. En Italia, las nuevas expresiones teóricas y políticas también resultaron singulares, y no puede dejar de evocarse a Mariarosa Dalla Costa y la obra de enorme repercusión que publicó con Selma James —quien llevó adelante un movimiento pionero por el reconocimiento salarial del trabajo doméstico—, *The Power of Women & the Subversion of the Community* (1972), encuadrada en una visión crítica del sistema capitalista. En ese país, Luisa Muraro había publicado en 1960 una investigación precursora, *Guillerma y Maifreda: historia de una herejía feminista*, en la que analizó la persecución inquisitorial contra dos mujeres que murieron en la hoguera. La autora estuvo entre quienes ocuparon la Universidad Católica de Milán de la que había egresado y en la que daba clases, y a raíz de esa conducta fue separada del cargo. Estuvo en el grupo que más tarde lanzó el conocido movimiento de la Librería de las Mujeres que asumió un *feminismo diferencial radical* cuyas tesis se asimilan a una suerte de esencialismo femenino. Finalmente, en esta síntesis se encuentra la producción española, de innegable gravitación sobre los feminismos latinoamericanos por tantas razones. El renacimiento tuvo mucho que ver en ese país con el último ciclo de la dictadura franquista, con las fuerzas rupturistas que se empeñaron en oponerse al orden dominante. En 1975 falleció Francisco Franco y la sociedad española eclosionó en muy diferentes dimensiones. Entre las principales figuras que surgieron se encuentran Lidia Falcón —que había sufrido persecuciones del franquismo— y María Aurelia Capmany que publicó *La donna en Catalunya*. Falcón sostuvo la publicación *Vindicación Feminista* en Barcelona en 1976 y estuvo entre las fundadoras de la Organización Feminista Revolucionaria en 1977. Ambas participaron en una obra colectiva —en la que formó parte la argentina Isabel Larguía, a la sazón instalada en Cuba— que se publicó con el título de *La liberación de la mujer: año cero* (1977). Algo más tarde ocupó un importantísimo lugar en la teorización feminista Celia Amorós, formada en filosofía, quien fue influida por Simone de Beauvoir y por la lectura de Betty Friedan, y a ella se debe *Hacia una crítica de la razón patriarcal*, de 1985, que toma elementos de la Ilustración para reinterpretar la exclusión femenina. Amorós fue formadora de numerosas latinoamericanas que acudieron a sus cursos. Otras figuras inaugurales fueron Amelia Valcárcel, a quien se debe *Sexo y filosofía* (1991), Alicia Puleo, que produjo *Dialéctica de la sexualidad. Género y sexo en la filosofía contemporánea* (1992), Emilce Dio Bleichmar —quien, como Puleo, es también de origen argentino— hizo una contribución específica en el campo del psicoanálisis y en los años ochenta publicó *El feminismo espontáneo de la histeria. Trastornos narcisistas de la feminidad* que tuvo mucha proyección más allá de la psicología. María Carmen García Nieto y Mary Nash estuvieron a la vanguardia de la renovación feminista de la historiografía. Nash, de origen irlandés, se dedicó con particular solidez al análisis de las mujeres en las filas del anarquismo. Ana de Miguel realizó una contribución destacada con *Marxismo y feminismo en Alejandra Kollontai* (1993). Fue también muy importante la obra de Verena Stolke, de origen alemán, radicada desde muy niña en Argentina que estudió en Oxford, luego con su familia se radicó en Cuba y más tarde en Brasil donde dedicó trabajos pioneros a la situación de las mujeres en el área rural. Se instaló en España, ejerció la docencia en la Universidad Autónoma de Barcelona y escribió *¿Es el sexo para el género como la raza es para la etnicidad?* (1992). Esta síntesis de activistas feministas no puede omitir una de las más importantes en el campo de la sociología y economía, María Ángeles Durán. Se doctoró muy joven en la Universidad Complutense de Madrid con la tesis "El trabajo de las mujeres en España" (1971) y sus preocupaciones la habían llevado desde bastante antes a la indagación de las remuneraciones femeninas, y las condiciones laborales de las mujeres, temas en los que ha sido una notable especialista.

A la "segunda ola" que abarcó algunas décadas pudo seguirle una "tercera ola" si se tiene en cuenta la producción abigarrada de los años 1980-1990 y especialmente las críticas que sufrió la línea hegemónica feminista más identificada con la condición existencial de las mujeres blancas, de clase media, profesionales y en general con mayor educación formal. Aunque el conjunto de los movimientos abrevaba en una circunstancia que me parece que define el sentido de la renovación, cifrado en la reivindicación del cuerpo, su reapropiación, al que se daba identidad, sensibilidad y experiencia propia. Si cabe un resumen del discurso feminista dominante en la escena de la "segunda ola" fue el de la disposición del cuerpo, que estuvo lejos de ser la materialidad anatómica y fisiológica, pero sí fue el territorio de inscripciones de los modos de identificación del percibirse mujer. Si el cuerpo reapropiado ya resultaba una geografía nueva, la otra dimensión que vino a tono y se situó en lo más alto de la reivindicación fue exponer la violencia perpetrada por los varones, enunciar el maltrato y proponer el fin de las manifestaciones dolorosas, arrancarse de los ataques y sobre todo de sus escaladas. "Violencia contra las mujeres" fue un concepto creado por la segunda ola; no existía en el repertorio de las agitaciones feministas de la primera fase.

Muchas mujeres afrodescendientes u originarias de países orientales, chicanas y de otras procedencias latinoamericanas, no se sentían cómodas con el enfoque hegemónico y crearon alternativas teóricas y también estrategias de vinculación. Hubo mucho impulso para la renovación de los puntos de vista epistemológicos y políticos. "Género" había sido el sucedáneo de "diferencia sexual"; si ésta era una operación lingüística que todavía daba centralidad a la base biológica, "género" pasó a describir la enorme diferencia social y cultural creada por la imposición estereotipada del imperio patriarcal. Imposible dar todos los nombres de tantísimas ensayistas que se expresaron por esos años con diferentes posiciones críticas y con dominio de diversas disciplinas. Esa abigarrada exhibición de posiciones implicó diferentes canteras feministas, pero el saldo ha sido la prolífica creación de saberes específicos, la instalación de epistemologías densas, y también el fortalecimiento político de las demandas de derechos.

TRAZOS GENERALES SOBRE LA EVOLUCIÓN DEL FEMINISMO EN AMÉRICA LATINA

Las sociedades latinoamericanas incorporaron al feminismo mediante adherentes que reaccionaron al dominio masculino plasmado en el sentido común, en los hábitos y en las codificaciones. Los movimientos feministas se abrieron paso según las condiciones de posibilidad de cada país y debe decirse que su desenvolvimiento a lo largo del siglo XX no se correspondió con un movimiento masivo, con adhesiones de escala demográfica muy expresiva, como ha sido la historia de otros emprendimientos por la conquista de derechos como la protagonizada por el movimiento obrero. Ésta es una circunstancia peculiar que debe abordarse, aunque las mujeres han sido y siguen siendo más de la mitad de la población —por lo que es absurdo caracterizar su agencia como propia de "minorías"— el movimiento que las aglutina no ha contado con una masa ingente de seguidoras, aunque en el presente hay señales de que está cambiando la composición numérica de los movimientos que se dicen feministas y se está alterando notablemente la antigua fisonomía raleada de congéneres. En efecto, aunque la identificación con el feminismo ha sido módica en todas las sociedades, no cabe duda de que en la actualidad se ha multiplicado la empatía, ha aumentado de modo exponencial el número de mujeres que tal vez no se definen de modo contundente como "feministas", pero sus cambios de actitud y las transformaciones singulares de sus subjetividades resultan una renovación de la trama de las relaciones de género en nuestras sociedades latinoamericanas. En algunos países por primera vez los feminismos están constituyendo un fenómeno de masas, lo que tal vez sea la gran transformación a la que se asista en este siglo en el que arrecian los combates contra el sistema patriarcal. El capítulo final de este libro se detendrá especialmente en los movimientos que están en pleno desarrollo en diversos países de la región. Pero volvamos al lapso temporal de más de un siglo desde la implantación feminista a inicios del siglo XX y situemos las características generales que tuvieron los diferentes cauces con el correr de las décadas. Haré una síntesis de las notas comunes que identificaron a las diversas vertientes, en dos momentos muy diferenciados sobre los que creo existe amplio acuerdo interpretativo. Los feminismos latinoamericanos, en efecto, ofrecen un parteaguas temporal que no coincide exactamente con el de las cuencas norteamericanas y europeas, aunque se asimila bastante. En conjunto —estoy lejos de indicar un comportamiento idéntico de los movimientos feministas en cada uno de los países de la región—, hay un amplio ciclo que va desde su germinación en las décadas 1900-1910 hasta los años cuarenta; luego sobreviene un cierto estancamiento al que siguió un reflorecimiento en los años setenta, con un cambio notable de la agenda que se observa sobre todo en el desempeño de las décadas ochenta y noventa. Podríamos discurrir acerca de un tercer ciclo, iniciado a fines de la década de 1990 y que llega a nuestros días, cuando asistimos a una notable expansión de las manifestaciones más libres de las sexualidades, a la propensión a agendas más vernáculas con ecos poscoloniales, a la masividad de las reivindicaciones y a formas más osadas y expansivas de la protesta antipatriarcal.

No escapan los enormes cambios sociales y culturales habidos en ese más de un siglo de desempeño de las agencias feministas, las transformaciones ocurridas *en las propias mujeres, que han cambiado en proporción mucho más que los varones*. En efecto, piénsese en las obstrucciones impuestas por el modelo de mujer creado por el sistema patriarcal, en el exclusivo mandato de la procreación y el cuidado, en la sólida malla de las mentalidades que atribuía una inteligencia menor a las mujeres y que delimitaba los campos del conocimiento en el que tal vez pudieran incursionar sin ocasionar lesiones para la sociedad… La transposición de esas formidables canteras simbólicas y materiales fue posible gracias a la acción de las osadas feministas que surgieron en todas y en cada una de nuestras naciones, que pudieron indicar caminos y animar a otras mujeres a quebrar lo que se había marcado como sino y destino. Esas militantes, a menudo aisladas, crearon condiciones y también aprovecharon las coyunturas, no siempre con eficacia y tampoco exentas de contradicciones, pero las costumbres fueron cediendo. En el primer ciclo de desempeño, la mayoría de las feministas en la región provenían de grupos letrados, fueron maestras o se dedicaban a las letras o conquistaron alguna profesionalidad en la incipiente apertura de la vida universitaria. En su mayoría representaban a los segmentos medios y medios altos de nuestras sociedades y, no hay cómo negarlo, en una enorme proporción correspondían a las poblaciones blancas, a veces mestizas, pero es muy difícil encontrar a mujeres indígenas en la primera saga de las manifestaciones feministas. Pero hubo excepciones y aquí se encontrarán algunos casos emblemáticos de esa ruptura de la muy probable monocordia de clase y género que constituye el paisaje dominante del colectivo por los derechos de las mujeres. Aquella agenda inicial estuvo signada por las siguientes cuestiones fundamentales: la igualdad jurídica, la equiparación de los derechos políticos, los beneficios de la educación y el reconocimiento de los valores de la maternidad con la debida protección de las madres y la prole. Después están los detalles de la acción feminista, más o menos temeraria, en cada una de las naciones.

El segundo ciclo que se desarrolló en Latinoamérica sin duda respondió a las renovaciones impulsadas por el feminismo de la "segunda ola". Al final del siglo XX había evidencias rotundas de cambios en el mercado laboral, un singular egreso de mujeres con alta calificación de las universidades y en diversas disciplinas y un incremento incontestable de su participación en la vida política, científica y sindical. Antes del cambio de siglo algunas mujeres llegaron a presidir sus naciones y a principios del XXI otras las emularon. Para los varones casi no hubo cambios en las rutinas del ejercicio patriarcal, en las formas fundamentales en que fue exigida la conducta masculina. En efecto, la dominación masculina siguió ejerciéndose en los diversos campos de la vida social aunque creciera de modo notable la participación de las mujeres. Aun en el área académica y científica, en donde cabría pensar que el ejercicio de la crítica racional podría haberse revelado como una condición para repercutir en la remoción de los obstáculos que padecían las mujeres, subsistían los condicionantes misóginos, cuando menos la desconfianza en las capacidades femeninas, y dominaban las direcciones científicas masculinas. Todavía falta por hacer la historia de los padecimientos sufridos sobre todo por las más jóvenes que se desempeñaban en laboratorios y en otros ámbitos de investigación. Al finalizar el siglo pasado, a pesar de los alegatos antiviolencia que constituían un aspecto central de las reivindicaciones feministas, todavía permanecían en sombras las displicencias, las humillaciones, los hostigamientos y los acosos perpetrados contra las mujeres en todos los ámbitos de la existencia.

Desde luego, hubo rupturas, no pocos varones abdicaron del folletín de la masculinidad, se animaron a cambios amatorios y sexuales con otros varones —un fenómeno abyecto para el sistema patriarcal—, arrojaron lejos los ordenamientos y las clausuras, y no pocos han tendido puentes para consagrar fórmulas paritarias. Las notas más pronunciadas del feminismo que se expresó entre las décadas 1970-2000 fueron la denuncia de la violencia patriarcal y la lucha por su erradicación —aunque las primeras manifestaciones fueron sobre la violencia doméstica—, la insurgencia contra el mandato exclusivo de la reproducción, el reconocimiento de las disidencias sexuales con derecho propio, las reivindicaciones por la ampliación de la ciudadanía política. En todos los países se ampliaron los derechos de las mujeres, y gracias al paraguas de la Convención de Belém do Pará (1994) en la mayoría se sancionó una legislación contra todas las formas de violencia contra las mujeres. Pero es posible hablar de un tercer ciclo con la eclosión de las manifestaciones feministas poscoloniales y sus reclamos de que las mujeres de los pueblos originarios y las afrodescendientes emprendan luchas e interpretaciones propias fuera de los formatos hegemónicos en buena medida portadores de huellas académicas. Más recientemente, las sociedades han sido sacudidas por nuevos retos para terminar con la violencia en todas sus formas, hay reacciones concatenadas de congéneres muy jóvenes, y de todos los grupos sociales, que no desean ser acechadas por acosadores ni desean vivir acatando normas que penalizan la libre voluntad de disponer de sus cuerpos y que pueden significar la cárcel por no llevar adelante embarazos no deseados. Hay una onda renovada de feminismos de muchos colores en todo el suelo de América Latina.

PRIMERA PARTE
FEMINISMOS EN MÉXICO, CENTROAMÉRICA Y EL CARIBE

NOTAS INTRODUCTORIAS

La primera parte de esta narración sintética de la saga de los feminismos latinoamericanos tiene como referencia a México y a la región centroamericana y caribeña. Debido a su condición jurisdiccional, lamentablemente debe relegarse a Puerto Rico, país en el que de modo temprano se expandieron las ideas de emancipación femenina y en el que arraigó un movimiento singular con la integración de un cierto número de mujeres, en buena medida dedicadas a la educación y a las letras, como ocurrió con la notable pionera Ana Roqué de Duprey. Debe recordarse que Puerto Rico, a pesar de sus circunstancias históricas de no haber podido consolidar autonomía como nación, tuvo una nutrida experiencia de luchas por los derechos femeninos. Pasó de ser una colonia española a otra condición dependiente con la intervención militar norteamericana y a la culminación del proceso como Estado incorporado a Estados Unidos. No puede dejar de mencionarse la lucha por la autonomía, los despliegues militantes nacionalistas y las formaciones de feministas que abogaron especialmente por la conquista del sufragio. De modo sucinto debe evocarse que en 1920 —momento crucial de su incorporación a Estados Unidos— ya actuaba la Liga Femínea a cuyo frente estuvieron la citada Ana Roqué de Duprey y Mercedes Solá, animadoras de la publicación *Heraldo de la Mujer,* dedicada a difundir materias concernientes a los derechos de las mujeres con énfasis en el voto. Hacia 1921 la Liga se transformó en Liga Social Sufragista, con evoluciones posteriores como la Asociación Puertorriqueña de Mujeres Sufragistas. En 1922 Mercedes Solá participó en una reunión sobre la que habrá repetidas referencias en este libro, la Conferencia de Baltimore patrocinada por la National League of Women Voters.

Podrá advertirse que México, país en el que sobresalen su densa demografía y una abigarrada trama de tempranos feminismos —además de ofrecer un icono como prefiguración de los senderos que llevaron al feminismo en la figura de sor Juana Inés de la Cruz— ocupa un lugar destacado en este texto. Se imponen allí al menos dos circunstancias fundamentales para la interpretación del desarrollo de las luchas por los derechos de las mujeres, a saber: el impacto de la Revolución iniciada en 1910 que perduró más de una década y la cercanía con Estados Unidos, cuyos feminismos se forjaron antes de mediados del siglo XIX y que incontestablemente gravitaron sobre las mujeres mexicanas. Debe señalarse el desarrollo de la historiografía de las mujeres en México, lo que ha permitido un escudriñamiento más intenso aunque las páginas que les he dedicado están lejos de hacer justicia a la magnitud de las indagaciones allí efectuadas. No deja de ser notable que las mexicanas, a quienes se había hecho promesa formal del sufragio desde época relativamente temprana y que lo obtuvieron bajo la Presidencia de Lázaro Cárdenas, no pudieron gozar de ese derecho nada menos que por falta de promulgación de la ley, fenómeno que respondió al temor de que el voto femenino fuera retroactivo, al miedo de que las mujeres votaran de manera conservadora. Más allá de ese severo percance, fue en este país donde hubo un renacimiento singular de la llamada "segunda ola" del feminismo y no sólo porque la ciudad de México se constituyó en el gran palco de la primera Conferencia Mundial de la Mujer, convocada por Naciones Unidas en 1975, sino porque, una vez más, hubo intercambios fundamentales con las teóricas y militantes norteamericanas de los cuales surgieron conceptuaciones locales, con vigoroso tono vernáculo.

Pero los cauces promotores de la emancipación femenina se establecieron en todos los países, tanto centroamericanos como del Caribe, y deben ser leídos en los contextos históricos que les conciernen. Desde luego, la historiografía disponible es dispar, y no pueden eludirse las adversidades, algunas trágicas, ocurridas en algunos países, como la dictadura feroz vivida por República Dominicana durante la década 1930-1940, el genocidio de Guatemala en periodos más recientes, la falta de Estado de derecho en El Salvador —se trata de acontecimientos que menguaron el desarrollo de los feminismos y también modificaron la posibilidad de preservar memorias y archivos—. En verdad, sorprende que frente a semejantes hostilidades políticas, las reivindicaciones de los derechos de las mujeres pudieran obtener adherentes firmes, convicciones acrisoladas, que pudieron volver a exhibirse cuando se abrieron las compuertas. En el caso de Costa Rica se verá el significado de la acción femenina enfrentando a la dictadura de Federico Tinoco y la articulación con una sensibilidad sobre los deberes del nuevo Estado con las mujeres, tanto como la larga tradición de Cuba en materia de propuestas feministas, y aunque la Revolución pudo remitir la explotación de clases y hubo figuras femeninas decisivas en ese proceso, las bases patriarcales apenas se movieron tal vez por una cierta contención del feminismo que sólo recientemente ha vuelto a sus características insurgentes de los postsetentas. No puede dejar de adelantarse que en su enorme mayoría las feministas que actuaron hasta mediados del siglo pasado provenían de los sectores medios y que fueron letradas, y que las primeras egresadas universitarias por lo general se sumaron a la corriente emancipatoria en cada uno de sus respectivos países. En algunos lugares y con relación a determinadas fases se integraron mujeres conservadoras preocupadas centralmente por la cuestión del sufragio. El programa general, con ciertas adaptaciones locales, puede sintetizarse en la consecución de derechos civiles, derechos políticos y derecho a la educación, pero que en todo caso resulta ineludible la clave *maternalista* hasta mediados del siglo XX. Los cambios ocurridos a partir de 1970 fueron notables: en todos los países la agenda cambió de manera rotunda, se puso en el tope la cuestión de la violencia ejercida contra las mujeres —con foco en la de orden doméstico en primer lugar— y el derecho al cuerpo, al goce, a la no reproducción, a la opción sexual desmarcada de la exigencia heteronormativa. He ahí una síntesis anticipada de lo que las/los y "les" lectores podrán encontrar en las páginas que siguen.

MÉXICO

México ofrece una figura singular que ha precedido la insurgencia femenina en toda la región, Juana Inés de Asbaje y Ramírez de Santillana, conocida como sor Juana Inés de la Cruz. Esta monja inconformista se sirvió de la escritura, porque escribir ha sido una experiencia de goce y de escape para las que pudieron acceder a la alfabetización. Fue bastante común que en el régimen de apartamiento religioso las mujeres inventaran puentes con la escritura, como lo evidenciaron investigaciones relevantes, de modo que ese aspecto no es el excepcional, en cambio lo es que Juana Inés pudiera desenvolverse con notable aptitud en varios géneros literarios y que punzara de modo directo la condición de las congéneres. Parece indiscutible que la célebre monja estaba lejos de una prédica a favor de los derechos de las mujeres —no existía un movimiento semejante en el siglo XVII—, pero fue una crítica sagaz de la conducta de los varones, de su hipocresía y también de sus limitaciones intelectuales y morales. Las alusiones a la corporalidad femenina, aunque toman la forma de metáforas, tienen incontestable audacia y proximidad semántica, y quienes han estudiado sus obras han marcado las rupturas de su escritura, las brechas de insolencia que marcan las diferencias con los espíritus adocenados. Pero no había una senda feminista que pudiera encauzar los audaces quebrantos de sor Juana Inés, y tampoco lo hubo sino hasta fines del XIX en que se elevaron voces con clara evidencia de hacer una senda de identificación entre las mujeres, casi coincidiendo con la sanción del Código Civil en 1884 que declaraba inferiores a las mujeres casadas a quienes situaba como imbéciles. La tipificación de "incapaces relativas" como indicaba la codificación general en los países que heredaban el Código Civil napoleónico, implicaba un concepto de minoridad, de inteligibilidad limitada de los sujetos femeninos.

Fue por ese fin del XIX que circularon en México publicaciones sostenidas en buena medida por plumas femeninas y con cierta visión problematizadora, a saber, *Las Hijas del Anáhuac, El Álbum de la Mujer, El Correo de las Señoras* y *Violetas del Anáhuac* —la primera es de 1873 y la última vio la luz en 1887—. Se destaca especialmente la última publicación, a cargo de dos mujeres sin duda importantes, Laureana Wrigth de Kleinhans, quien la dirigió en 1887 y Mateana Murguía de Aveleyra que se hizo cargo en 1889. De acuerdo con algunos enfoques, aunque prevalecen los contenidos estereotipados, "femeniles", en esta publicación se advierte un aumento de los cuestionamientos, se suceden ciertas notas críticas sobre la condición de las mujeres y parecen incrementarse los aires de contestación. Aunque se multiplicaron considerablemente las asociaciones entre mujeres en el creciente clima de adversidad —sobre todo en las regiones norteñas—, que provocaba el largo gobierno de Porfirio Díaz, la existencia de clubes en diversos lugares no originó una identificación con los derechos femeninos.

Muy probablemente el ideal feminista se incorporó a la propia vorágine de la Revolución iniciada en 1910, y es a esta década singular de la historia mexicana a la que debe atribuirse el surgimiento de colectivos dirigidos a las reivindicaciones femeninas. Como ha mencionado una de las más importantes historiadoras mexicanas, al menos el debate sobre el sufragio femenino, un reclamo notable de las primeras agencias por los derechos, se perfiló a partir de la Revolución. Diversos análisis han señalado que en la convulsión creada por la contienda, que duró largos años y en la que las mujeres tuvieron diversas formas de participación, surgieron grupos de mujeres movilizadas por sus propios derechos. Es que la Revolución introdujo tensiones en las fórmulas más rancias de los estereotipos, y aunque estuvo lejos de extinguir las viejas estructuras patriarcales, contribuyó a cierto estremecimiento de las relaciones subordinadas. El marco revolucionario involucró a comunidades enteras y las diferencias partidarias alcanzaron a las mujeres. Como parte de la cultura política liberal surgieron expresivas manifestaciones de mujeres que abjuraban del régimen porfirista y que deseaban transformaciones en la sociedad mexicana con cierta radicalidad. Desde luego, los cambios resultaron más sensibles en las áreas urbanas y en determinados grupos sociales, especialmente entre las capas medias con mayor proximidad a las holguras económicas y a la experiencia letrada. Aunque las convenciones resultaron muy rígidas en estos sectores, con consabidas exigencias acerca de la moral sexual, de la virginidad hasta el matrimonio y el objetivo supremo de incorporarse a esta institución en pos de los sagrados deberes de la maternidad, como han revelado investigaciones importantes, es plausible imaginar las inflexiones y hasta el franco enfrentamiento con las reglas. Muy probablemente entre las mujeres de mayor solvencia educativa formal se evidenciaron reverberos de insurgencia pública. Muchas de las mujeres movilizadas poseían educación formal, ejercían el magisterio o tenían alguna otra profesión. Tal es el caso de Leonor Villegas de Magnón, educada en diversas instituciones norteamericanas —había vivido su infancia en la frontera—, quien se involucró con la enseñanza y con la asistencia a revolucionarios por medio de su trabajo en la Cruz Blanca Neutral, animada por otra mujer singular, Elena Arizmendi Mejía, de quien me ocuparé un poco más adelante. Magnon enfrentó la acusación de quebrar la neutralidad norteamericana debido a su acción de ayuda a los refugiados. Escribió sus memorias en español y en inglés en pleno proceso revolucionario a las que tituló "La rebelde", pero no llegaron a publicarse durante su vida.

En cuanto a Elena Arizmendi Mejía —que pertenecía a una familia encumbrada, con una larga tradición de servicios militares—, se trata de un arquetipo de toda suerte de osadías. Tuvo a su cargo a sus hermanos menores a raíz de la muerte de su madre y, casada muy joven, se separó después decidiéndose a estudiar enfermería en Texas. Luego del estallido revolucionario, y antes de graduarse, regresó a México en 1911. Advertida acerca de la prohibición de intervenir en auxilio de los soldados revolucionarios heridos, Arizmendi, con otros colaboradores, especialmente médicos y enfermeras, fundó la Cruz Blanca Neutral, una de cuyas primeras realizaciones fue un hospital de campaña en Chihuahua. La organización alcanzó una proyección significativa con más de 20 brigadas de asistencia. Elena era una mujer decidida, inteligente y sin duda emancipada. Tal vez estas condiciones subyugaron al contradictorio José Vasconcelos, el destacado intelectual que años después sería rector de la Universidad Nacional Autónoma de México y secretario de Instrucción Pública del gobierno de Álvaro Obregón, y cuyo giro ideológico hacia la extrema derecha ha sido muy analizado. El vínculo amoroso de Elena y Vasconcelos fue un escándalo en la sociedad mexicana pues él estaba casado, era padre de dos niños y nada dispuesto a separarse. Su biógrafa más importante ha investigado con agudeza la vida de Elena y sostiene que frente a la evidencia de esa circunstancia —más que por el escándalo—, en 1916 se instala en Estados Unidos, primero en Texas y más tarde en Nueva York. Permaneció en esa ciudad durante largos años, y aunque algunas veces visitó México, sólo regresó definitivamente en 1938. Fue en esos años cuando se incrementó su adhesión al feminismo, y aunque fuera de su país —pero influida por el movimiento de mujeres norteamericano— se proyectó en la sociedad mexicana a la que siguió estrechamente vinculada. En 1922 fundó con algunas feministas de América Latina, entre ellas Paulina Luisi —destacada militante uruguaya—, y españolas, como Carmen de Burgos, la Liga Internacional de Mujeres Ibéricas e Hispanoamericanas de la que fue vicepresidenta. La idea era impulsar una perspectiva que permitiera mostrar aspectos propios de la condición de las mujeres hispanoamericanas y tendía a competir con las iniciativas de las norteamericanas. Dentro de la Liga propició junto con Sofía Villa de Buentello —una feminista con posiciones moderadas, lo que no resultaba extraño en el contexto de la época—, la Conferencia Mujeres de la Raza —tal como se ha analizado recientemente— con el objetivo principal de exhibir un pensamiento más identificado con la realidad de las mujeres de América Latina, de mayor apego a su idiosincrasia. El término "raza" —tan inherente al contexto histórico— aludía a esa perspectiva del mestizaje que adquirió particular estatura en diversos intérpretes y movimientos de la región. No debe dudarse de la influencia del propio Vasconcelos en esa fórmula celebratoria de la hibridez hispano-india. Elena Arizmendi consiguió que el *New York Times* publicara en marzo de 1924 una larga nota sobre la situación del feminismo en su país, bajo el título "New women of Mexico striving for equality", que sirvió de apoyo a la conferencia que sólo pudo reunirse en julio del año siguiente en la ciudad de México. No hay duda de que en los años veinte el feminismo había encontrado mayores adhesiones entre las mujeres de las capas medias, fenómeno que se registró en toda la región.

En la historia del feminismo mexicano constituyen un hito las experiencias desafiantes de mediados de la década de 1910, protagonizadas por un amplio conjunto de mujeres en los que se destacaban las de los sectores medios y con mayor educación formal. Hermila Galindo es personaje fundamental que formó parte de los actores de la Revolución. Identificada con los "constitucionalistas", había nacido en el estado de Durango y ejerció la docencia en la región norte de México y supo ganarse la estima de Venustiano Carranza de quien fue estrecha colaboradora. Entre 1915 y 1919 estuvo a cargo de la publicación *La Mujer Moderna* que puso en circulación ideas emancipatorias junto con expresiones de adhesión al carrancismo, vinculación que la llevó incluso a escribir el libro *La doctrina Carranza y el acercamiento indolatino* —también dentro de una perspectiva celebratoria del mestizaje—. Hermila fue protagonista fundamental de los Congresos Feministas que se reunieron en Yucatán en 1916 con el apoyo del gobernador Salvador Alvarado. ¿Hubo una sensibilidad profeminista más acentuada entre los simpatizantes del "constitucionalismo"? Es probable que los impulsos hacia la modernización que caracterizaron a este segmento revolucionario permitan sostener la conjetura. Los congresos de Yucatán estuvieron destinados a remover las sensibilidades más tradicionales y a tratar de incidir para alejarlos de la influencia eclesiástica, como aspiraban Alvarado y su grupo. Alvarado era un liberal radicalizado con proximidades al socialismo que manifestó un interés particular en la capacitación de las maestras —a cuya tarea apostaba—, y las dos reuniones fueron la oportunidad para abordar la participación de las mujeres en la vida pública y ampliar sus derechos, pero se estuvo lejos de promover el sufragio. El primero de los encuentros tuvo lugar en enero de 1916, en Mérida, con una asistencia de más de 600 mujeres. Hermila leyó un texto pleno de bizarría, "La mujer en el porvenir"; se permitió arremeter contra los lugares comunes del recato, refutó la exigente sexualidad que debían mostrar las mujeres, lo que despertó una oleada de prevenciones entre las asistentes. Entre las voces femeninas más radicalizadas contra los prejuicios en aquella sesión memorable se situó la de Elvia Carrillo Puerto, hermana del destacado líder Felipe Carrillo Puerto, quien también sostenía puntos de vista menos convencionales. Fue una destacada organizadora de las mujeres de Yucatán con posiciones prosocialistas, fundadora de la Liga Feminista Rita Cetina Gutiérrez, en homenaje a la docente que había sido ferviente defensora de la educación laica, poeta y feminista yucateca. En diciembre de 1916 se realizó un segundo congreso en Mérida y pudo advertirse el enfrentamiento irreconciliable de las posturas, y no sólo en lo concerniente a los temas de la emancipación femenina.

En 1917 Hermila Galindo permaneció estrechamente vinculada al Congreso Constituyente que sancionó el célebre texto, asistiendo de cerca a las sesiones. Nuestra protagonista se empeñó en que se incorporara el voto femenino a los derechos constitucionales, y los fundamentos de su petición tuvieron mucho que ver con el cauce *maternalista* del feminismo inicial y con las concepciones sostenidas en la época: el voto femenino serviría para aumentar la moral y la templanza. El "maternalismo" fue una posición central en la representación de la condición femenina de la mayoría de los feminismos de la época, ya que lejos de disuadir acerca de los valores de la maternidad, de renunciar a las obligaciones reproductivas, la mayoría de las partidarias identificó la causa del reconocimiento de las mujeres como una revalorización social de la maternidad. Ésta constituyó un ancla ineludible en la enorme mayoría de las experiencias colectivas feministas hasta casi mediados del siglo XX.

En 1918 se presentó con osadía a una candidatura como diputada y aunque no había expresa exclusión de las mujeres, no le fue permitido contender electoralmente. El apartamiento de Galindo de la vida pública en la década siguiente seguramente tiene que ver con el cierre del ciclo carrancista. Por cierto, no ha sido el único caso en que feministas acrisoladas, luego de una etapa de gran compromiso y con decidida actuación pública, se retiran de la vida pública.

En los años veinte la actividad feminista se amplió y todo indica que está lejos de representar una década de debilitamiento. En diversos estados mexicanos surgieron grupos, pero es cierto que la agenda no fue la misma en todas partes. Las católicas tuvieron la oportunidad de reforzar sus organizaciones en apoyo al levantamiento de los "cristeros" —movimiento rural que se enfrentó al secularismo radical del gobierno de Plutarco Elías Calles entre 1926 y 1929, y que fue objeto de violenta represión—.

Entre las organizaciones que bregaron por los derechos civiles y políticos se encuentra el Consejo Feminista Mexicano y aunque sólo actuó entre 1921 y 1925, fue un colectivo importante para cimentar la agencia de los derechos en México. El Consejo resultó una iniciativa debida a mujeres ubicadas a la izquierda, como ocurrió con Elena Torres, Evelyn Roy y Refugio García, todas militantes comunistas. Pese a su corta existencia, el Consejo se manifestó en un amplio arco de dimensiones ya que propuso el voto femenino, la reforma del código civil para equiparar a las mujeres, así como mejorar las condiciones de empleabilidad que llevaran a igualar los salarios de varones y mujeres, además de abogar por la creación de albergues para las trabajadoras. La identificación con su condición fue subrayada en este organismo que tuvo como publicación quincenal *La Mujer,* a cargo de Julia Nava de Ruiz Sánchez.

En la misma época surgió la Sección Mexicana de la Liga Panamericana de Mujeres, que reunió a destacadas feministas. Hubo convergencia con el Consejo en materia de la conquista de los derechos civiles y políticos, pero la Liga era moderada en cuanto a una identificación con las demandas de las mujeres de las clases obreras, pues su origen en verdad remitía a los empeños de la National League of Women Voters de Estados Unidos, cuyo objetivo principal era unir a las representaciones de todos los países de la región en la lucha por el sufragio. En 1922, representantes de ambos organismos asistieron a la Conferencia de Baltimore —convocada por la National League—, a propósito de la cual reaccionaron Elena Arizmendi y sus allegadas defendiendo un pensamiento propio de las mujeres hispanoamericanas. En 1923 tuvo lugar en México el Congreso de la Liga Panamericana que contó con gran asistencia y se oyeron las voces de las más destacadas figuras del feminismo de entonces, Margarita Robles de Mendoza —empeñosa activista en la creación de la Sección Mexicana de la Liga—, Luz Vera, Matilde Montoya, Columba Rivera, para citar sólo a algunas. La proclama final de aquel congreso fue conquistar derechos civiles, políticos, educativos y sociales. Un año más tarde, tuvo lugar el Congreso de Mujeres de la Raza —tal como he mencionado— a instancias de la opositora Liga Internacional de Mujeres Ibéricas e Hispanoamericanas, encabezada por Elena Arizmendi y Sofía Villa de Buentello. Pero se ampliaron las divergencias, especialmente a causa de las inclinaciones más a la izquierda de un cierto grupo de participantes que se enfrentó a las reticentes, y fue inevitable la escisión.

No puede dejar de subrayarse el activismo de las mujeres mexicanas en esos años y el número de congresos a que dio lugar. También los hubo dedicados al combate de la prostitución, y nuevamente se exhibieron posiciones que produjeron rupturas. Algunos estados mexicanos consiguieron la sanción del sufragio pero fue por periodos breves, como Yucatán —que sin modificar la legislación para incluir el sufragio femenino, llegó a tener tres diputadas, entre las cuales estaba Elvia Carrillo Puerto—, San Luis Potosí y Chiapas. Hacia fines de la década hubo una serie de episodios políticos que llevaron a nuevas articulaciones, como sucedió a raíz de la candidatura presidencial de José Vasconcelos en 1929 quien consiguió una interesante movilización femenina. Aunque se encaminaría a derroteros de derecha, en su programa político con visos democráticos en materia electoral figuraba el sufragio femenino. El final de la década se enrareció con esa candidatura que fue severamente hostilizada, y tras un intento de resistencia violento, Vasconcelos fue forzado a exiliarse en Estados Unidos.

En esa coyuntura se planearon la institucionalidad del movimiento revolucionario y las formas de la alternancia para preservar la gobernabilidad. Se conformó así el Partido Nacional Revolucionario (PNR) en 1929, fuerza central en la vida política mexicana que evolucionó, casi una década más tarde (en 1938), al Partido de la Revolución Mexicana (PRM), antecedente del actual Partido Revolucionario Institucional (PRI). El PNR tuvo un segmento de mujeres denominado Acción Femenil con figuras destacadas como la citada Margarita Robles de Mendoza, pero había vacilaciones respecto de la oportunidad del voto femenino. Algunas militantes —como Margarita— manifestaban un sentimiento que era moneda corriente aun entre los sectores más progresistas y que fue bastante perdurable: el temor a que las mujeres se inclinaran por ideas, posiciones y candidaturas conservadoras. ¿Es probable un cierto estancamiento de la lucha por esta prerrogativa hasta mediados de la década de 1930? Tal vez, pero deberían analizarse la coyuntura internacional, las preocupaciones de las progresistas por los avances de las derechas en el orden mundial, que inhibía energías para los "derechos propios", y cierta focalización en los problemas de las clases trabajadoras. Tal parece haber sido el cometido del Frente Único de los Derechos de la Mujer que desde un cauce marxista se inició en 1935, demandando que se mejoraran los salarios y las condiciones de vida de las trabajadoras. Se trató de un movimiento muy importante con más de 50 000 mujeres en todo México. Entre sus militantes se destacaron Ofelia Domínguez Navarro y Matilde Rodríguez Cabo, quienes propusieron, en 1936, la despenalización del aborto más allá de las causales de violación y riesgos de salud que no eran punibles en la mayoría de los estados mexicanos. Más tarde, el Frente se encaminó a la defensa de los derechos cívicos de las mujeres, de modo que fue una de las fuerzas que contribuyó a que el presidente Lázaro Cárdenas se dispusiera a cumplir con la promesa electoral del voto femenino, y éste fue sancionado por las cámaras de Diputados y de Senadores en 1938 sin mayores resistencias, pero no puede ser más paradójico el proceso que siguió, ya que no hubo promulgación efectiva de la ley. Para quienes lo han estudiado, este hecho sólo puede explicarse a la luz de las prevenciones, de la alarma que despertaba "el fantasma del conservadurismo de las mujeres". La reforma constitucional que finalmente incorporó el sufragio femenino ocurrió en 1953. En las décadas intermedias desde luego no faltó movilización femenina y mucho menos desempeños femeninos en la esfera pública. El tránsito de los años cuarenta tiene algunas manifestaciones que resuenan como una vuelta de tuerca de los estereotipos, más allá de las transformaciones culturales del periodo. Esta suerte de involución no implica que se careciera de mujeres que lograron trascender, como Amalia González Caballero de Castillo Ledón, personalidad en la que se exhibieron las contradicciones entre la adhesión a los derechos de las mujeres y la reserva tradicional de sus funciones. Castillo Ledón fue probablemente una de las figuras ejemplares de la modernidad que deseaba manifestar el Estado mexicano. Tal vez con un cierto fulgor celebratorio de "la nueva mujer" que representaba el deseo de un México reordenado, y como un símbolo de su compromiso con quienes debían ser exaltadas por sus contribuciones a la vida familiar, a la pacificación y al reencauzamiento de la economía, Castillo Ledón fue una singular representante: pertenecía a la clase media desahogada, era letrada, inteligente, moderada y muy atractiva. Formó parte de la Comisión Interamericana de Mujeres (CIM) durante algunos años y fue delegada ante la comisión dedicada a las mujeres en el Consejo Económico y Social de las Naciones Unidas. Es indudable la influencia de la CIM y de modo directo la de Castillo Ledón en la preconización del derecho al sufragio en la región. Se ha sostenido como una estrategia de conducta observada por Castillo Ledón que pasaba por parecer desinteresada con el poder, omisa a sus encandilamientos, pero que podía controlar las operaciones destinadas a sostener su vinculación con las altas esferas. Aunque con contradicciones respecto de la condición femenina, como era común en la época, Castillo Ledón no dejó de apoyar el movimiento por el sufragio inspirando el colectivo Alianza de Mujeres de México.

Muchas feministas de mediados del siglo pasado no pudieron evitar las tensiones con el "deber ser", ordenado de modo patriarcal, y las cercanas a las izquierdas no dejaban de señalar que antes que nada se imponía la transformación de las relaciones de clase. A pesar de las dificultades, las mujeres tuvieran acceso a algunos derechos, y no pueden obviarse ciertas conquistas hasta el inicio de la década de 1950, como el divorcio vincular desde 1914 y la Ley de Relaciones Familiares, a lo que se sumaron las reformas de 1928 que ampliaron las prerrogativas de las mujeres en el orden privado; también la Constitución de 1917 aseguró la igualdad salarial y el Estado se obligó a la protección de la maternidad.

Entre la obtención del sufragio en 1953 y los años setenta, media un lapso en el que la sociedad mexicana vivió numerosos conflictos. La inaugural promesa revolucionaria se había desvanecido y surgieron los primeros exámenes críticos sobre las derivas del movimiento que había tenido en vilo al país desde 1910. Eran insoslayables los agudos contrastes sociales, la marginación de las poblaciones indígenas —que representaban una singular magnitud demográfica—, la concentración de la riqueza y la mayor influencia que había ganado Estados Unidos, a pesar de las retóricas de rechazo. En los años sesenta se vivió la radicalización de diversos grupos a raíz de la Revolución cubana, se tensionaron especialmente las posiciones a favor y en contra de su orientación decididamente socialista. En octubre de 1968 se desató una feroz represión de Tlatelolco y fue un corte decisivo de aquel ciclo. Entre los cientos de abatidos hubo numerosas mujeres, y durante la década de 1960 las universidades ampliaron notablemente su participación, de la misma manera que se expandió el empleo femenino y que ya no fueron tan extrañas en ámbitos antes reservados sólo a los varones. Para el surgimiento del *nuevo movimiento feminista* deben tenerse en cuenta los acontecimientos de la coyuntura y la influencia directa, debido a la cercanía, de las protagonistas norteamericanas de la "segunda ola". Cabe la hipótesis de un cierto adelantamiento de las mexicanas en materia de problemas, temas y teoría, por lo menos es así si se compara con la experiencia de los feminismos en el Cono Sur, como se intentará mostrar en esta historia. México, a pesar de las tensiones señaladas, no había interrumpido en absoluto el Estado de derecho, a diferencia de las naciones del Cono Sur. La circulación libre y profusa de la nueva agenda feminista y la posibilidad de agruparse, de fundar organizaciones para llevar adelante el nuevo programa de reivindicaciones, no estaba afectada por la represión que se ejercía por ejemplo en Brasil, Argentina y Chile, países dominados por dictaduras militares. Como fuere, la escena mexicana se pobló de nuevas activistas con un cambio notable de programa: se denunciaron las formas de sometimiento patriarcal, se eliminó el acatamiento "maternalista" y hubo explícitas manifestaciones acerca de la libertad en materia de anticoncepción y sexualidad. De modo singular, apareció la denuncia de la violencia ejercida contra las mujeres, en particular en el ámbito doméstico, de modo que la agenda tuvo una dramática transformación. Surgieron numerosos colectivos, entre los cuales los más importantes fueron el Movimiento Nacional de Mujeres, el Movimiento Feminista

Mexicano, Mujeres en Acción Solidaria, el Movimiento de Liberación de la Mujer, La Revuelta, el Colectivo de Mujeres, el Grupo Lesbos, la Coalición de Mujeres Feministas. No faltaron los desencuentros ni las escisiones, uno de cuyos efectos fue la creación en 1979 del Frente Nacional por la Liberación y los Derechos de las Mujeres. Fue a mediados de esa década de cambios tan enérgicos que surgió *fem. Publicación Feminista Trimestral*, sin duda un acontecimiento para toda la región pues constituyó un alimento sustancial para las feministas de América Latina. Alaíde Foppa, Margarita García Flores, Elena Poniatowska, Elena Urrutia, Lourdes Arizpe, Esperanza Brito de Martí y Marta Lamas integraron *fem.*, que perduró en formato papel durante casi 30 años. Alaíde Foppa fue escritora y poeta, además de una notable feminista. Nació en Barcelona en 1914, de padre argentino y madre guatemalteca, vivió un tiempo en Argentina y también en Italia, hasta que en 1943 se radicó en Guatemala; fue partícipe del ciclo de las transformaciones del gobierno de Jacobo Árbenz, y a su caída se refugió en México; su hijo Juan Pablo fue muerto cuando participaba de las acciones del Ejército Guerrillero de los Pobres (EGP) en Guatemala; Alaíde regresó a Guatemala en 1980 para renovar su pasaporte, fue secuestrada y asesinada. Fue una voz singular en el nuevo escenario que abría la renovación feminista. Margarita García Flores se había formado como contadora y se dedicó al periodismo. Elena Poniatowska ya era reconocida como una de las escritoras destacadas del escenario mexicano. Elena Urrutia estudió psicología y ahondó en estudios de literatura francesa en su paso por Bélgica, y desde 1970 tuvo participación en acciones feministas. Lourdes Arizpe se especializó en antropología, y en 1975 obtuvo su doctorado en la London School of Economics and Political Science. Marta Lamas, una de las más jóvenes del grupo, se constituyó en una de las voces principales del feminismo de la región. Esperanza Brito de Martí, que dirigió *fem.*, contribuyó al surgimiento de la organización Movimiento Nacional de Mujeres y fue empeñosa defensora de los derechos sexuales.

En 1974 hubo modificaciones importantes en la ley civil mexicana, lo que se ha interpretado como una contribución al Año Internacional de la Mujer (1975), dispuesto por Naciones Unidas, y cuya reunión central tendría lugar en la ciudad de México. México en efecto fue ese año la sede de la primera Conferencia Mundial dedicada a la condición de las mujeres impulsada por la ONU y en la que hubo representantes de 133 países. Uno de los aspectos más importantes fue el Foro paralelo —o Tribuna—, en el que participaron más de 6000 mujeres. El documento final de la Conferencia se centró en las tres cuestiones propuestas, *igualdad, desarrollo y paz*, y casi no hubo lugar para los debates de las mujeres que participaron en el Foro. Fueron notables los contrapuntos entre figuras como la célebre feminista norteamericana Betty Friedan, quien fue pionera en el movimiento de la "segunda ola" norteamericana, y la activista boliviana Domitila Barrios de Chungara, quien había sido una resistente de la zona minera boliviana y sus testimonios originaron el texto *Si me permiten hablar... Testimonio de Domitila*. Manifestaba esta última una opinión muy extendida entre el activismo de izquierda que aseveraba que lo fundamental era la lucha contra el sistema de explotación y no contra los "compañeros varones". Los contrapuntos fueron moneda corriente en aquella histórica reunión. Las perspectivas eran diametralmente opuestas en materia de sexualidad, pues había defensoras del lesbianismo y del completo reconocimiento a la homosexualidad, como ocurrió con Laurie Bebbington —joven representante australiana—, que originó rechiflas y el rechazo agresivo de buena parte de las asistentes, conducta que también asumió Adelina Zendejas, integrante del Frente Único Pro Derechos de la Mujer. Nancy Cárdenas, una militante mexicana por los derechos de las mujeres lesbianas que estuvo de acuerdo con Bebbington y sus compañeras, fue agresivamente interceptada a la salida del Centro Médico Nacional —lugar del Foro—; sin embargo, tales conductas no amilanaron a las decididas, y varias mujeres mexicanas identificadas como lesbianas que suscribieron un documento que demandaba el mayor reconocimiento de la sexualidad disidente.

Las posiciones contra el aborto provinieron en gran medida de las representantes de organizaciones de los países periféricos, y buena parte de las latinoamericanas no se diferenciaron de sus congéneres provenientes de países islámicos. Los conflictos en torno de la sexualidad y la no reproducción fueron muy fuertes, tanto como los que suscitaban las pugnas contra el imperialismo. Pero hubo consecuencias de aquellos intrincados cabildeos: en 1976, la Coalición de Mujeres Feministas —que al menos reunía a seis grupos de militantes— presentó el proyecto de interrupción voluntaria del embarazo.

En los años ochenta se acentuaron las denuncias contra la violencia, se extendió la crítica al heterosexismo normativo y se reclamó la inclusión política. Los núcleos feministas se multiplicaron y se diseminaron especialmente los debates acerca de los derechos inherentes al cuerpo, al aborto y a la sexualidad. Sin embargo, algunas opiniones denunciaron el aspecto asistencialista que dominaba la escena de la actuación de diversos núcleos militantes, y no escapa la diatriba que originó la llamada "oenegenización" del feminismo, especialmente verificable en México, donde había conflictos por la recepción de recursos internacionales destinados a la asistencia a las mujeres, con notable desarrollo durante esta década. No obstante, se ha sostenido que en esas décadas se manifestaron formas de *feminismo popular* y que desde luego ese fenómeno debe sumarse a las singulares transformaciones de los movimientos sociales en México. Es muy difícil mencionar la diversificación de agrupaciones, aun porque algunas tuvieron corta existencia aunque dieron lugar a nuevas expresiones. El 8 de marzo de 1987 comenzó la publicación del *Suplemento Doble Jornada* —como parte del diario *La Jornada* en la edición de los lunes—. En el grupo inicial estuvieron Sara Lovera —que fue una acendrada sostenedora de la empresa—, Rosa María Rodríguez y Dolores Cordero, y en su primera presentación se decía: "Contra lo que pueda suponerse, esta mirada no es exclusiva de la mujer. Parte de ella y de lo que le afecta, no sólo porque se trata de la mitad de la población, sino porque estas cuestiones tocan a todos, aunque no todos las vivan de la misma manera; se inscriben en los problemas básicos de nuestro país y expresan, finalmente, la necesidad de un cambio radical".

Entre los acontecimientos que sumaron energías y más militantes se sitúa el IV Encuentro Feminista Latinoamericano y del Caribe desarrollado en Taxco, Guerrero, en octubre de 1987. Muchas mujeres discutieron allí diversas dimensiones de la existencia, y aunque no faltaron las dificultades para comprenderse, tomaron la palabra para enunciar qué debían hacer las feministas con relación a las contradicciones de clase, a los mandatos existentes de la maternidad, a las políticas de los partidos de izquierda, a la situación de las mujeres en Cuba (hubo un importante grupo de cubanas presentes), y abundaron los manifiestos sobre sexualidad libre y el reconocimiento de las relaciones lesbianas.

Durante los años noventa, los feminismos se extendieron decididamente en el ámbito universitario. Debe decirse que el impulso provino de numerosas adherentes que ejercían la docencia universitaria y de las nuevas condiciones socioculturales —nacionales e internacionales—, así como de la existencia de publicaciones de gran calidad. Tal es el caso de *Debate Feminista,* creada por Marta Lamas y sostenida durante más de 25 años (en la actualidad, la publicación está bajo la órbita del Centro de Investigaciones y Estudios de Género de la UNAM), que es toda una historia excepcional. Marta ha confesado en *Debate Feminista*, como un hito en su vida la conferencia que le escuchó a Susan Sontag en la UNAM en 1971, y cómo el feminismo cambió su vida, la importancia que tuvieron Marie Langer y Haydée Birgin —argentinas exiliadas en México— y la cercanía con ese notable iconoclasta que fue Carlos Monsiváis. La revista ha ejercido una influencia incontestable en la política y la academia, se trata de uno de los más calificados logros entre las publicaciones feministas. Varios centros y programas universitarios surgieron precedidos por una vasta cantidad y diversidad de cursos en diferentes unidades, emprendimientos pioneros de la década de 1980. Entre los primeros centros dedicados a los estudios académicos de las mujeres en América Latina se encuentra el PIEM —Programa Interdisciplinario de Estudios de la Mujer—, formalmente instituido en marzo de 1983 en El Colegio de México, merced a la actividad propulsora de Lourdes Arizpe y Elena Urrutia. Esta última ubicó los antecedentes de esta iniciativa en el Primer Simposio Mexicano-Centroamericano de Estudios de la Mujer (1977), en los Simposios Mexicanos de la Mujer (1981, 1982, 1983) y en el cuarto Congreso Interamericano de Escritoras (1981). En 1982, la UAM-Xochimilco comenzó a desarrollar un programa dedicado a examinar la condición de las mujeres en el Departamento de Política y Cultura, y en 1983 se inició un ciclo sistemático, en el mismo departamento, con el nombre Mujer, Identidad y Poder. Con el propósito de especializar a quienes se inclinaban por este conocimiento, en 1989 comenzó a ofrecerse el Curso de Actualización en Estudios de la Mujer. La creación de la Maestría en Estudios de la Mujer data de 1997 y ha sido una contribución singular en los estudios de posgrado de la región. En 1992 surgió el Programa Universitario de Estudios de Género (PUEG) en la Universidad Nacional Autónoma de México, bajo la dirección de quien fuera una destacada filósofa feminista, Graciela Hierro. La propuesta estuvo muy vinculada a los objetivos del Grupo Autónomo de Mujeres Universitarias (GAMU), que desde 1979 reunía a numerosas universitarias que llevaron adelante un ciclo de actividades para profundizar en diversas dimensiones de las teorías feministas. La primera actividad fue en la Facultad de Psicología en 1984. El PUEG tenía como objetivo principal servir de apoyo a las diversas investigaciones sobre la condición de las mujeres en la propia UNAM, y fortalecer a las ONG que se dedicaban a los problemas de las mujeres, pero no se propuso crear carreras o cursos regulares formativos, aunque desde luego desarrolló numerosos ciclos para debatir la condición femenina. Recientemente el Programa se ha transformado en el Centro de Investigaciones y Estudios de Género (CIEG).

La historia más reciente del feminismo mexicano revela una profusión de protagonistas y de organismos que requiere auscultarse en profundidad y con certeza se trata de una nueva fase. Debemos a las militantes mexicanas una contribución invaluable en materia de política y de conceptuaciones en los estudios de género, y no puede dejarse de mencionar que la adaptación del término "feminicidio" se debe a Marcela Lagarde, singular analista y militante. Recapitulando sobre la historia que acaba de enhebrarse, el largo ejercicio de los feminismos mexicanos puede segmentarse en tres periodos, a saber: uno inicial que llega a mediados de la década de 1930 —muy influido por el proceso revolucionario—, otro intermedio tal vez menos incisivo en demandas hasta la renovación de la década de 1970 —que comporta claramente un parteaguas en las subjetividades y en los programas—, y los años más recientes del nuevo siglo cuando los feminismos se han diversificado ante el estallido de la polaridad genérica. Me refiero a que la mayoría de las posiciones han abdicado de la exclusiva referencia a dos géneros polares, varón *vs.* mujer, que la mayoría de las tesis y de las políticas argumentan actualmente, y de manera enfática, a favor de la diversidad sexo-genérica. El arco de las sexualidades alarga considerablemente las posibilidades de identificación en materia de sexualidad y de género, y no hay dudas de que los movimientos feministas resultan hoy, en su enorme mayoría, un acicate contra las pretendidas regencias biológicas binarias.

Cualquiera que sea la periodización que se realice, los movimientos de derechos de las mujeres en México ofrecen singularidades y matices propios en el gran cauce reivindicativo de la región y han representado una poderosa polea para los feminismos latinoamericanos.

GUATEMALA

El recorrido por América Central comenzará por Guatemala, cuya radicalidad liberal era prometedora a raíz de las leyes civiles promulgadas a fines del siglo XIX. Fue el primer país que sancionó el divorcio vincular por mutuo consentimiento en 1894, para lo que tal vez pesó la influencia de las mujeres letradas que se identificaron con ciertas demandas, algunas de las cuales estuvieron vinculadas al periódico *La Voz de la Mujer*, que dirigió Vicenta Laparra de la Cerda en 1885, y probablemente con *El Ideal* publicado entre 1887 y 1888. No pueden dejar de resaltarse las diferencias étnicas e históricas que dividían a las propias mujeres, una mayoría correspondía a pueblos originarios de diversas identidades, al menos 15 etnias, la mayoría de ascendencia maya. Entre 1898 y 1920, Guatemala vivió bajo el gobierno autoritario de Manuel Estrada Cabrera y el fin de ese ciclo fue una promesa para los renacidos sentimientos democráticos. En 1921, las fuerzas liberales estuvieron muy próximas de sancionar el voto de las mujeres: en el plenario del Legislativo se perdió sólo por un voto, y debe recordarse también el pacto que reunía a las naciones centroamericanas —la denominada República Federal de Centroamérica, finalmente malograda—, que había establecido una constitución en ese mismo año e incorporado de manera muy limitada el derecho al voto femenino.

Entre las organizaciones decididas a apoyar los derechos de las mujeres en esa década se encuentran el Club Unionista Femenino Carlota Corday y la Sociedad Gabriela Mistral, ésta, surgida en 1925, tuvo una posición teósofa. No puede sorprender que se amalgamaran las ideas de la teosofía con las posiciones favorables a las mujeres. La "doctrina secreta" —que tuvo seguidores también entra las filas socialistas y librepensadoras— se debe a Helena Blavatsky, pasando luego la regencia a otra mujer, Annie Besant, y por donde se expandió —se trata de una conjunción filosófica y religiosa anclada en concepciones evolucionistas— atrajo la adhesión de mujeres.

Se sostiene con sólida argumentación que Guatemala estaba en el desfiladero de dos dictaduras al inicio de la década de 1920, y esto influyó notablemente para que la generación de esa década asumiera el compromiso de una modificación de las prácticas políticas, de las sensibilidades culturales y a favor del progreso social, se trataba de impulsar un nuevo modelo de nación con fuertes tonos de nacionalismo y con voluntad de ampliar un movimiento progresista. Por esos años había tres publicaciones que dedicaban notas a la condición femenina, *Studium, Tiempos Nuevos* y *Vida*, pero esta última parece haber sido el órgano teósofo. Para Graciela Rodríguez, una destacada pluma de mediados de aquella década que escribía en esa revista, la mujer había estado siempre de rodillas y ahora se erguía: "su inferioridad no existe". Por entonces también se creó la sección de la Liga Internacional de Mujeres Ibéricas e Hispanoamericanas, ya mencionada en el capítulo anterior. En el feminismo guatemalteco siempre habían contado las ideas de las españolas, registrándose en particular una adhesión a las figuras representantes de la emancipación, sobre todo por medio de la educación, como Emilia Pardo Bazán.

En noviembre de 1925, Guatemala vivió lo que parece haber sido el primer movimiento de huelga protagonizado por mujeres en la región centroamericana, en un contexto de agudización de los conflictos sociales. Se trataba de las trabajadoras que clasificaban el café y su movimiento duró algunos días sin que sobreviniera una fuerte represión, aunque hubo detenciones. Entre los reclamos, además de horario, salarios, extinción de multas, se encontraba "que no sea un hombre quien las registre a la salida, sino que, en su caso, una mujer".

Guatemala vivió durante largos años situaciones difíciles con gobiernos francamente dictatoriales, favorables a los intereses de Estados Unidos. Su historia muestra el permanente deterioro de las condiciones de vida de los trabajadores, en particular del indigenado rural, hasta la revolución cívico-militar de octubre de 1944 que llevó al gobierno al triunvirato de Jacobo Árbenz, Francisco Javier Arana y Jorge Toriello Garrido. En 1945 hubo por primera vez elecciones libres resultando elegido Juan José Arévalo quien emprendió reformas institucionales, educativas y sociales, pero no pudo evitar la confrontación con los sectores medios y con las posiciones más conservadoras. En 1950 accedió al gobierno Jacobo Árbenz quien llevó adelante reformas económicas, políticas y sociales incisivas, como la reforma agraria que lo enfrentó con los intereses norteamericanos, en especial la United Fruit Co., que era un emporio dominante en América Central. El temor de que Guatemala "cayera en el comunismo", como afirmaban los organismos de Estados Unidos, hizo que éstos finalmente participaran de modo directo en el golpe que derrocó a Árbenz en 1954, una manifestación de la Guerra Fría en América Latina.

En ese lapso de "primavera democrática", los gobiernos de Arévalo y Árbenz, revivieron las formulaciones feministas sobre todo a raíz del sufragio obtenido en 1945, aunque sólo alcanzó a las mujeres alfabetizadas. La medida estaba en buena parte ligada a los reclamos de la Unión Femenina Guatemalteca Pro Ciudadanía (1944) que reunía a quienes sostenían el derecho al sufragio, como Angelina Acuña de Castañeda, Elisa Hall de Asturias, Irene de Peyré y Graciela Quan Valenzuela, quien fue, años más tarde, representante ante la Comisión Interamericana de Mujeres y se desempeñó durante los gobiernos posteriores representando a Guatemala ante Naciones Unidas. No puede pasarse por alto que en agosto de 1947 se reunió en Guatemala el Primer Congreso Interamericano de Mujeres, a instancias de la Liga Internacional de Mujeres por la Paz y la Libertad que tenía presencia en Europa.

María Cristina Vilanova de Árbenz, la esposa del presidente, llevó a cabo medidas asistenciales dedicadas a las mujeres y los niños, y fue severamente denostada por mujeres de las fuerzas conservadoras, según puede advertirse en su autobiografía y entrevistas que se le hicieron. Durante los años cincuenta surgieron nuevas organizaciones femeninas orientadas hacia la izquierda, como la filial de la Federación Democrática Internacional de Mujeres, y también de opositoras como la Central Anticomunista Femenina forjada en 1952. El golpe militar abrió un nuevo ciclo autoritario, de persecución de las izquierdas y de involución de las conquistas sociales; la población indígena fue sometida a mayor explotación, los abusos se convirtieron en moneda corriente y fueron las mujeres objeto de mayores inequidades. Con leves interregnos de gobiernos surgidos de elecciones, las tensiones entre los grupos sociales arreciaron, y como ocurrió en todos los países de la región surgieron grupos guerrilleros con el objetivo de producir cambios radicales en la sociedad.

En 1967 fue asesinada Rogelia Cruz Martínez, quien había sido Miss Guatemala cuando adolescente y que años más tarde ingresó a la militancia política uniéndose a uno de los frentes guerrilleros. La represión, especialmente contra las poblaciones aborígenes, ha sido una de las más feroces de la región, especialmente bajo el gobierno de Efraín Ríos Montt (1981-1982), y abundan las narraciones acerca de las formas cruentas empleadas contra las mujeres. Entre 1991 y 1996 se llevaron adelante los Acuerdos de Paz entre los gobiernos de Guatemala y la Unidad Revolucionaria Nacional Guatemalteca (URNG), que contuvo también un Sector de Mujeres, y se establecieron las condiciones de la pacificación. En 1994 se originó la Comisión para el Esclarecimiento que ha venido indagando las violaciones a los derechos humanos en el país, donde hay registros de más de 250 000 asesinatos y desapariciones; más de 80% de las víctimas corresponden a miembros de comunidades originarias. En las circunstancias vividas por este país ha sido muy difícil la posibilidad de construir movimientos feministas sostenidos, aunque las mujeres han tenido fuerte participación en los movimientos sociales, han enfrentado a las fuerzas represivas y han podido encontrar vías de organización específicas, sobre todo a inicios del nuevo siglo, una de ellas el Foro de la Mujer, derivado del Sector de Mujeres. En 1992, Rigoberta Menchú, de la etnia quiché y sobreviviente a la masacre de su familia, recibió el premio Nobel de la Paz. En la última década se han multiplicado los grupos de reivindicación de derechos, y en 2015 accedió por primera vez a una banca en el Congreso guatemalteco una feminista y activista lesbiana, Sandra Morán Reyes, quien desde adolescente participó en las movilizaciones populares. Los grupos feministas han aumentado, se han modificado los motivos de su agencia dando amplio lugar al problema de la violencia, de la elección sexual, del derecho a limitar la maternidad, con la inclusión imprescindible de las indígenas, cuya representación equivale casi a la mitad del total de las mujeres, pero el contexto político ha condicionado fuertemente esas expresiones.

EL SALVADOR

En El Salvador hubo asociaciones femeninas desde fines del XIX y por supuesto no faltaron las mujeres decididas, como ocurrió en la particular coyuntura de abril de 1894 en ocasión del levantamiento contra el general Carlos Ezeta —que gobernaba dictatorialmente con su hermano Antonio—. En la asonada del grupo de "los cuarenta y cuatro" —como se ha dado en llamar a los insurrectos— participaron algunas mujeres aunque sólo recientemente ha habido un reconocimiento historiográfico de esa actuación.

El desarrollo de las ideas feministas se debe especialmente a una mujer singular, Prudencia Ayala, indígena de origen muy humilde que se alfabetizó con muchas dificultades. En 1913 escribía notas en un diario de cierta circulación en la región occidental del país, y eran expresivas sus manifestaciones a favor de los derechos de las mujeres, lo mismo que sus sentimientos antiimperialistas. Se trataba de una joven a la que se le atribuían propiedades de vidente, probablemente una fórmula que ella misma, de modo estratégico, se encargaba de difundir. En 1919 fue detenida por haber ofendido a un alcalde, se marchó más tarde a Guatemala y allí también estuvo encarcelada bajo la acusación de actuar contra el presidente Estrada, sobre lo que escribió en su libro *Escible. Aventuras de un viaje a Guatemala*. Se conjetura que en 1922 participó en las agitaciones sociales que fueron duramente reprimidas por la Guardia Nacional. Escribió textos de cierta envergadura poética: *Inmortal, amores de loca* (1922), *Luz de Orión* (1924) y *Fumaba mota* (1925). Hacia fines de esa década fundó *Redención Femenina*, periódico dedicado a la defensa de los derechos de las mujeres. En noviembre de 1930 se postuló como candidata a la Presidencia de la nación con un programa que, además de auspiciar prerrogativas para las mujeres, defendía la sindicalización de los trabajadores. Fue la primera mujer en lanzar tal candidatura en El Salvador, en nombre del Gran Partido Femenino Salvadoreño, pero no le fue permitido contender. Entre sus realizaciones se le debe el Círculo Femenino Teclaños dedicado a la conquista de los derechos de las mujeres.

Bajo el régimen dictatorial de Maximiliano Hernández Martínez hubo gravísimas represiones: debe recordarse que en 1932 a raíz de las protestas de campesinos indígenas fueron muertos alrededor de 25 000 personas y no es posible todavía saber si Prudencia Ayala participó en la resistencia en aquella dramática coyuntura. En 1939 se sancionó el sufragio de manera calificada por edad, situación conyugal y educación, lo que significaba que la situación no se modificaba para las mujeres que en un 80% eran analfabetas, pero fue el primer país centroamericano en otorgar ese derecho. La caída de Hernández se produjo en 1944 y coincidió con un despertar de los grupos femeninos como el Frente Democrático Femenino, liderado por la escritora Matilde Elena López —también de conocida militancia antifascista—, que animó el periódico *Mujer Demócrata*; la Asociación de Mujeres Democráticas que sostuvo *Tribuna Feminista*; la Liga Femenina Salvadoreña cuya voz se expresaba en el *Heraldo Femenino* dirigido por Ana Rosa Ochoa, escritora y librera —su librería Claridad fue un lugar iconoclasta de encuentros de intelectuales y revolucionarios—. Al final de la década de los cuarenta se fundó la Liga Feminista Salvadoreña que tuvo decidida actuación para la sanción del sufragio en 1950, y debe recordarse que en ese interregno el Partido Revolucionario de Unificación Democrática (PRUD) tuvo un ala dedicada a las mujeres. En 1956 surgió el agrupamiento Fraternidad de las Mujeres con acentuada preocupación por las trabajadoras y las campesinas pues tenía una perspectiva política radicalizada ya que estaba vinculado al Partido Comunista. Entre sus militantes se contaban Berta Deras de Aguiñaga Carranza, la propia Ana Rosa Ochoa,

María y Lilian Jiménez (madre e hija), Rosa María de Castellanos y Tulita Alvarenga.

En las décadas de 1970 y 1980 el movimiento de mujeres estuvo condicionado por las urgencias que planteaban las izquierdas —entre las que se contaba el Partido Comunista—, en procura de la transformación social radical. Entre los grupos que actuaron en esos años se cuentan la Asociación de Mujeres de El Salvador (AMES) —vinculada al Bloque Popular Revolucionario—, la Asociación de Mujeres por la Democracia Lil Milagro Ramírez —en homenaje a la joven militante primero desaparecida y luego asesinada en 1979—, la Asociación de Mujeres Salvadoreñas (Asmusa); la Federación de Mujeres Salvadoreñas y la Organización de Mujeres por la Paz.

En 1980 se formó el Frente Farabundo Martí para la Liberación Nacional (FMLN) con varias agrupaciones decididas a la acción guerrillera bajo el liderazgo de Salvador Cayetano Carpio, cuyo nombre de guerra era Comandante Marcial. En 1983 hubo una circunstancia aciaga con el brutal asesinato de la segunda de Marcial, la Comandante Ana María —cuyo nombre verdadero era Mélida Anaya Montes—, quien estaba viviendo en Nicaragua. Se habían desbordado los desacuerdos internos representados por una fracción que quería alguna forma de negociación, en la que se situaba Mélida, y otra que se proponía la lucha armada sin solución de continuidad, como sostenía Marcial. Se acusó a éste del asesinato, pero la justicia determinó la responsabilidad de un miembro de su grupo, Rogelio Antonio Bazzaglia, aunque la opinión generalizada sostenía haber sido ordenado por Marcial; unos días más tarde éste se suicidó. Todavía es muy oscura la trama del asesinato y del suicidio, pero Mélida se constituyó en un hito en la reivindicación de los derechos de las mujeres. Las acciones del FMLN tuvieron algunos éxitos pero la represión fue muy violenta, y no cesó siquiera al iniciarse los años noventa cuando comenzaron las negociaciones que llevaron a los Acuerdos de Paz. La guerra civil fue un lapso luctuoso que cobró incontables víctimas, muchas producidas de modo completamente ilegal por los organismos de seguridad. Hubo miles de personas desaparecidas de modo forzado, y sobrecogen las narrativas sobre la crueldad represiva. La Comisión de la Verdad surgida de los Acuerdos ha informado de la desaparición de un gran número de niños y niñas, y se presume que muchos fueron adoptados ilegalmente por familias extranjeras. Se estima que 30% de los que combatieron eran mujeres aunque, como ocurrió con otras experiencias guerrilleras en la región, fueron muy pocas las que accedieron a altos mandos, como fue el caso de Mélida Anaya Montes. Las organizaciones feministas se abrieron paso en medio de las adversidades, en contextos de severos hostigamientos, pero exhibiendo particular resistencia. En 1991 surgió el grupo Las Dignas, con un programa que en estos años ha intensificado el reclamo de derechos, y el Movimiento de Mujeres Mélida Anaya Montes, conocido como Las Mélidas, que también lo ha hecho desde una perspectiva de izquierda. No cesó de crecer el variado arco de los feminismos durante toda esa década con el objetivo de aniquilar la violencia y asegurar la libre determinación de las mujeres.

HONDURAS

La historia política y social de Honduras comparte muchas de las vicisitudes de las naciones centroamericanas y con las que estuvo en litigio desde fines del XIX hasta principios del XX. Entre quienes de modo anticipado reclamaron un trato más equitativo hacia las mujeres en las primeras décadas del XIX, se cuenta la figura original del fraile José Trinidad Reyes —impulsor de la Universidad de Honduras— que escribía con el seudónimo de Sofía Sayers: "Reclamo, únicamente, la igualdad de educación. Reclamo se considere que las almas no tienen sexo, que el ingenio y talento femeninos son tan perfectibles como los del varón, y que es claro que, formados con tanta igualdad de facultades —si no puedo decir con mayores dotes—, es contrariar la voluntad providencial dejar parecer sin cultivo sus inteligencias".

Aunque desde 1894 hubo debates parlamentarios para otorgar el sufragio a las mujeres, ninguno prosperó hasta mediados del siglo XX, pero lo singular fue que en 1906 la reforma del Código Civil liberó a las casadas de la potestad del marido. Los inicios de la década de los veinte fueron de enorme inestabilidad debido a la cruenta guerra civil y en 1929 estalló la gran crisis internacional —denominada la Gran Depresión—, que asoló a toda la región trayendo por lo general quiebres del Estado de derecho y la asunción de gobiernos dictatoriales, y Honduras no fue una excepción. Fue en esa década que surgieron grupos más influyentes de mujeres y ocupa un lugar especial la Sociedad Cultura Femenina (1926) de la que formó parte una de las mujeres de mayor reconocimiento en Honduras, Visitación Padilla. Se trataba de una educadora y escritora que había participado en 1913 en la fundación del Ateneo de Honduras —donde la enorme mayoría eran varones— y que había expresado claros sentimientos antiimperialistas en la encrucijada de la intervención norteamericana en 1919. En la Sociedad la acompañaron entre otras María Luisa Medina —quien fue su primera presidenta—, Graciela Amaya de García, Antonieta, Jesús, Eva Sofía Dávila, Goya Isabel López, Flora Suazo, Ángela y Genoveva Andino, Natalia Triminio, Rosita Amador, Mariana y Ceferina Elvir. Visitación fue animadora —como ocurrió con muchas activistas del periodo— de acciones de "templanza" para combatir el alcoholismo, y no puede extrañar que fueran mujeres quienes integraron la Liga Antialcohólica (1930). Para una destacada historiadora hondureña no puede hablarse con propiedad de la existencia de un movimiento sufragista antes de la década de 1940, ya que fueron esos años los que vieron desarrollarse las acciones tendientes al voto. Visitación, para dar un ejemplo de esta afirmación, no comulgaba con el voto de las mujeres pues sostenía que las condiciones de la contienda política eran muy inapropiadas y que en todo caso debían estar preparadas, y ésta parece haber sido la opinión de no pocas intelectuales. La Sociedad se orientó hacia una cierta identificación con los sectores desposeídos, pero Visitación había renunciado a la Sociedad Cultura Femenina por diferencias con muchas integrantes, debido a su identificación como liberal. Otro agrupamiento importante en el orden gremial fue el Sindicato Femenino "La Fraternidad" de concepciones socialistas. Entre 1933 y 1948 transcurrió un periodo dictatorial bajo Tiburcio Carías, pero la discusión sobre el sufragio femenino solía aparecer en las sociabilidades femeninas. Por esos años algunas mujeres dieron notas excepcionales de creatividad, emancipación e iconoclasia, una de ellas fue Clementina Suárez, una destacada poeta de izquierda a quien solía considerarse como la "nueva mujer", y otra, Lucila Gamero de Medina, una de las más importantes novelistas hondureñas —tal vez una feminista anticipada de su sociedad—.

En 1942 se forjó la representación ante la Comisión Interamericana de Mujeres (CIM) pero sólo en 1947 se originó el Comité Femenino Hondureño que produjo la visita de Amalia Castillo Ledón, en 1950, para auxiliar en la sanción del voto. En 1944 las liberales se unieron para pedir la libertad de los numerosos presos políticos de la dictadura Carías. Al menos hubo cuatro publicaciones que en esa década defendían los derechos femeninos, especialmente el sufragio, a saber: *La Voz de la Atlántida*, a cargo de Paca Navas de Miralda; *Atenea*, a cuyo frente estaba Cristina Hernández de Gómez; *Pan-América*, dirigida por Olimpia Varela y Varela, y *Mujer Americana*, bajo la conducción de María Trinidad del Cid. Paca Navas representó a Honduras en el Primer Congreso Interamericano de Mujeres de 1947 que tuvo lugar en Guatemala convocada por la Liga Internacional de las Mujeres por la Paz y la Libertad (WILPF) y al que asistieron numerosas representantes de los países de la región, aunque no todas necesariamente feministas. En 1946 surgió el Partido Democrático Revolucionario Hondureño (PDRH) en cuya plataforma constó el sufragio de las mujeres y dentro de sus filas crecieron las demandas para que así ocurriera. Una nueva agencia asomó en 1950 con la reunión de las graduadas en la Asociación de Mujeres Universitarias —la participación de las mujeres en las casas de altos estudios había ido incrementándose—, pero un paso importante fue el surgimiento de la Federación de Asociaciones Femeninas de Honduras (FAFH) en 1951. Este colectivo significó una renovación de las luchas para obtener el voto ya que la nueva organización se extendió al interior del país y pudo ganar notoriedad, debido a la integración de mujeres de las clases medias y en buena medida vinculadas con los partidos tradicionales. La argumentación principal de los opositores al sufragio se basaba en los peligros para la institucionalidad y, muy especialmente, en que las mujeres abandonarían las funciones de la maternidad y los cuidados. Finalmente las mujeres hondureñas conquistaron el voto en enero de 1955.

En décadas más recientes han surgido diversos movimientos con mujeres, algunos conservadores o amparados por la Iglesia católica —como los Clubes de Amas de Casa expandidos sobre todo en áreas rurales—, pero también organizaciones con orientación reivindicativa social y destinadas a las mujeres campesinas. Es lo que han significado desde fines de los años setenta y durante los ochenta la Federación Hondureña de Mujeres Campesinas (Fehmuc) y desprendimientos como el Consejo para el Desarrollo Integral de la Mujer Campesina (Codimco). A inicios de la década de 1990, tomó vida la Asociación Hondureña de Mujeres Campesinas (Ahmuc). Por otra parte, también ha contribuido a mejorar las condiciones de vida de las campesinas la Asociación Nacional de Mujeres Campesinas (Anmuc) —dentro del espacio mayor de la Asociación Nacional de Campesinos de Honduras (Anach)—. No han sido organizaciones feministas, pero estas agencias no pueden dejar de mencionarse ya que han impulsado un cierto empoderamiento de las campesinas, en alta proporción correspondientes a pueblos originarios, toda vez que menudearon los conflictos con las rígidas concepciones patriarcales prevalecientes. En los medios urbanos crecieron los núcleos vinculados a la acción reivindicativa, como el Comité Hondureño de Mujeres por la Paz Visitación Padilla —aunque haya sido limitada su agenda de derechos propios de las mujeres—, y el Centro de Derechos de la Mujer (CDM) que ha sostenido, con énfasis diferenciado, posiciones feministas. En marzo de 1992 se reunió el Primer Encuentro Feminista Hondureño Clementina Suárez. Más allá de los antecedentes narrados, hubo una tardía recepción del feminismo en Honduras, demoró más que en otros países la crítica al patriarcado, el reconocimiento de su significado, la emergencia de una subjetividad femenina colectiva que actuara en consecuencia. En Honduras, antes de 1989 no había organizaciones de mujeres que se llamaran a sí mismas feministas. Es una percepción que debe ser matizada pues los feminismos han cambiado a lo largo de las épocas. Aun con dificultades de autopercepción y sobre todo de renovación de agenda, y en un contexto político y social donde han arreciado los conflictos, las feministas han sentado plaza en este país. La denodada acción de Berta Cáceres, militante política que abrazó el feminismo será examinada en el último capítulo. La violencia ha sido un punto central de las movilizaciones más recientes de las mujeres hondureñas, y la determinación libre en materia de sexualidad ha ido asomando como parte sustancial de la autonomía que cada vez más se preconiza.

NICARAGUA

En Nicaragua no faltaron las mujeres valerosas como la mítica Josefa Herrera que combatió a los ingleses a fines del siglo XVIII, pero como en todas nuestras sociedades ha sido casi invisible la condición femenina, salvo alguna figura "excepcional". A inicios del XX se reconoce la actuación de la educadora Josefa Emilia Toledo Murillo de Aguerri que adoptó ideas feministas y que llegó a ocupar un cargo de alto rango como la Dirección General de Instrucción Pública en 1924 —tal vez pionera en ocupar un cargo público elevado en América Latina—, aunque provocó resistencias y al poco tiempo debió renunciar. Doña Chepita —como se la conocía— dirigió la *Revista Femenina Ilustrada* entre 1918 y 1920 y, al final de la década, *Mujer Nicaragüense*, y tuvo a su cargo diversas instituciones educativas, entre ellas la Escuela Femenina de Prensa —un antecedente singular en materia de formación profesional para las jóvenes—. Se le debe el haber impulsado el voto en 1939 —estaba identificada con el Partido Liberal—, pero no prosperó por las consabidas razones del temor a la orientación conservadora de las mujeres y porque, como ocurría en los otros países, se aseguraba que la dedicación a la política ponía en riesgo sus funciones de cuidado de la prole. Recibió en 1950 el reconocimiento "Mujer de las Américas", como había sucedido con la chilena Gabriela Mistral.

Pero volviendo atrás en la historia nicaragüense no pueden omitirse las severas circunstancias de las intervenciones norteamericanas, los enfrentamientos entre conservadores y liberales, las sucesivas insurrecciones hasta la actuación armada encabezada por Augusto César Sandino, proceso iniciado en 1927 en clara oposición a las fuerzas conservadoras y a las de ocupación. Las organizaciones guerrilleras fueron ganando posiciones de modo que una parte del territorio estuvo bajo su control. Nicaragua vivió una era de profunda inestabilidad, mientras el movimiento de Sandino aumentaba su capacidad operativa. Muchas mujeres se alistaron en la guerrilla, o fueron colaboradoras, como ocurrió con Blanca Aráuz Pineda y Teresa Villatoro, María Altamirano, Juana Cruz, Tiburcia García Otero, Dolores Matamoros Munguía. En febrero de 1934, durante la presidencia de Juan Bautista Sacasa, Sandino y otros compañeros que iban con él fueron secuestrados a la salida de una cena con el mandatario y asesinados un poco más tarde. Detrás de esos crímenes estaban los norteamericanos y los enemigos locales, y su brazo ejecutor fue la Guardia Nacional, a cuyo frente estaba Anastasio Somoza García que gobernaría dictatorialmente —tanto como sus familiares sucesores— entre 1936 y 1979. Una parte de la resistencia contra el régimen fue protagonizada por mujeres que se manifestaron en la Marcha de las Enlutadas de 1944, a raíz de los asesinatos que se habían producido, sobre todo de estudiantes, como se conoce históricamente. En ese oscuro periodo resultan paradójicas las posiciones de las mujeres liberales que procuraban el voto y apoyaban a Somoza, mientras que las conservadoras, que habían conformado el Comité de Propaganda de Mujeres en 1950, eran contrarias al dictador. En 1955, aunque no se estaba frente a un aumento de reclamos, se sancionó el voto de las mujeres, y fue el Partido Liberal el que creó un ala femenina desplazando la acción de las feministas independientes en los años siguientes.

En 1961 se inició de modo decisivo el movimiento de resistencia a la dictadura de Anastasio Somoza con el Frente Sandinista de Liberación Nacional (FSLN) que, en 1979, derrocó al dictador y se hizo con el poder en Nicaragua. Fue muy elevado el número de mujeres que participó en esta larga saga y algunas fueron cuadros importantes como Olga Avilés, Eleonora Rocha, Leticia Herrera,

Dora María Téllez y Mónica Baltodano. Estas últimas tres llegaron a ocupar cargos de dirección, a pesar de la misoginia de sus compañeros, tal como ha narrado Leticia, de origen costarricense pero hija de un nicaragüense. Durante los años de la guerra revolucionaria surgieron organizaciones de mujeres como la Alianza Patriótica de Mujeres Nicaragüenses y la Asociación de Mujeres ante la Problemática Nacional (Ampronac), que más tarde se denominó Asociación de Mujeres Nicaragüenses y tomó el nombre de Luisa Amanda Espinoza (AMNLAE) en homenaje a la joven guerrillera abatida en 1970.

Los años ochenta fueron tensos, entre otras circunstancias por las fracciones que dividieron al FSLN; hubo numerosas diferencias y lo singular fue que llegó a la Presidencia, como muestra de las crecientes oposiciones, una mujer, Violeta Barrios de Chamorro, la segunda en acceder a ese cargo en Latinoamérica. Su formación fue conservadora, mostró apego a los valores católicos y no fue una adherente conspicua al feminismo; gobernó el país entre 1990 y 1997. Por esos años el reclamo por los derechos de las mujeres se extendió y se diversificó, y a inicios del nuevo siglo se contaban numerosas organizaciones identificadas como feministas entre las cuales el Colectivo Itza, el Movimiento de Mujeres Chinandega, la Red de Mujeres Matagalpa, la Fundación Entre Mujeres, el Grupo Feminista de León, el Foro de Mujeres, la Red de Mujeres contra la Violencia, la Red de Mujeres del Norte, y los grupos Safo y Venancia.

Las relaciones con el Estado han sido muy difíciles, especialmente en la coyuntura 2006-2007 cuando bajo el gobierno de Daniel Ortega —que había sido uno de los adalides del FSLN— se retrocedió gravemente en derechos y se hicieron sentir dos fuerzas adversarias al movimiento: el gobierno y las jerarquías religiosas. Se sabe que el momento de mayor crispación transcurrió en los años mencionados, cuando el Parlamento aprobó la abolición del aborto terapéutico —un grave retroceso pues se eliminaron las causales que lo legalizaban— y, más tarde, se penalizó toda forma de aborto en el nuevo Código Penal. Pero las feministas han proseguido sus luchas para avanzar sobre la despenalización, y no han cesado de denunciar la violencia y la acentuada desigualdad de género en la sociedad nicaragüense. Se asiste a un despertar de los derechos "para sí" entre las mujeres de las comunidades originarias, hay un reverbero de notas disonantes con las fórmulas patriarcales y no hay duda de que serán las mujeres las protagonistas de la primera fila de los cambios que aguardan a Nicaragua.

PANAMÁ

El estado de Panamá surgió a inicios del siglo XX de una escisión de Colombia —luego de la cruenta Guerra de los Mil Días— y tuvo como telón de fondo antiguos y nuevos anhelos separatistas al calor del gran proyecto del canal de vinculación interoceánica. La intermediación de poderosos intereses extranjeros, especialmente de Estados Unidos, fue clave para la separación del istmo en 1903. Este país obtuvo el control de una franja de 10 millas a lo largo del canal que finalmente se inauguró en 1914 y que ha sido el eje de toda suerte de conflictos. Tal como sugiere Rodríguez Sáenz, debido a las pugnas políticas y a la mayor influencia del feminismo norteamericano, Panamá presenta una cierta precocidad en el área centroamericana respecto de los derechos de las mujeres. En los años veinte se destaca de manera singular la figura de Clara González (se casó en 1943 con Charles Behringer) quien lideró el primer movimiento feminista. Una destacada biógrafa, que ha indagado en detalle su vida, rescata una suerte de memorias en las que Clara narró que, siendo niña, fue violada por alguien cercano a la familia y eso constituyó un trauma que no pudo superar. Clara se formó primero como maestra y más tarde, en 1922, se graduó como abogada —fue la primera en Panamá— aunque no pudo trabajar por un tiempo pues el ejercicio estaba reservado a los varones. Su tesis llevó por título "La mujer ante el Derecho panameño" y en ella situaba con agudeza las discriminaciones legales. La circunstancia de ser impedida de ejercer fue un acicate en la lucha que llevó adelante, animando a otras mujeres a manifestarse y originando el Grupo Feminista Renovación. Se orientó también hacia el socialismo y tuvo participaciones múltiples pues animó la Federación de Estudiantes de Panamá (1922), el Sindicato General de Trabajadores (1923) y el Grupo Comunista surgido por esos años. La defensa de los derechos femeninos fue, sin embargo, la causa que la animó a lo largo de su vida. El Grupo Feminista Renovación estuvo integrado por cerca de 100 mujeres entre las que se contaban, además de Clara, Élida Campodónico de Crespo, Enriqueta Morales, Raquel E. de Dutary, Sara Barrera, Julia Palau de Gámez, Rosa Navas y Abigaíl Batista. No deja de llamar la atención la incorporación de algunas obreras —como esta última—. En un singular Manifiesto proclamado en 1923, interpelaron con agudeza a las panameñas y sostenían con énfasis que había llegado la hora de reclamar la más absoluta igualdad con los hombres. Aseguraba el documento que las mujeres, con esfuerzos y múltiples trabajos, como madres casi siempre, pero además como profesoras y maestras, como obreras, realizaban una tarea trascendental para el progreso de la nación. No era justo que se las relegara a un plano inferior.

Otro grupo surgido entonces fue el animado por Esther Neira de Calvo —quien había concurrido a la ya citada Conferencia de Baltimore de 1922—, y al que se denominó Sociedad Nacional para el Progreso de la Mujer en la que también además de Neira hubo mujeres destacadas como Esperanza Guardia de Miró. No faltaron las simpatizantes que desearon la fusión de las asociaciones feministas, lo que no ocurrió debido a las orientaciones más radicalizadas del Grupo Renovación, dada su decidida posición a favor del sufragio y su clara simpatía por las trabajadoras. En 1923 se llevó a cabo el Primer Congreso Feminista Nacional que abordó numerosas cuestiones, entre las cuales se contaban la educación, protección a las trabajadoras, mejores oportunidades laborales, prostitución, la necesidad de establecimientos penales sólo para mujeres y, desde luego, derechos políticos. De su seno surgió el Partido Nacional Feminista (PNF) dedicado no sólo a la lucha por el derecho de ciudadanía de las mujeres —solía denunciar los problemas que asediaban a las más pobres—, acentuando la radicalidad de los posicionamientos en el órgano de prensa *Orientación Feminista*.

En 1926 se realizó en Panamá el Congreso Interamericano de Mujeres bajo la presidencia de Esther Neira de Calvo, y aunque Clara González era más intransigente que buena parte de las mujeres allí reunidas, participó con un alegato acerca de que era necesaria la confraternización panamericana, aunque se estuviera asistiendo a negociaciones leoninas con Estados Unidos relativas al canal. En 1929, Clara obtuvo una maestría en Derecho en la Universidad de Nueva York que le significó mayor reconocimiento pues fue designada representante panameña ante la recién creada Comisión Interamericana de la Mujer —CIM— que había reclamado la Conferencia Panamericana.

El PNF aunque pasó por algunas crisis logró mantenerse, y a mediados de la década de los treinta reforzó las movilizaciones por el sufragio. Contaba por entonces con un nuevo instrumento de comunicación, la revista *Nosotras* dirigida por una singular feminista, Otilia Arosemena de Tejeira, quien había hecho un posgrado en Estados Unidos y era la secretaria general del partido —años más tarde, en 1954, fue decana de la Facultad de Humanidades, probablemente la primera mujer en ocupar ese cargo en Latinoamérica—. A fines de la década los movimientos sociales fueron reprimidos pero resurgieron con fuerza hacia fines de 1940 a raíz de la iniciativa de llamar a la Asamblea General Constituyente para la reforma de la Constitución. Esta circunstancia originó la necesidad de reunir los frentes feministas y surgió la Unión Nacional de Mujeres (UNM) que se convirtió en un potente instrumento para la sanción del sufragio, aunque se mantuviera la vieja división, una vez que Esther Neira de Calvo rebautizó su movimiento como Liga Patriótica Femenina que no se integró a la UNM. Finalmente, el voto llegó a Panamá en febrero de 1945, de modo que pudieron presentarse candidaturas femeninas para la reforma constitucional, y aunque Clara González fue la candidata de la UNM, la mayoría eligió a Esther Neira de Calvo y a Gumercinda Páez, con el apoyo del Partido Nacional Revolucionario. En 1948 Clara fue candidata a vicepresidenta por el Partido Liberal Renovador, pero se perdieron esas elecciones. Las luchas feministas en Panamá rindieron frutos dada la ampliación de derechos conquistados, aunque subsistieron las inequidades, especialmente entre las mujeres campesinas, si bien durante la Presidencia del controvertido Omar Torrijos hubo una mejor distribución de la tierra que permitió el acceso de diversas poblaciones.

En 1997 se introdujo la Ley de Cupos —30% es el piso mínimo— y en 1999 Mireya Moscoso Rodríguez —viuda del depuesto presidente Arnulfo Arias— ocupó la primera magistratura del país apoyada por los sectores conservadores. Los estudios académicos vinculados a la condición de las mujeres se iniciaron en 1987 en la Universidad de Panamá —primero fue un Taller y luego la Comisión Interdisciplinaria de Estudios de la Mujer—, y en 1995 se abrió el Instituto de la Mujer que a partir de 1999 ofrece posgrados en materia de violencia intrafamiliar y sobre género y desarrollo. Panamá es singular por la aparición temprana de feminismos radicalizados, la experiencia de una militancia que de modo anticipado expresó insubordinaciones, y que contribuyó también a demandar justicia social.

REPÚBLICA DOMINICANA

La parte que hoy constituye la caribeña República Dominicana —la isla había sido denominada La Española— se independizó de la Corona española en 1821, pero poco después se produjo la invasión proveniente de Haití originando una larga resistencia en la que participaron muchas mujeres. Se reconoce especialmente a Rosa Duarte, hermana de Juan Pablo Duarte quien lideró la sociedad Los Trinitarios con el objetivo de expulsar a los invasores. Se deben a Rosa unas memorias llamadas *Apuntes* en las que puso en evidencia calificación letrada y agudeza interpretativa. La recuperación del país no significó el fin de los conflictos con la vecina Haití, y bajo la Presidencia de Pedro Santana hubo enfrentamientos con los propios trinitarios que en buena medida habían tenido que exiliarse. En un dramático momento se produjo el fusilamiento de una de las principales adherentes "trinitarias", María Trinidad Sánchez, a quien se atribuye un comportamiento heroico.

Durante la segunda Presidencia de Santana, en 1861, el país volvió a la órbita de España desatándose la Guerra de Restauración en la que hubo una notable participación de mujeres. Aunque el pueblo dominicano consiguió expulsar a los españoles en 1865 —constituyéndose entonces la República Dominicana y dando lugar a lo que se conoce como Segunda República—, en las décadas finales del XIX se vivieron difíciles procesos. En efecto, las convulsiones no faltaron con la anexión y luego desanexión de Estados Unidos, los serios enfrentamientos entre conservadores y liberales —circunstancia común a la mayoría de los países latinoamericanos—, la guerra con Cuba y el largo gobierno de Ulises Heureaux —hijo de un haitiano— quien gobernó férreamente el país, y aunque consiguió cierta estabilidad política no pudo con las graves crisis y fue asesinado en 1899.

Entre las figuras femeninas precursoras se encuentra María del Socorro Sánchez —sobrina de la célebre heroína— que se dedicó a la enseñanza, fundando algunos establecimientos para niñas, y de algún modo al periodismo pues escribió para varios periódicos. Estuvo presa durante la Guerra de Restauración y debió expatriarse. En ese periodo final del siglo se destacan Josefa Perdomo y, especialmente, Salomé Ureña Díaz de Henríquez, poeta destacada y con un pensamiento que se inclinaba a los problemas sociales y que solía enfrentar a las posiciones más conservadoras —madre de tres notables intelectuales: Camila, Max y Pedro Henríquez Ureña—. Salomé tuvo una destacada labor como catedrática en Cuba con clara adhesión al feminismo como se verá al abordar su historia en ese país. República Dominicana empieza el siglo XX con interrupciones gubernamentales debido a golpes de Estado y severas crisis económicas, hasta la invasión norteamericana de 1916 a raíz de la cual se originaron diversos frentes de resistencia, uno de ellos la Junta Patriótica de Damas. El ciclo de enfrentamientos con los ocupantes norteamericanos —que duró hasta 1924— tuvo una amplia adhesión de mujeres entre las que deben contarse no sólo las residentes urbanas, de sectores medios y populares, sino también las campesinas.

La nación dominicana se expresó con numerosas actuaciones femeninas, como la de Ercilia Pepín, maestra, fundadora de establecimientos educativos, a quien se considera la iniciadora de las ideas feministas en el país. A menudo sus alocuciones en defensa de la autonomía de la nación solían incorporar alegatos a favor de la condición de las mujeres y especialmente del derecho al sufragio. Su nacionalismo fervoroso la hacía partícipe del sentimiento de que había que vencer a las fuerzas norteamericanas ocupantes, pero también enarbolar los derechos de las mujeres.

Fue a principios de la década de los veinte que el cauce feminista tomó impulso con figuras como Petronila Angélica Gómez, también educadora, que dirigió la publicación *Fémina* en la que participaron la propia Ercilia además de Evangelina Rodríguez Perozo —la primera médica dominicana—, Consuelo Montalvo de Frías, Delia Weber de Coiscou, Mignon Coiscou, Natalia García, Rosa Smester y Livia Veloz. Pero había algunas diferencias entre ellas, Montalvo —de acuerdo con Alejandro Ramos— no estaba de acuerdo con la igualdad entre los sexos y se apegaba a las funciones basadas de la "naturaleza" de las mujeres. Fue a mediados de la década cuando se implantó la sección de la Liga Internacional de Mujeres Ibéricas e Hispanoamericanas, y Abigaíl Mejía, que se había radicado en Barcelona y había cursado el profesorado, regresó al país creando el grupo Nosotras y un poco más adelante Acción Feminista.

En 1934 hubo una desafiante iniciativa con el simulacro de voto en el que Abigaíl y las militantes de Acción Feminista fueron protagonistas, acto en el que participaron cerca de 100 000 mujeres. Se estaba ya bajo la sangrienta dictadura de Rafael Leónidas Trujillo que tras breve interregno, perduró hasta 1961. En 1942 en ese régimen se sancionó el sufragio —y no fue la única vez que bajo dictaduras las mujeres obtuvieron el derecho a votar—. No puede olvidarse que fue el asesinato de las hermanas Mirabal —Patria, Minerva y María Teresa— el 25 de noviembre de 1960 el trágico acontecimiento que originó que se haya escogido ese día para clamar por la erradicación de la violencia contra las mujeres.

Con la caída de la dictadura hubo transiciones formalmente democráticas. En 1962 la médica Josefina Padilla fue candidata a la vicepresidencia. Pero el ciclo fue convulso: arreciaron los problemas sociales y se produjeron de modo constante migraciones a Estados Unidos.

Como consecuencia de los problemas económicos y sociales muchas mujeres han emigrado a otros países de la región y de Europa, y muchas han sido víctimas de redes de trata. Los feminismos evolucionaron hacia agendas que, como en otras sociedades, hicieron suyo el combate a la violencia doméstica y general, y de modo más reciente, surgieron las reivindicaciones relacionadas con los derechos no reproductivos, las sexualidades y el auxilio a las víctimas de trata. En 1978 surgió la Asociación Feminista Hermanas Mirabal y en 1980 el Centro de Investigación para la Acción Femenina (CIPAF) destinado a apoyar las demandas de las mujeres. En 1982 se creó la Asociación Dominicana para el Desarrollo de la Mujer (Adopem) con el objetivo de allanar el desempeño femenino en todas las dimensiones, y en 1988 surgió Ce-Mujer Centro de Solidaridad para el Desarrollo de la Mujer con el propósito de empoderar a las mujeres en todos los ámbitos, aunque con énfasis en fortalecer su incorporación al mercado laboral. A fines de los noventa se crearon la sección dominicana de Católicas por el Derecho a Decidir —uno de cuyos objetivos centrales es la despenalización del aborto—, la Coordinadora de Mujeres del Cibao que articula reivindicaciones de derechos de diversos grupos, y en años recientes surgió la Coordinadora Lésbica y de Hombres Trans (Coleht) que en 2015 pudo realizar su primer congreso en Santo Domingo, y algo más tarde Diversidad Dominicana, que congrega el amplio arco de la diversidades sexuales. Como se ve, en esta acción ha habido una notable renovación de la agenda.

CUBA

Cuba fue la última nación en separarse de la Corona española a fines del XIX, y durante la Guerra de Independencia, como en los conflictos que siguieron debido a la intervención norteamericana, las mujeres tuvieron un papel silenciado hasta décadas recientes. Se contaban más de 100 clubes integrados por mujeres con decidida participación en el ciclo de las confrontaciones separatistas. Entre 1860 y 1899 circularon periódicos a cargo de mujeres como *El Álbum de las Damas, Las Hijas de Eva, La Mulata y Minerva*, pero en verdad las ideas feministas fueron tomando cuerpo cuando algunas mujeres letradas —como ocurrió en los países que hemos tratado— manifestaron reivindicaciones de modo decidido. Así lo expresaron María Luisa Dolz —primera en doctorarse en Ciencias Naturales en este país—, Aurelia Castillo, Fany Galarraga, Elvira Martínez, Ángela Landa y Martina Piedra Po.

Según las investigaciones sobre la historia de las mujeres, la temprana adopción del feminismo tuvo que ver con la intensa interacción en el plano internacional a raíz de la situación que vivía la Isla que, junto con Brasil, fueron los últimos países en abolir la esclavitud. Las organizaciones más destacadas que actuaron a favor de los derechos de las mujeres y, de modo particular, por el sufragio, surgieron en la década de 1910, entre ellas el Partido Nacional Feminista (1912), el Partido Sufragista y el Partido Nacional Sufragista surgidos ambos en 1913. Detrás de todos esos movimientos se encontraba Amalia Mallén de Ostolaza, quien animó los periódicos *La Luz* primero y luego *El Sufragista* —y no debe sorprender lo masculino de la propuesta por razones que se explicarán luego—.

La acompañaron Digna Collazo —partera y editora, quien había sido redactora jefe de la publicación *El Amigo* y dirigió *El Sufragista*—, y Aída Peláez de Villa Urrutia, escritora y periodista que tuvo gran actividad en las filas feministas.

Estas manifestaciones tempranas y más radicales del feminismo en Cuba —con clara influencia de las posiciones liberales— condujeron a que de manera anticipada se lograran dos leyes significativas para las mujeres, la de la patria potestad compartida en 1917 y la del divorcio vincular en 1918. En este año surgió una nueva organización: el Club Femenino, que congregó a mujeres letradas, profesionales y de clases medias en su mayoría, entre quienes estaban Pilar Morlón de Menéndez, Pilar Jorge de Tella —la primera médica cubana—, Ofelia Domínguez Navarro —una de las primeras egresadas en abogacía—, Mariblanca Sabas Alomá —particular propulsora de que los derechos alcanzaran a las mujeres pobres y proletarias—, Hortensia Lamas y María Collado. Buena parte de estas mujeres se desempeñó en el periodismo y en las letras.

Otras asociaciones aparecieron en las grandes ciudades de modo que se instó a una acción mancomunada, surgiendo entonces la Federal Nacional de Asociaciones Femeninas de Cuba en 1921, que parece haber alcanzado más de 8 000 integrantes. En 1923 se llevó a cabo el Primer Congreso Nacional de Mujeres que se pronunció por el sufragio femenino, reclamó la penalización diferencial del adulterio femenino y exigió la igualación de los hijos matrimoniales y los extramatrimoniales, entre otras demandas.

Debe recordarse que la década de los veinte fue muy conflictiva en Cuba pues se expandieron los movimientos de oposición a la dictadura de Gerardo Machado —en la que abundaron las persecuciones, las prisiones y los asesinatos—, enfrentada por diversos sectores, sobre todo obreros y estudiantes, y por las nuevas fuerzas políticas de izquierda como el Partido Comunista. Aunque en 1925 las feministas realizaron una nueva asamblea, la Iglesia católica intervino mediante varios grupos de mujeres que se manifestaron contra las demandas feministas y forzaron la retirada de numerosas participantes, especialmente de quienes pertenecían al Club Femenino.

Se sumaron las circunstancias críticas del contexto y la propia escena feminista fue convulsionada, en particular por los entredichos que planteaban quienes querían una mayor extensión de los derechos y quienes se concentraban en el sufragio, como María Collado y sus seguidoras. La coyuntura era paradójica porque Machado proponía el voto de las mujeres y arreciaban las contradicciones. No ha sido la primera vez en la región que gobiernos reaccionarios intentaran paliar conflictos sociales ofreciendo un avance en los derechos de las mujeres. María se entusiasmó y formó el Partido Demócrata Sufragista de clara adhesión machadista, y otro tanto ocurrió con varios agrupamientos femeninos surgidos en esos años como la Liga Patriótica Sufragista y el Círculo Sufragista Independiente, y con la vieja estructura del Partido Nacional Feminista. Amalia Mallén de Ostolaza se unió a este cauce de apoyo a Machado en busca del voto y fue entonces que con su propio peculio sostuvo *El Sufragista*, de circulación limitada, que contenía la propuesta de que era necesario que los sufragistas permitieran que las mujeres votaran.

Pero la dictadura de Machado fue derrocada en 1933 sin sancionar el sufragio. Fue durante el breve interregno de los "cien días", con Ramón Grau San Martín como presidente y con Antonio Guiteras como secretario de Gobernación, cuando en enero de 1934 por decreto se otorgara el voto a las mujeres. No puede dejar de evocarse el significado cultural del grupo convocado en torno a la *Revista Lyceum* —en general mujeres de elevada formación dedicadas a las letras y las artes como Camila Henríquez Ureña, hija de la notable líder dominicana, que había llegado a Cuba siendo una niña—, Vicentina Acuña, Mirta Aguirre Carreras quien muy joven se afilió al Partido Comunista y tuvo destacada actuación en la vida universitaria.

En 1939 las mujeres volvieron a reunirse en el Tercer Congreso con una nueva agenda, como la exigencia de efectiva participación en los derechos sociales, y también con renovación de participantes pues concurrieron mujeres negras y de orígenes humildes como la militante comunista y activa gremialista tabacalera Inocencia Valdés Fraga. La Constitución de 1940 consagró la igualdad jurídica además de las garantías de igualdad de sexo y etnia. Hubo una sucesión de gobiernos —como el del propio Fulgencio Batista que llegó mediante una alianza con sectores de izquierda—, hasta la descomposición que originó el golpe de Estado dado por el mismo Batista en 1952, originando una feroz dictadura. Es conocida la trayectoria de resistencia y lucha armada que tomó el cauce de la Revolución bajo el liderazgo de Fidel Castro y que culminó en enero de 1959. Fue muy expresivo el número de mujeres que se enrolaron en esta gesta y cuya actuación no se reservó sólo a la retaguardia.

La Revolución cubana abrió el camino de la igualdad social y del reconocimiento a las poblaciones negras, extinguió las exclusiones de clase y etnia. Pero demoró el reconocimiento pleno de las mujeres y mucho más el de las sexualidades disidentes. Por bastante tiempo la mayoría de los revolucionarios cubanos situó a las formulaciones feministas como inherentes a las cosmovisiones burguesas, y sostenía que la igualación de las mujeres transcurría de hecho con las grandes transformaciones sociales que se vivían en la Isla. La negligencia sobre los derechos femeninos y la oposición a las identidades homosexuales concitaron críticas en las propias filas. El modelo socialista cubano combinaba expresiones de reivindicaciones de soberanía nacional con formas tradicionales de feminidad. La radicalidad política no se compadecía con la radicalidad por conmover las costumbres relacionales entre los sexos. En 1960 surgió la Federación de Mujeres Cubanas (FMC) que tuvo un papel destacado para el reconocimiento de las congéneres en la sociedad, propiciando la igualdad de oportunidades y enfatizando la eliminación de las diferencias sexistas en la educación. También propuso eliminar la violencia contra las mujeres en la vida doméstica y llevar adelante políticas a fin de incluirlas en todos los programas económicos. Por muchos años la conducción de la Federación estuvo en manos de Vilma Espín, figura notable de la acción guerrillera, casada con Raúl Castro, pero no pueden omitirse figuras como Mirta Yánez y Luisa Campuzano; esta última tuvo un papel destacado en la formación académica en lo concerniente a problemas de la condición femenina. Desde 1961 la Federación sostuvo la publicación *Mujeres* —que más recientemente estuvo dirigida por Isabel Moya Richard—, cuyos principales objetivos han sido contribuir a conocer la realidad de las mujeres cubanas y procurar la igualdad entre varones y mujeres como una contribución al proceso revolucionario de modo que puedan advenir "la mujer y el hombre nuevos".

Más allá de las críticas a la permanencia del modelo patriarcal en Cuba, debe repararse que desde 1965 hay aborto legal cualquiera sea la circunstancia, lo que constituyó una decisión estatal pionera en América Latina. En 1991, la Universidad de La Habana abrió una Cátedra de la Mujer que ha abordado desde entonces diversas cuestiones, como empleo, asuntos legales y familia. En su apertura contribuyó especialmente la chilena Rosario Carcuro, y en los últimos años hubo una ampliación de los emprendimientos relacionados con la condición de las mujeres. Pero los movimientos feministas al margen del cauce principal de la FMC han resultado infructuosos. Desde hace casi una década se extinguieron las segregaciones a causa de la identidad sexual, el Estado cubano ha emprendido medidas para desarrollar educación sexual en las escuelas y han crecido las oportunidades de formación sobre género en los programas universitarios, y también nuevos caminos para que se expresen las múltiples sensibilidades feministas.

COSTA RICA

En Costa Rica se reconocen esfuerzos por la educación de las mujeres desde mediados del siglo XIX, especialmente la experiencia normalista ocurrida entre 1849 y 1856, llevada adelante por María Águeda Peralta de Rivero. Bajo la hegemonía de las ideas liberales, al finalizar el siglo se expandieron sus beneficios a un mayor número de mujeres y la posibilidad de adquirir mayor educación formal ha sido clave para el arraigo de las ideas feministas en Costa Rica que, como ocurrió en los países ya analizados, irrumpió entre las mujeres letradas y de grupos sociales con mayores recursos. El Estado liberal que estuvo en pugna con la Iglesia católica adoptó de manera temprana no sólo el matrimonio civil, sino también el divorcio, lo que sin duda significó cambios en el ambiente más propenso a que las mujeres pudieran acceder a algunos derechos. Aunque el sufragio debió esperar a la década de 1940, algunos líderes que ocuparon la alta magistratura propusieron tempranamente el voto femenino, como ocurrió con los presidentes José Joaquín Rodríguez en 1890, con Ricardo Jiménez en 1913 y con Julio Acosta en 1920, aunque no encontraron eco en las díscolas fuerzas liberales, y sí fuertes enfrentamientos con los grupos conservadores.

Las ideas feministas y las agencias por los derechos de las mujeres comprenden diversos ciclos, a saber, uno inaugural entre 1890 y 1922, un segundo momento que va de 1923 a 1952 y otro entre 1953 y 1985 —de acuerdo con la opinión de una destacada historiadora—. En la primera fase mencionada hubo un significativo conjunto de asociaciones lideradas por mujeres —aunque no tuvieran identificación feminista—, y en particular hubo algunas oportunidades socialmente álgidas en que fue decisiva la participación femenina, como ocurrió con el derrocamiento del dictador Federico Tinoco en 1919. Debe recordarse que esta dictadura oligárquica fue confrontada por los docentes y por el estudiantado femenino de San José, y que entre las protagonistas se destacaron especialmente algunas mujeres, entre ellas Carmen Lyra, que se consagraría como una destacada pedagoga y escritora, y como militante comunista a partir de la creación del Partido en 1931. El nombre real de Carmen era María Isabel Carvajal Quesada, y fue decisiva su participación en la introducción de las ideas educativas montessorianas en Costa Rica con influencia en los vecinos países centroamericanos. Otra figura femenina de la gesta que derrocó a Tinoco fue Ángela Acuña, una voz adelantada en materia de demandas para las mujeres. Años más tarde —en 1925— resultó la primera abogada del país, después de vencer numerosos obstáculos para ser aceptada en la Escuela de Derecho. Pudo realizar estadías en Francia e Inglaterra y vincularse a las propagandistas del feminismo en estos países. A ella se deben dos publicaciones que promovieron los derechos de las mujeres costarricenses, *El Fígaro*, y más tarde *Mujer Hoy*. Junto a Lyra y Acuña se encontraban Matilde Carranza, Victoria Madrigal, Vitalia Madrigal, Esther de Mezerville, María Ortiz, Teodora Ortiz, Ester Silva y Andrea Venegas. Este conjunto en gran medida se inscribió en la lucha por los derechos de las mujeres a la que también se sumarían Sara Casal, Ana Rosa Chacón y Marian Le Cappellain, esta última primera directora del Colegio Superior de Señoritas de San José, institución de la que egresaron destacadas feministas.

No escapa que el periodo intermedio es uno de los más ricos en la historia del feminismo costarricense, pues el contexto social y político resultó más intenso en transformaciones, y además el surgimiento del Partido Reformista constituyó un fuerte atractivo para las mujeres que se reunieron en torno de éste exigiendo reformas, aunque sus propuestas contenían sobre todo propósitos sociales y morales. En agosto de 1923 surgió la Liga Feminista bajo el liderazgo de Ángela Acuña —al acto de fundación asistió el mismo presidente de la nación, Julio Acosta, y su esposa Elena Gallegos—, y en la que participaron la mayoría de las ya mencionadas. La Liga tuvo un papel principal en las campañas por la conquista del voto durante la década de 1920 —hubo movilizaciones en 1925 y 1929— e interpuso una efectiva acción contra la medida discriminatoria de acordar salarios mayores a los docentes varones que a las mujeres. En 1928 surgió un reagrupamiento bajo el nombre de Liga Cultural Femenina, con labores complementarias a los de la otra Liga. La acción por la conquista del voto fue sostenida en este interregno en el que se articularon relaciones con la Liga Internacional de Mujeres Ibéricas e Hispanoamericanas, con el Comité Internacional Panamericano de Mujeres y con la Unión de Mujeres Americanas.

Hacia fines de la década de 1930 tuvo lugar el Primer Congreso Femenino Centroamericano de Educación que reunió a numerosas representaciones femeninas de la región. En esta década las agencias feministas se manifestaron en nuevas campañas para la obtención del sufragio —tal como ocurrió en 1931, 1932, 1934 y 1939—. Un matiz importante en el escenario de Costa Rica fue puesto por las militantes comunistas a raíz del surgimiento de esta fuerza, en 1931, y como resultó en otros países de la región, un grupo de mujeres —sobre todo vinculadas al magisterio— se adhirió al comunismo enfrentando no pocas adversidades, como ocurrió con Carmen Lyra, quien fue cesada de su cargo como docente en 1933 a raíz de su identificación política. Aunque con diferencias en cada país, fue moneda corriente que sus militantes recelaran del feminismo como posición burguesa, ya que se imponía no distraerse en "aspectos secundarios" y enfrentar a la clase capitalista.

Se ha subrayado el fenómeno del "maternalismo", muy presente en las concepciones de feministas como las de Ángela Acuña y todavía presente en los años 1930, como ocurrió de modo persistente en los diversos países de la región. Se ha sostenido que se debió al clima adverso del contexto de la época la circunstancia de cierto retroceso por parte de la Liga Feminista, como fue la decisión de solicitar el voto calificado de las mujeres según su educación a inicios de esa década. El escenario político y social sufrió modificaciones durante los años cuarenta cuando el Partido Republicano Nacional gobernó con una alianza particularmente singular entre la Iglesia católica y el comunismo —que en ese entonces tomó el nombre de Partido Vanguardia Popular—, impulsando diversas reformas sociales. Pero tampoco en ese clima progresaron las iniciativas de voto femenino, aunque la composición a la izquierda de esa alianza ya estaba convencida de que era necesario otorgarlo. Las divergencias entre los republicanos, la amenaza del comunismo y las denuncias sobre prácticas fraudulentas por parte de los opositores —en especial la agitación de que habría habido fraude en las elecciones presidenciales de febrero de 1948— llevaron a la guerra civil de ese año con el protagonismo de José Figueres Ferrer. Terminado el conflicto armado y en el marco de los acuerdos que reencaminaron al país —aunque en un clima de persecuciones al comunismo— se llamó a una asamblea constituyente para la reforma de la carta magna del país, resultando entonces la sanción del voto de las mujeres en junio de 1949. En julio de 1953 pudieron ejercer ese derecho por primera vez y tres diputadas consiguieron escaños en el Parlamento, una de ellas, la antigua militante feminista Ana Rosa Chacón.

La fase que se inaugura después de haber logrado el voto sugiere una cierta retracción de las demandas. Surgieron nuevas agencias como la Alianza de Mujeres Costarricenses (AMC) —que en verdad era la continuación de la Organización de Mujeres Carmen Lyra, sostenida desde 1948, cuando Carmen se había exiliado en México—. La AMC estuvo inicialmente ligada al Partido Vanguardia Popular y publicó el periódico *Nuestra Voz*, y aunque tuvo una apreciada vida, difícilmente se la pueda identificar en el repertorio feminista. Durante los años sesenta y setenta no faltaron agencias propulsoras de los derechos y deben recordarse Acción Femenina de Evolución Social (AFES), y el Movimiento Femenino dentro del

Partido Liberación Nacional. Más ligados al ideario feminista fueron el Centro Feminista de Información y Acción (Cefemina) y la Asociación de Desarrollo Económico Laboral Femenino Integral (Asodelfi). Pero el reverbero más intenso ocurrió en la década 1980, como en buena parte de las experiencias de la región, momento en que resurgieron con fuerza diversos organismos —algunos de carácter académico—, tales como el Movimiento por la Liberación de la Mujer, el Centro Pro Mujer o Asociación Colmena, el grupo Ventana, la Organización de Mujeres Carmen Lyra (Omcal), el Colectivo Pancha Carrasco, el Grupo Germinar, el Grupo Lésbico Feminista Las Entendidas, el Comité Nacional contra la Violencia de la Mujer, Mujeres Unidas en Salud y Desarrollo (Musade), el capítulo de la Liga Internacional pro Paz y Libertad (Limpal), el segmento local del Comité Latinoamericano de Derechos de la Mujer (Cladem).

La agenda feminista tuvo una significativa renovación, como ocurrió en los países ya abordados, pues se manifestaron las denuncias sobre violencia, se reclamó por la discriminación en todos los órdenes y se abogó por el reconocimiento de la sexualidad lésbica. En 1987 se creó en la Universidad de Costa Rica (UCR), el Programa Interdisciplinario de Estudios de Género (Prieg), que años más tarde originaría el Centro de Investigación de Estudios de la Mujer (CIEM), promotor de numerosas investigaciones vinculadas a las mujeres y a las relaciones de género y que ha resultado ser el organismo de consulta en el debate de numerosas leyes. El ímpetu de esa década de cambios fue subrayado en los años noventa cuando surgieron nuevas organizaciones como el Instituto Latinoamericano de Investigación Feminista (1992), y la organización contra la violencia 25 de Noviembre. Por su parte, la Universidad Nacional de Costa Rica creó en 1991 el Instituto de Estudios de la Mujer, que ha llevado adelante políticas de equidad de género, de reconocimiento de los derechos de las mujeres en el seno de la institución y ha promovido, entre otras cuestiones, el cambio curricular para incorporar la perspectiva de género. A mediados de esa década había una gran cantidad de grupos que luchaban por los derechos de las mujeres, y la Asociación Nacional de Grupos Asociativos Femeninos (Asonagaf) disponía de una membresía de más de 40 asociaciones localizadas en diversos lugares del país. La presencia pública alcanzada por el feminismo y los movimientos de mujeres se constituyó en un trazo distintivo de los cambios habidos a fines del siglo pasado. Fueron las movilizaciones las que hicieron posible la importante ampliación de ciudadanía de que han venido gozando las mujeres en Costa Rica. No hay dudas de que las feministas costarricenses pudieron conquistar leyes fundamentales de modo anticipado, como mayor tiempo de licencia por maternidad y la paridad en la representación parlamentaria.

Segunda parte
FEMINISMOS EN AMÉRICA DEL SUR

NOTAS INTRODUCTORIAS

Las páginas que siguen están dedicadas a narrar los principales acontecimientos vividos por las corrientes feministas en los países situados en la región sur del continente. Como podrá observarse, se desarrollaron nutridas experiencias de asociaciones femeninas desde fines del XIX, aunque en algunos países hubo una más temprana adhesión a la agenda de reivindicación de los derechos de las mujeres que en otros y también se registraron diferencias en la magnitud que alcanzaron tales asociaciones. Con certeza, ese despertar se relaciona con varias circunstancias en las que no resultan menores las vinculaciones con las experiencias feministas internacionales, debido a las relaciones materiales y culturales de nuestras sociedades sudamericanas, y especialmente al fenómeno de la masiva inmigración ultramarina, al arribo de un gran número de poblaciones provenientes de diferentes áreas europeas y medio orientales, tal como ocurrió en Argentina, Uruguay y Brasil, fenómeno que contribuyó también, y de modo decisivo, a la implantación de las doctrinas cercanas a la vida del proletariado, como el anarquismo y el socialismo.

Hay diferencias en los países, los situados en la costa del Atlántico, marcados por la inmigración masiva, y los de la región del Pacífico y andina, en la que el fenómeno no tuvo la misma envergadura y sus sociedades, en todo caso, mantuvieron una considerable población nativa y mestiza a raíz de la conquista y la colonización hispánicas, como ocurrió en buena medida en los países ya tratados ubicados en la región norte y centroamericana. En Brasil particularmente, el ingreso de numerosos contingentes de esclavos arrancados de África desde el siglo XVI fue un modificador de peso y no sólo en los aspectos raciales, sino en el cauce más hondo y multifacético de las manifestaciones culturales, puesto que en las regiones norte y centro de este país la cultura negra hizo incisiones profundas y basten como muestra el sincretismo religioso y las configuraciones estéticas, en especial la música. Pero cualquiera que sea la índole del dato demográfico, las mujeres sudamericanas realizaron una inscripción en las lides de las agitaciones feministas con episodios de gran significado a lo largo del siglo XX, como intentará mostrar esta segunda parte del libro.

 El movimiento de las mujeres fue especialmente destacado en los años veinte, y aunque hubo una curva inflexiva en los años de la posguerra, esto no se presentó en todos los países, por el contrario, en algunos hubo un aumento en la conquista de los derechos de las mujeres, pero en la casi totalidad se manifestó un notable renacimiento y expansión desde mediados de la década de 1970. Debe tenerse especialmente en cuenta que las sociedades de la región sur fueron sacudidas por golpes militares que suspendieron el Estado de derecho y que en la última mitad del siglo sobrevinieron violentas dictaduras —fenómenos que tampoco faltaron en los países centroamericanos—, de modo que se trata de un paisaje compartido que implicó persecuciones a las diversas manifestaciones de militancia social y desde luego a las organizaciones feministas en la enorme mayoría de los casos. Como podrá observarse, más allá de las similitudes que tienen las principales características de las corrientes feministas, deben apreciarse las notas singulares en cada sociedad y en cada uno de los ciclos en el transcurso del siglo pasado. No puede dejar de señalarse que en algunos países el sufragio femenino fue conquistado en contextos dictatoriales —como en Colombia y Paraguay— y que también algunas de las primeras experiencias de voto fueron de carácter calificado.

 También es necesario anticipar que en algunos países los feminismos enraizaron más en movimientos de izquierda, y en otros se trató de expresiones liberales, y que en ciertos casos las principales protagonistas fueron mujeres conservadoras. Cualquiera que sea la circunstancia, para esta sintética reconstrucción de los feminismos que se desarrollaron en el área sudamericana, debe tenerse en cuenta el significado crucial del ordenamiento de archivos, el esfuerzo realizado en cada país para la reunión de fuentes y su accesibilidad y, sobre todo, el avance de la historiografía en materia de historia de las mujeres y las luchas por las prerrogativas que éstas encararon. No hay duda de que los feminismos que actualmente colorean la escena en cada una de estas sociedades participan de la necesidad de preservar la memoria de sus acciones, de infundir en los respectivos Estados políticas y recursos para la conservación de las fuentes y coadyuvar en la sostenibilidad de los reservorios relacionados con la vida de las mujeres y las agencias que actuaron por sus derechos. Conservar la memoria de los feminismos es parte de la saga para ganar la igualdad.

VENEZUELA

Fueron numerosas las venezolanas que tuvieron activa participación en el proceso independentista y no podrían omitirse nombres como Ana María Campos, Josefa Camejo, Juana Ramírez, Luisa Cáceres de Arismendi, Concepción Mariño, Leonor de la Guerra, Teresa Mujica, Luisa de Pacanins, Barbarita de la Torre, aunque tal vez la más conocida sea Manuela Sáenz que, aunque nació en Ecuador, se le suele considerar venezolana por su vínculo con el general Simón Bolívar, y también porque a partir de la independencia, y por algún tiempo, Venezuela, Ecuador y Colombia conformaron una patria común, la Gran Colombia.

Durante el siglo XIX no faltaron las mujeres que actuaron en las letras y las artes, aunque debió esperarse a inicios del XX para que se ampliaran las posibilidades educativas. En 1911 se abrió la primera Escuela Normal, un cauce promisorio para el magisterio femenino. Como ocurrió en otras latitudes, la instrucción brindada a las mujeres entonces era la "propia del sexo", como la de la Escuela de Artes y Oficios para mujeres creada en 1912 que ofrecía un programa de especializaciones "femeninas" según los estereotipos de la época.

El largo periodo de la dictadura de Juan Vicente Gómez, quien perpetró un golpe de Estado en 1910 iniciando así uno de los ciclos autoritarios más largos vividos en América Latina —que sólo culminó con su muerte en 1935—, puede ser responsable por el relativo letargo para el desarrollo del feminismo en este país. A fines de la década de 1920 se hicieron sentir con más fuerza las oposiciones al régimen dictatorial y ese fenómeno fue protagonizado por la denominada Generación del 28. En ese clima surgió la Sociedad Patriótica de Mujeres Venezolanas cuya composición revelaba un buen número de feministas como Carmen Clemente Travieso, una de las primeras mujeres en ganarse la vida como periodista y en sostener sin ambages ideales feministas. Había vivido un tiempo en Nueva York y había trabajado como bordadora en una empresa dedicada a la fabricación de vestimenta. Otra figura de la Sociedad fue Isabel Jiménez Arráiz, escritora feminista que al igual que Carmen se orientó hacia el comunismo, y otro tanto ocurrió con Margot García Maldonado. Integraban también aquella organización opositora Antonia Palacios —quien también se destacó en la vida literaria—, Luisa Teresa Velutini, Aurora Lessmann, Josefina Juliac, María Teresa Castillo, Carmen y Victoria Corao, Totoña y María Luisa Blanco.

El fin de la dictadura de Gómez abrió un interregno áspero y tal como ha sido descrito por diversos historiadores, hasta mediados de la década de 1940 se advierte la tensión entre dos proyectos, uno decididamente más impelido por las urgencias sociales, con aliento hacia la redistribución y con señales antiimperialistas —ya era destacada la explotación petrolera en Venezuela y su significado crucial para el desarrollo autónomo—, y otro que prefería el gradualismo transformador. Pero las fuerzas populares encontraron expresiones políticas más radicalizadas entre las que se contaban el Partido Democrático Nacional (PDN) y el Partido Comunista.

Las mujeres se nuclearon en nuevas organizaciones desde mediados de la década de 1930, algunas muy importantes como la Asociación Venezolana de Mujeres (AVM) y la Asociación Cultural Femenina (ACF). En la primera tuvieron decidida actuación Ada Pérez Guevara de Bocalandro, una escritora que había sufrido prisión durante la dictadura de Gómez, y Luisa del Valle Silva, también dedicada a las letras; ambas pertenecían a la clase media más elevada. La AVM se destacó por la realización de tareas asistenciales y se le debe la Casa de Atención Prenatal, la creación de jardines de infancia y de algunas casas-cuna. También, esa Asociación fue impulsora de la Biblioteca Femenina Venezolana y manifestó interés por la sanción de derechos femeninos. Por su parte la ACF se orientó de manera más nítida a la consecución de los derechos políticos, civiles y sociales, y tuvo especial empeño en auxiliar a las congéneres de los sectores trabajadores estableciendo una alianza entre las mujeres letradas y las de las clases populares. La ACF creó escuelas nocturnas para que las mujeres pudieran ilustrarse y también la Casa de la Obrera con el propósito de asistir a las más desvalidas, en especial en aspectos de salud relacionadas con las enfermedades venéreas. No escapa la orientación a la izquierda de esta última que, entre otras intervenciones, cooperó con los huelguistas petroleros de 1936 y prestó ayuda a sus familias. Formaban parte de la ACF un conjunto bastante numeroso de mujeres encabezado por la ya mencionada Carmen Clemente Travieso, a la que acompañaban antiguas y nuevas adherentes como Ana Senior, Cecilia Pimentel, Eumelia Hernández —quien provenía de la vida sindical—, Estela Kleim, Mercedes Fermín —reconocida lideresa del magisterio—, Josefina Ernst, Josefina Juliac, Imelda Campos, Victoria Corao, Alida Planchard, Luisa del Valle Silva, Lola Morales Sala, Pomponete Planchard, Margot Silva Pérez, Ana Esther Gouverner, María Teresa Álvarez, María Teresa Castillo, Dalia Raga, Nena García, Carmen Delgado, Fifa Soto.

En 1945 las venezolanas celebraron una asamblea preparatoria de lo que sería el Congreso Femenino Venezolano en el que se reclamó la ruptura de relaciones con el gobierno dictatorial del general Francisco Franco en España y establecer relaciones diplomáticas con la URSS, a la par que se propuso un programa de deliberaciones que atendía aspectos como el sufragio, la condición de la mujer obrera y de la mujer indígena. En la fugaz primavera democrática que perduró hasta 1945 —los partidos de izquierda habían sido autorizados a actuar— se estableció el voto femenino sólo en el orden municipal y alcanzó exclusivamente a las alfabetizadas. Ese año sobrevino el golpe cívico-militar cuyas consecuencias llevaron a la reforma constitucional de 1947, y pudieron participar 15 representantes femeninas en la asamblea constituyente, cuyo resultado fue que se permitió el voto de las personas analfabetas y se otorgó este derecho a las mujeres. En la coyuntura fue elegido presidente el destacado escritor Rómulo Gallegos, encendiendo la esperanza de un ciclo renovado para Venezuela, pero se extinguió rápidamente debido a la incontenible presión de los sectores más conservadores que provocaron su renuncia —a pocos meses de asumir— en noviembre de 1948.

Durante un decenio se limitaron los derechos sociales y políticos, sin duda se vivió un duro retroceso durante la dictadura del general Marcos Pérez Jiménez, pero surgieron varios focos de resistencia, sobre todo merced a las formaciones de izquierda, y aparecieron en la escena grupos renovados de mujeres como la Unión de Muchachas Venezolanas y la Asociación Juvenil Femenina en 1951. Al año siguiente, a instancias del Partido Comunista, se creó la Unión Nacional de Mujeres, una iniciativa estratégica que también se repitió en otros países. No hay dudas acerca del significado de la acción femenina en el enfrentamiento de la dictadura de Pérez Jiménez, y muy especialmente la tarea cumplida por la Junta Patriótica Femenina que reunió a militantes decididas entre quienes se contaban Argelia Laya, Rosa Ratto, Esperanza Vera, Isabel Carmona (quien dio a luz estando presa en la cárcel de Los Teques), Leonor Mirabal, Helena Fierro Herrera, Consuelo Romero, Clarisa Sanoja, Raquel Reyes, Mercedes Cordido, Ada Ramos, Elena Dorila Parra, Chela Vargas, Carmen Román de Torres, María Pereira de Daza, Celia Poleo, Juana Iro de Matos, Tecla Tofano, Ana Teresa Sequera, Verónica Peñalver.

Argelia Laya, con ascendientes africanos, es reconocida como una de las más destacadas luchadoras por los derechos femeninos —su madre había sido parte de la Asociación Cultural Femenina— y también por su militancia de izquierda. En los años sesenta, Argelia se incorporó a la lucha guerrillera en las Fuerzas Armadas de Liberación Nacional (FALN), luego fue fundadora del Movimiento al Socialismo (MAS) y no cesó de abogar por los derechos de las poblaciones afrodescendientes e indígenas. Si el combate contra la dictadura había tenido una formidable actividad por parte de las mujeres de diversas canteras políticas, los acontecimientos de las décadas 1960 y 1970 significaron también desencuentros entre las que habían adherido al feminismo. La exclusión de las fuerzas de izquierda del conocido "Acuerdo de Puntofijo" fue también una perturbación de las alianzas entre las mujeres. Pese a los movimientos narrados, hay quienes sostienen que no pueden identificarse con nitidez movimientos feministas antes de la década de los ochenta. Una destacada militante sostenía que lo que había caracterizado la escena social reivindicativa eran grupos no solamente constituidos por mujeres, y que en general se constataba una carencia de formulaciones estrictamente feministas hasta los cambios traídos en esa década.

Lo cierto es que fue Venezuela el asiento de un vigoroso movimiento que tomó el nombre de Liga Feminista de Maracaibo en enero de 1978, que un año más tarde realizó la convocatoria del Primer Encuentro Feminista, en el que no faltó el impulso de la notable Argelia Laya. Y también esa región venezolana abrió uno de los primeros seminarios académicos dedicados a la problemática femenina en América Latina en la Universidad de Zulia, gracias, entre otras académicas, a Gloria Comesaña, filósofa que hizo un doctorado en Francia y que tuvo vínculos con Simone de Beauvoir. En 1984 en esa Universidad se instaló la Cátedra Libre de la Mujer.

Durante esa década es incontestable que los cambios habidos en el contexto nacional y el incremento que los feminismos ganaron en la escena internacional, hicieron posible el surgimiento de nuevos movimientos. Hubo Encuentros Nacionales Feministas en 1979, 1981 y 1983. En 1982 se obtuvo una importante reforma del Código Civil que hasta entonces conservaba normas ominosas que sometían a las casadas. A propósito de la Tercera Conferencia Internacional de Nairobi en 1985, se congregaron bajo el nombre de CONGM —Coordinadora de Organizaciones no Gubernamentales de Mujeres— diversas agencias entre las que se encontraban el

Grupo Feminista Miércoles, liderado por Gioconda Espina, un segmento de mujeres periodistas del Sindicato Nacional de Trabajadores de Prensa— cuya representante era Helena Salcedo—, abogadas de la Federación Venezolana de Abogadas, el sector de mujeres de la Central Unitaria de Trabajadores —con María León a la cabeza—, la Cátedra Manuelita Sáenz de la Universidad Central de Venezuela, la Liga Feminista de Maracaibo y la Liga Feminista de Mérida. Fue un momento singular por la tracción coordinada de los diversos feminismos venezolanos, una congregación de esfuerzos para la ampliación de prerrogativas.

Durante los años noventa, a pesar de la crisis política y social ocurrida cuando se consagraron políticas neoliberales con ajustes estructurales —fenómeno que padeció buena parte de los países de la región—, aumentó el número de agencias y actividades dedicadas a los derechos de las mujeres y se incrementó la presencia de los estudios concernientes en los medios académicos, como el Centro de Estudios de la Mujer (CEM-UCV), que desde 1996 publica la *Revista Venezolana de Estudios de la Mujer*, y la Unidad de Investigación y Extensión Mujer y Salud de la Universidad de Carabobo. El nuevo siglo, luego de severas crisis institucionales, vio aparecer en la escena el liderazgo de Hugo Chávez, quien en marzo de 2009 sostuvo que "sin la verdadera liberación de la mujer, sería imposible la liberación plena de los pueblos y soy un convencido de que un auténtico socialista debe ser también un auténtico feminista". Pero el ciclo arrollador de su controvertida figura y los esfuerzos de los feminismos que impulsaron diversas conquistas —aunque hasta cierto límite—, deben analizarse con mucho cuidado debido a las tensiones políticas, a las crispadas polémicas que se han desatado especialmente en los años del poschavismo. Tales circunstancias exceden el propósito de este libro.

COLOMBIA

En Colombia las mujeres tuvieron destacada actuación en los procesos insurgentes, tal como ocurrió con la revuelta anticipatoria de los "comuneros", en la que participó Manuela Beltrán a fines del XVIII, y a lo largo de la guerra revolucionaria en la que fueron muchas las participantes. No puede obviarse a Policarpa Salavarrieta, que pagó con su vida la adhesión al movimiento independentista. Sorprende el número de publicaciones dedicadas a la mujer en la segunda mitad del XIX, revelando la identificación política antagónica —y agonística— de liberales y conservadores, una trama central y de larga perdurabilidad en el territorio colombiano.

Colombia fue, sin duda, una experiencia singular en materia de arribo a la modernización ya que se hizo bajo el dominio de las triunfantes fuerzas conservadoras que hicieron retroceder a las instituciones civiles, una auténtica derrota del Estado laico liberal. En efecto, con el primer gobierno conservador de Rafael Núñez (1880-1886), a raíz de la firma del concordato con la Iglesia católica, retrocedieron las leyes de matrimonio civil y divorcio vincular, de modo que, como se ha sostenido a menudo en este país, los fenómenos de la modernización tuvieron, paradójicamente, ausencia de "modernidad". Por lo que no puede sorprender que las corrientes feministas, en gran medida asociadas a las plataformas liberales, fueran ofuscadas por la enjundia de las instituciones conservadoras. Baste recordar las vicisitudes por las que atravesó María Rojas Tejada, una conspicua forjadora de derechos educativos para la mujer, quien se había formado como maestra en Medellín y llegó a subdirectora de la Escuela Normal de esa ciudad, pero tuvo que abandonar el cargo y Medellín, así como luego otras ciudades, a raíz de la persecución de la que fue objeto por parte de la Iglesia que no toleraba sus ideas pedagógicas renovadoras. En 1915 creó en Pereira un Centro de Cultura Femenino, instituto que sostuvo la revista *Femeninas* que sobrevivió hasta 1918. María hizo en 1917 un curso en el George Peabody College for Teachers, en Nashville, Estados Unidos, y se graduó como profesora especializada en Psicología Infantil. Otra figura notable, también asociada a Medellín, es María Cano, y aunque no se adhirió a la militancia del feminismo, no puede dejar de evocársela ya que fue una de las más destacadas voces políticas de Colombia —y tal vez una de las primeras mujeres de protagonismo desafiante en esa arena— en la defensa de los derechos sociales. Fue una notable luchadora por los derechos de las clases trabajadoras, partícipe de las luchas sociales de los años veinte que la llevaron a prisión a raíz de la huelga de los trabajadores de las plantaciones de banana de la United Fruit Company, huelga que terminó con la conocida masacre en la región de Magdalena en diciembre de 1928. María era conocida por las clases populares como la "Flor del Trabajo", tal fue la cariñosa designación que se le ofrendara.

El largo ciclo conservador tuvo término en 1930, de modo que la nueva década fue de gran actividad a favor de los derechos femeninos y surgieron diversos núcleos, destacándose las figuras de Clotilde García Borrero de Ucrós, Ofelia Uribe de Acosta y Georgina Fletcher. La madre de Clotilde, María Inés Borrero, tenía ideas feministas que inculcó a su hija; Ofelia provenía de un hogar liberal y se desempeñaba en el magisterio; Georgina era española de nacimiento, también educadora y en 1924 había sido designada para representar al país en la ya mencionada Liga Internacional de Mujeres Ibéricas e Hispanoamericanas y era integrante de la Cruzada de Mujeres Españolas. En 1929 había animado con otras mujeres el Centro Femenil Colombiano de Acción Social.

Un acontecimiento importante ocurrió en 1930 cuando a instancias de la Liga, y con el patrocinio del Centro Femenil, se desarrolló en Bogotá el IV Congreso Femenino que seguía la tradición del I Congreso Femenino de Buenos Aires (1910) —del que me ocuparé oportunamente—. Esa primera reunión internacional había dado lugar al II Congreso que se reunió en Santiago de Chile en 1925 y en 1928 al III Congreso que había vuelto a reunirse en Buenos Aires. El de Bogotá reunió a más de 70 representantes de todas las provincias colombianas en su mayoría vinculadas al magisterio, y se desarrolló en varias sesiones a las que también asistieron algunas extranjeras, bajo la presidencia de Georgina Fletcher. Se ha señalado el especial celo que tuvo la notable mexicana Elena Arizmendi para que en este Congreso hubiera presencia de figuras masculinas internacionales, como el famoso psicólogo Alfred Adler y el destacado promotor de los derechos de las mujeres en Uruguay, Baltasar Brum, que finalmente no asistieron.

No puede sorprender el heteróclito programa del IV Congreso en el que hubo intervenciones que iban desde honras especiales a Simón Bolívar —pues el Congreso formaba parte de los homenajes del centenario de su muerte—, segmento a cargo de Isabel Vanegas de Álvarez Bonilla y otras congresistas, hasta las exposiciones de labores que incluían diversas manualidades realizadas por mujeres —bordados, tejidos— y colecciones de heráldicas. Pero también se expresaron voces contundentes a favor de los derechos femeninos como las de Susana Olózaga de Cabo —diseñadora de modas que había publicado en Medellín la revista femenina *Athenea*— e Ilva Camacho, y hubo largos debates en torno de la educación —se solicitó la aceptación sin cortapisas de las mujeres en los cursos universitarios—, salud y asistencia a las madres. Debe destacarse que los debates giraran también sobre el empleo femenino para el que se reclamó respeto —se denunció el acoso sexual—, y que hubiera buen trato y mejores salarios, con igualdad de remuneración que los varones, aspectos especialmente abordados por María Eastman, docente que llegó a ser inspectora general de Escuelas Públicas, tal vez el primer cargo relevante de una mujer en Colombia. Hubo un enfático apoyo a la reforma del Código

Civil pues debe tenerse presente que los liberales habían regresado al poder después de casi medio siglo —a la sazón era presidente el liberal Enrique Olaya Herrera— y en ese momento estaban en discusión reformas civiles fundamentales, una de las más importantes consistía en erradicar la tutoría del marido, con especial atención a las "capitulaciones" en orden a dotar de completo derecho a las casadas sobre los bienes propios. También se pedía que la ley considerara la distribución de los "bienes gananciales" protegiendo a la mujer que se hubiera casado sin bienes. Una de las más entusiastas oradoras sobre esta cuestión fundamental fue Ofelia Uribe de Acosta, quien tuvo como escuchas, además de las congresistas, a miembros del gobierno y diputados especialmente invitados para la ocasión.

No faltaron las diferencias en este IV Congreso, e incluso estalló un conflicto a raíz de la discusión de un trabajo relacionado con "la lucha contra las enfermedades venéreas" que había deseado exponer Virginia Camacho Moya en el que expresaba la necesidad de un examen prenupcial para las mujeres. Dado el pacato clima de la época, ello dio lugar a malentendidos y se produjo entonces un incidente, pero finalmente entre las conclusiones del Congreso se suscribió esta solicitud, y no cabe duda del significado que se otorgaba al cuidado de la descendencia, como lo solicitaba la más extendida de las fórmulas de intervención social y estatal del periodo, la eugenesia. Es bien sabido que se trató de una seudociencia que invadió todo el espectro, de derecha a izquierda, motivada por la idea de enfrentar los riesgos "degenerativos de la especie" que debía preservar las mejores condiciones raciales. De modo que no puede sorprender que las congresistas se pusieran de acuerdo para que "se pidiera a la Unión Panamericana que en su próxima conferencia internacional analizara la posibilidad de fundar una sociedad de eugenesia hispanoamericana con afiliación activa en todo el continente americano, cuyo propósito sería aplicar y difundir el conocimiento de la eugenesia en todas las clases sociales de los países miembros".

Otra decisión fue que "se solicitara al Congreso Nacional aprobar las medidas necesarias para implementar un programa de 'defensa social' que debía incluir educación sexual, la creación de campos deportivos, educación nutricional en los colegios, oficinas dedicadas a programas sociales y revisión de las normas legales referentes a los hijos ilegítimos y al reconocimiento de la paternidad". El debate en torno de la conyugalidad legal desató exposiciones airadas porque no debe olvidarse que Colombia había inhibido el matrimonio civil con las reformas conservadoras e impuesto la consagración religiosa del vínculo —salvo para quienes no fueran católicos—, y que esta circunstancia estaba presente entre las asistentes al IV Congreso, al punto de que las más liberales, como Olózaga de Cano, debieron confirmar que no estaban proponiendo la sustitución del matrimonio religioso porque "estoy segura de que ni el congreso ni el público aceptarían el matrimonio civil únicamente en un país como el nuestro, donde la mayor parte de sus habitantes profesan la religión católica". Pero más allá de estas perplejidades, lo cierto es que las feministas desempeñaron un papel decisivo en las reformas civiles promovidas por el Estado liberal en los años 1930.

En efecto, los debates en torno de la modificación del derecho privado tuvieron activas promotoras, y a menudo se expresaban en publicaciones como *Letras y Encajes* o el *Heraldo Femenino*; pero eran decisivas las militantes de asociaciones como el Centro Femenil, el Centro Femenino de Estudios de Medellín, y el grupo de Manizales, en el que participaba Claudina Múnera, quien se distinguía en el magisterio y había sido participante del IV Congreso —fue la oradora del cierre—, y conspicua defensora de las reformas civiles. Luego de idas y vueltas finalmente se sancionó la ley que consagraba derechos civiles a las mujeres en 1932. La Constitución de 1936 determinó más conquistas civiles, y también derechos sociales, aunque sobrevivió la fórmula del casamiento religioso con las prerrogativas del contrato matrimonial civil. Durante la década siguiente las feministas, con especial énfasis las liberales, trataron de conquistar los derechos políticos.

Por algún tiempo se editó la revista *Aurora*, que con frecuencia publicaba artículos a favor de los derechos de las mujeres, pero lo más destacado fue el resurgimiento de asociaciones como la Unión Femenina en la que participaban Ofelia Uribe de Acosta, Inés Gómez de Rojas e Hilda Carrizo, el Comité Socialista Femenino de Moniquira —en Boyacá— en el que estaba Mercedes Abadía, la Alianza Femenina del Valle y la Acción Feminista Nacional. Entre las publicaciones de mediados de la década se registran las revistas *Agitación Femenina* —sostenida por Uribe— y *Mireya*, a cargo de Josefina Canal.

Una destacada investigadora colombiana asignó especial importancia, en la movilización de las mujeres de la década 1940, a la irrupción en la vida política del notable líder popular Jorge Eliécer Gaitán, una promesa de renovación identificada con los grupos sociales menos privilegiados. Para la autora, diversas convocatorias femeninas se paralizaron con el asesinato de Gaitán en 1948, acontecimiento que desató una ola sangrienta en todas las regiones colombianas y que originó la "Gran violencia". Las dificultades arreciaron en el país durante ese ciclo de grave crispación y devino a la postre la dictadura de Gustavo Rojas Pinilla. Las feministas no cesaron de reclamar, con la incorporación de nuevas voces que se unieron a las protagonistas históricas, entre las que estaban Aydée Anzola Linares —que se destacaría en Derecho—, Gabriela Peláez y Esmeralda Arboleda, que de algún modo se vincularon al gobierno autoritario. En la encrucijada de 1954 y bajo la dictadura se sancionó el voto de las mujeres. En 1957, Esmeralda fue miembro de la Constituyente como representante liberal, en sintonía con Rojas Pinilla, y a la caída de éste, en 1961, fue ministra de Comunicaciones, tal vez una de las primera mujeres en ocupar esa elevada función en América Latina. Fue también embajadora en Austria entre 1967 y 1969.

El interregno que se abrió hasta los años setenta significó un reflujo de las acciones feministas, aunque debe constatarse la persistencia de movimientos como la Unión de Ciudadanas de Colombia (UCC) que habían actuado en gran medida en la clandestinidad contra la dictadura. Nuevos impulsos surgieron desde mediados de la década con la Conferencia del Año Internacional de la Mujer en México, y ese envión renovado permitió que la socialista Socorro Ramírez buscara la Presidencia de Colombia —y debe recordarse que en su programa figuraba la defensa del aborto libre y gratuito—. Numerosos agrupamientos surgieron en particular en las grandes ciudades, las nuevas militantes discurrían en ambientes de izquierda criticando la misoginia de sus organizaciones y creando agrupaciones propias. Hubo una propuesta de formar un Frente Amplio de Mujeres, pero las diferencias fueron insalvables toda vez que se enfrentaban las posiciones enmarcadas en identidades políticas partidarias, con las que proclamaban completa autonomía de cualquier organismo político, y éste fue un fenómeno bastante perdurable.

Entre los núcleos más organizados de fines de los setenta e inicios de la década de 1980 se encontraban la Unión de Mujeres Democráticas, el Frente Amplio de Mujeres, Cuéntame tu Vida, el Frente Femenino de Fedeta, el Centro de Estudios e Investigación sobre la Mujer —CEIM— de Medellín, el Costurero de Manizales, el Grupo Amplio para la Liberación de la Mujer —GALM— de Cali —del que formó parte Sonia Álvarez, una de las más importantes teóricas del feminismo—, el núcleo Mujeres en la Lucha de Bogotá, y Cine Mujer. Un ámbito de reconocimiento de los derechos de las mujeres en el trabajo fue la reunión patrocinada por la OIT en Medellín en 1977, en la que participó la abogada feminista Rosa Turizio, muy vinculada a las trabajadoras, y al año siguiente hubo un encuentro en la misma ciudad con la participación de cientos de mujeres reunidas en torno a la solicitud del aborto legal y contra el forzamiento de las mujeres a la esterilización —no debe olvidarse que eran años en los que organismos norteamericanos, como los Cuerpos de Paz, realizaban esas operaciones—.

En 1981 se llevó a cabo el Primer Encuentro Feminista Latinoamericano y del Caribe en Bogotá, al que asistieron cientos de mujeres de la mayoría de los países de la región; su preparación no estuvo exenta de tensiones entre los grupos organizadores, a cuyo frente estaba el colectivo de Mujeres de Bogotá. Tal vez aquel encuentro fue un parteaguas para el avance de los feminismos con agenda definitivamente renovada hacia el nuevo siglo, toda vez que entre sus temas estaba el problema de la doble militancia (la partidaria y la feminista). Se puso en tela de juicio la lealtad a los partidos políticos, y de hecho la mayoría de las asistentes colombianas apoyaba la "autonomía", y no escapa que el concepto suponía también independencia del feminismo de cualquier inscripción estatal/institucional que significara cooptación de sus objetivos, aspecto que ocasionó numerosos conflictos y desencuentros en las décadas de 1980 y 1990. Otras cuestiones abordadas fueron cómo extender el feminismo a las mujeres de clases populares y el más completo reconocimiento de las sexualidades y de la identidad lésbica.

Pero la situación de Colombia con el conflicto entre las organizaciones armadas —que contó históricamente con una gran cantidad de mujeres— y el Estado alcanzó escaladas ominosas, uno de ellos fue la sangrienta toma del Palacio de Justicia realizada por el M-19 en 1985 con consecuencias funestas porque provocó un grave deterioro de la convivencia que también repercutió en las organizaciones feministas. El colectivo Mujeres de Bogotá, especialmente, emprendió una campaña para el restablecimiento de la paz en condiciones dignas, y en 1990 llevó adelante el encuentro "Un abrazo amoroso por la vida". Por entonces existía tan sólo en la ciudad capital alrededor de una treintena de organizaciones directamente vinculadas con los problemas concernientes a las mujeres, aunque menos de la mitad se identificaban claramente con el feminismo. Las feministas pudieron incorporar reformas importantes a pesar de las severas dificultades que representaba el clima de la guerra —con creciente protagonismo de los grupos paramilitares—. En 1991 las asociaciones feministas, especialmente por medio de la Red Nacional de Mujeres, pudieron hacerse sentir en la reforma de la Constitución que amplió significativamente los derechos individuales y sociales, y aseguró la igualdad de las mujeres.

Para entonces se había conseguido la desmilitarización del grupo guerrillero M-19 pero se agravaban los desplazamientos de las poblaciones campesinas.

Al finalizar los años noventa, había en Colombia una gran cantidad de centros identificados con la condición femenina, y aunque muchos resultaban asistenciales, otros más tenían clara identidad feminista. Surgió el programa gubernamental "Política para la equidad de las mujeres" y luego la Dirección Nacional para la Equidad de las Mujeres, pero el balance no era muy optimista respecto de la capacidad de acción de esa repartición pública y de su presupuesto. La organización la Casa de la Mujer ha tenido un papel importante vinculado eficazmente con mujeres en sus comunidades. Más allá de la beligerancia múltiple vivida por la sociedad colombiana, de la inseguridad ciudadana que llevó a muchas mujeres y hombres a asilarse en otros países, los feminismos no dejaron de expandirse y las mujeres campesinas pudieron reunirse en la Asociación Nacional de Mujeres Campesinas, Negras e Indígenas de Colombia (Anmucic).

Los estudios sobre las mujeres, las relaciones de género y las sexualidades disidentes han encontrado auspicio en la mayoría de las universidades colombianas, pero debe subrayarse la circunstancia pionera de las académicas que en 1993 crearon en Cali el Centro de Estudios de Género, Mujer y Sociedad en la Facultad de Humanidades de la Universidad del Valle, y un poco más adelante, en 1994, el grupo Mujer y Sociedad de la Universidad Nacional de Colombia impulsó el Programa de Estudios de Género, Mujer y Desarrollo (PEGMD) en la Facultad de Ciencias Humanas, y en 2001, la calidad y cantidad de su producción hizo que se transformara en unidad académica de la Facultad de Ciencias Humanas con el nombre Escuela de Estudios de Género. Los feminismos colombianos mostraron un crecimiento exponencial y asumieron desafíos importantes tanto en la militancia como en la academia en los primeros años del nuevo siglo.

No puede dejar de mencionarse el significado de las movilizaciones colombianas para obtener la paz y cerrar el doloroso trance de varias décadas de guerra entre las formaciones guerrilleras y el Estado —con el agregado de la violencia paraestatal que aumentó el proceso de desplazamiento de miles de personas en las zonas de conflicto—. El lento camino de los acuerdos tuvo como escenario dominante La Habana, Cuba, sede de las negociaciones de las múltiples representaciones, y ha sido también importante el aporte de la Mesa Nacional de Incidencia por el Derecho a la Verdad, la Justicia y la Reparación con Perspectiva de Género que ha cumplido un papel fundamental desde inicios del XXI. Numerosos grupos de mujeres, que han sido decisivos en la expansión del feminismo popular, se han expresado de un modo u otro en la Mesa, y no pueden dejar de mencionarse al menos los siguientes movimientos de singular enjundia: Ruta Pacífica de Mujeres; Alianza Iniciativa de Mujeres por la Paz; Trabajo Mujer y Género por la Verdad, la Justicia, la Reparación y la Reconciliación; Asociación Nacional de Mujeres Campesinas, Negras e Indígenas de Colombia (Anmucic); Colectivo de Mujeres Excombatientes; el Colectivo Feminista Proyecto Pasos; Corporación Casa de la Mujer; la Corporación Humanas; Centro Regional de Derechos Humanos y Justicia de Género; Corporación para la Vida "Mujeres que Crean"; Observatorio de los Derechos Humanos de las Mujeres en Colombia; Fundación Mujer y Futuro; Liga de Mujeres Desplazadas; Liga Internacional de Mujeres por la Paz y la Libertad (Limpal); Organización Femenina Popular (OFP); Red de Educación Popular entre Mujeres (Repem); Red Nacional de Mujeres Bogotá; Confluencia Nacional de Redes de Mujeres; Organización Femenina Popular; Red Nacional de Mujeres Afrocolombianas; Movimiento Popular de Mujeres; Centro Meira del Mar; la Fundación Mavi; Red de Empoderamiento de Cartagena y Bolívar; Oye Mujer; Cerfami; Casa de la Mujer Estela Brand; Red Departamental de Mujeres Chocoanas; Fundesap; Orocomay; Casa de la Mujer; Colectivo María María; Vamos Mujer; Escuela Política de Mujeres; Alianza de Organizaciones Sociales y Afines por una Cooperación para la Paz y la Democracia en Colombia; Plataforma Colombiana de Derechos Humanos, Democracia y

Desarrollo. Esta lista no es exhaustiva, no hace justicia al vasto conjunto de organizaciones en que participan activamente las mujeres hoy día en Colombia para erradicar todas las violencias, con obstinada determinación por alcanzar el objetivo de conquistar la paz con equidad de género.

ECUADOR

Ecuador, como se ha observado en los otros territorios latinoamericanos, ofrece una historia de levantamientos populares con destacada participación de mujeres, tal fue la insurrección indígena de 1803 en Guamote, en la que fue ejecutada una de las lideresas de aquel movimiento, Lorenza Avemañay. En el proceso revolucionario de la Independencia se pusieron de relieve figuras como Manuela Espejo, Manuela Cañizares, la heroica Rosa Zárate, para señalar sólo algunas, sin olvidar que finalmente era ecuatoriana Manuela Sáenz.

La saga de las insumisas continúa a fines del siglo XIX, escenario de vigorosos desempeños en la vida social y política, y se impone detenernos en la mítica Marietta de Veintimilla, quien durante el gobierno de su tío Ignacio de Veintimilla (1876-1883) se transformó en una protagonista notable y ariete de incontestable poder. Era familiar de Dolores Veintimilla, destacada poeta que murió trágicamente. Marietta había perdido a sus padres de niña y fue criada por su tío quien hizo que se educara en una institución religiosa donde se aficionó de modo singular a la escritura. Todo indica que era muy inteligente y que había desarrollado cualidades excepcionales para las lides en la política —arena que es bien sabido estaba reservada a los varones— al punto de que su tío le delegaba el gobierno de hecho en Quito mientras él residía buena parte del tiempo en Guayaquil. A raíz de un acontecimiento militar que amenazaba la continuidad del gobierno, en marzo de 1882, Marietta tuvo una intervención decidida y se ganó la admiración y la aquiescencia de buena parte de los actores políticos de la época. Se le prodigaron los motes de "La Generalita" o "La Mayasquerita", porque además debió asumir el mando del ejército de Quito. Marietta tomaba las decisiones del palacio gubernamental, e hizo también cambios en las vestimentas y en las conductas de quienes alternaban con la alta investidura. Librepensadora —resultaba notable su distancia con las posiciones ultrarreligiosas—, ha sido señalada como una promotora precoz de los derechos de las mujeres en Ecuador y a esto han contribuido tanto sus normativas, en alguna medida liberadoras de los corsés constrictores —se ha subrayado que determinó que las mujeres pudieran pasear solas, sin necesidad de compañía masculina por el parque La Alameda, que había contribuido a remodelar—, como también se desprende de algunos de sus escritos. Las convulsiones políticas la llevaron a la cárcel y finalmente pudo trasladarse a Perú donde se asiló con parte de su familia y se ganó la subsistencia produciendo artículos. En Lima tomó contacto con un grupo de singulares mujeres letradas, entre las que se contaban Clorinda Matto de Turner, Juana Manuela Gorritti y Mercedes Cabello de Carbonera. Se le debe un libro que produjo enorme alharaca, *Páginas del Ecuador*, en el que defendió la obra gubernamental de su controvertido tío y donde hizo interpretaciones de la historia de su país constituyéndose, tal vez, en una de las principales historiadoras *amateur* de América Latina. Pudo regresar a Ecuador a inicios del nuevo siglo vinculándose a la Sociedad Jurídico-Literaria de Quito, en cuya revista publicó en 1904 "Madame Roland", un ensayo en el que reivindicó a las mujeres por medio de la figura de la revolucionaria francesa, y abogó por su reconocimiento; allí afirmó: "A despecho de nuestra civilización, la mujer sudamericana es la esclava recién manumisa que ensaya sus primeros pasos en el terreno de la literatura, donde felizmente ha cosechado ya grandes triunfos precursores de otros de más valía con el transcurso del tiempo".

En un contexto de gobiernos en los que aumentaron las oportunidades y los beneficios para determinados grupos económicos, se irradiaron las ideas de derechos para las mujeres desde núcleos feministas. Las católicas se expresaron mediante actos asistenciales y benefactores, mientras surgían núcleos de liberales y organizaciones ubicadas a la izquierda. Entre éstos se encontraban las creadas por las socialistas que procuraban la ampliación de las oportunidades civiles y educativas, y también reclamaban el voto. Y como se ha observado en las otras sociedades ya abordadas, las maestras nutrían buena parte de estos círculos de demandas.

En general, las expresiones feministas surgieron en los centros urbanos de mayor tamaño y pueden contarse figuras como Matilde Hidalgo de Procel, Victoria Vásconez Cuvi y María Angélica Idrobo, que pudieron escribir en publicaciones como *La Mujer* (1905), *La Ondina del Guayas* (1907-1910), *Flora* (1918). En Guayaquil se desarrollaron actividades ligadas con las mujeres trabajadoras y de ese esfuerzo surgió el Centro Feminista La Aurora, que animó la edición de *La Mujer Ecuatoriana* (1918), que estuvo ligada a la Confederación de Obreros de Guayas. Estas expresiones se caracterizaban por cierta pluralidad en los objetivos, y si bien había movilizaciones en torno de los derechos feministas, sobresalía el empeño organizacional de las mujeres obreras y la denuncia de sus condiciones específicas. Otro centro feminista, vinculado a La Aurora y a la Confederación, fue el Club Feminista Dolores Sucre —en homenaje a la destacada poeta— que en 1920 hizo propaganda electoral a favor del candidato a la Presidencia José Luis Tamayo, en representación del Partido Liberal.

En mayo de 1924 el Consejo de Estado, órgano máximo de decisión, recibió la consulta relativa a permitir el voto de Matilde Hidalgo —más tarde de Procel— quien quería votar en la ciudad de Machala en las elecciones a representantes en el Parlamento. El Consejo emitió un dictamen favorable y argumentó que la identificación de "hombre" no aludía a ningún sexo en particular sino que se refería a un sujeto con derechos ciudadanos. Matilde fue la primera egresada de la educación media en el país, y se había formado como médica después de vencer las vicisitudes —en principio sólo había sido admitida en la Facultad de Medicina de Cuenca—, y en 1930 llegó a ocupar el cargo de concejala, siendo una de las primeras latinoamericanas en votar en el orden nacional y ser elegida para un cargo de representación.

Los años de mediados de la década de 1920 fueron turbulentos, en julio de 1925 tuvo lugar la denominada "Revolución juliana" que catapultó al poder a jóvenes oficiales acompañados en buena medida por la sociedad civil ecuatoriana. Los revolucionarios parecían responder a los intereses populares y estar dispuestos a encauzar reformas sociales, limitando el poder de los grupos oligárquicos que habían dominado la escena política. Se llegó así al gobierno del médico Isidro Ayora que convocó a la reforma de la Constitución que consagró en 1929 el voto femenino, fue el primer país en concederlo en América Latina, pero debe decirse que se trataba de un voto censitario pues sólo las alfabetizadas podían gozar de ese derecho.

Durante la década de 1930 vieron la luz *Iniciación* (1934-1935), en Quito; *Alas* (1934) en Guayaquil y Ambato —y otras expresiones liberadoras de la condición femenina se originaron también en Guayaquil donde se publicaba la revista *Nuevos Horizontes* (1933-1937)—. Menudearon en Ecuador las propuestas —a veces contradictorias— a favor de la participación política de las mujeres. No puede sorprender la vinculación internacional de que disponían algunos centros, ya que había militantes con amplios contactos con expresiones feministas de otros países, como ocurría con Zoila Ugarte de Landívar, Victoria Vásconez Cuvi, Zoila Rendón y Petronila Flores que tuvieron presencia en foros internacionales. Aunque no faltaran entonces las movilizaciones de mujeres que solicitaban los derechos civiles, políticos y educacionales, la intersección con los valores de la maternidad muchas veces limitó los esfuerzos y desorientó los empeños liberadores de las mujeres. Hubo ciertas dudas con relación al voto, como ocurrió con Zoila Rendón, feminista de tono contenido a quien le preocupaba que el voto mutilara la idiosincrasia de las mujeres, y con Rosa Borja de Icaza, cuyo liberalismo y reconocimiento de los derechos femeninos no alcanzaba para admitir plenamente que la arena política no podía ser vedada a las mujeres. Desde luego, no faltaban las voces de las feministas que se entusiasmaban con la ampliación de los derechos políticos, como la de Hipatia Cárdenas de Bustamante —conocida como "Aspacia", quien fue la primera candidata mujer a la primera magistratura— y la de Victoria Vásconez Cuvi, quienes no cejaron en animar a las mujeres a una mayor participación durante los años 1930. Al finalizar esta década surgió la Alianza Femenina Ecuatoriana (AFE), una organización que reunió de manera policlasista a mujeres que en buena medida tenían posiciones de izquierda, pero no exclusivamente, aunque de modo reiterado se ha mencionado a la AFE como un apéndice del Partido Comunista, cuestión que revisa una rigurosa investigación que previene acerca de la necesidad de estudiar esa vinculación de manera más compleja. De acuerdo con ese punto de vista habría que pensar que las mujeres de la AFE mantenían cierta autonomía, que no es posible asimilar sus deseos y sus demandas a los dictados del Partido, y que pudieron contribuir fuertemente a modificaciones de las relaciones de género en sus filas.

El área de actuación de la AFE fue la ciudad de Quito y la idea rectora era crear núcleos afines en fábricas, empresas y universidades, aunque estos objetivos parecen haber sido sólo parcialmente alcanzados. Entre las militantes más destacadas en el periodo 1938-1944 se encuentran la secretaria general, Matilde Nogales, acompañada en diferentes cargos por Virginia Larenas, Nela Martínez Espinosa, María Luisa Gómez de la Torre, Raquel Verdesoto, Julia de Reyes, Carlota Félix de Garcés, Aurora Estrada y Ayala de Ramírez Pérez, Zoila Ugarte de Landívar, Leonor de Carbó, María Angélica Idrobo, Hipatia Cárdenas de Bustamante, María Zaldumbide de Dennis, Virginia Larenas, Matilde Hidalgo de Procel, Lucía Lavijo Peñaherrera, Dolores Cacuango, Lucrecia López, Rosa Lovato. En 1945 ocupó la presidencia de la AFE Nela Martínez Espinosa —figura en la que me detendré más adelante— y la acompañaron

María Luisa Gómez de la Torre, Esther de Castrejón, Judith Elisa Mujica, Clemencia Salazar, María Angélica Idrobo, Aurora E. y Ayala de Ramírez Pérez, Rosario Mendizábal, Mercedes Pacheco Zoila de Torres y Letty Guerrero. En 1950, la secretaría general estuvo en manos de Aurora Estrada y Ayala de Ramírez Pérez, acompañada por Virginia Córdova Illescas y Sara del Pozo. No deja de llamar la atención que esta organización de mujeres pudiera cobijar a militantes de diversas fuerzas partidarias —desde más a la izquierda y embanderadas con el Partido Comunista, hasta las liberales—, que pudiera congregar a varias clases sociales y vincular a profesionales con mujeres de los segmentos trabajadores apenas alfabetizadas.

Debe recordarse el ecléctico orden ideológico de la coalición Alianza Democrática Ecuatoriana (ADE), que unía "al cura y al comunista" —como se decía—, que actuó en la coyuntura de mediados de los cuarenta para poner fin al autoritarismo del presidente Carlos Arroyo del Río. En mayo de 1944 estalló la revolución, denominada "La Gloriosa" y el dato singular de este acontecimiento fue la actuación de la presidenta de la AFE, Nela Martínez Espinosa, quien estuvo prácticamente al mando del Estado como ministra de Gobierno —seguramente la primera mujer en América Latina en ese ejercicio— mientras se aguardaba la asunción de José María Velasco Ibarra. Nela era escritora y solía emplear diversos seudónimos cuando redactaba notas para la prensa, se había afiliado al comunismo en 1933 y tuvo especial preocupación por la condición de las trabajadoras y las poblaciones indígenas. Fue representante en la Convención Constituyente que sesionó poco después de la revolución, y en su alocución sostuvo, en nombre de la AFE, que pretendía "hacerse eco del unánime dolor de más de la mitad de los ecuatorianos, que tal es la situación de las mujeres dentro de la población de Ecuador, que se sienten colocadas en situación de palmaria inferioridad en lo económico y ante la ley".

Solía subrayar la dominación de clase, y no se privó de señalar ciertas diferencias con los feminismos. La AFE se fue extinguiendo y a inicios de la década de 1960, Nela impulsó la creación de la Unión Revolucionaria de Mujeres Ecuatorianas, enmarcada en alentar transformaciones radicales en la sociedad, mantenía contactos orgánicos con la Federación Democrática Internacional de Mujeres (FDIM) que prohijaba el comunismo internacional. Su órgano de expresión fue *Nuestra Palabra* y fueron años de mucha represión debido a la dictadura gobernante. Una figura notable fue Dolores Cacuango, representante indígena que pertenecía también al Partido Comunista. De esa época data el surgimiento de la Unión Nacional de Mujeres del Ecuador que impulsó reformas, entre éstas el voto universal y obligatorio para las mujeres, de la misma manera que abogó por los derechos civiles. Destacaba la actuación de Irene Paredes Vásconez, quien presidió la asociación en los años setenta, y que abogó por reformas ampliatorias de la ciudadanía femenina.

Durante los años ochenta aparecieron nuevos grupos, y debe mencionarse el Centro de Acción de la Mujer de Guayaquil (CAM) al que se debe la iniciativa del "Primer Taller de Encuentro Nacional sobre Teoría Feminista" que se desarrolló en 1986 en Ballenita, en la costa del Pacífico. Otro grupo fue Acción por el Movimiento de Mujeres (AMM) que se estableció en Quito y en Guayaquil. Sólo en la década de 1990 surgieron asociaciones nacionales, una buena parte de éstas tenía un acentuado tono liberal e "institucional", pero convivía con los grupos más radicalizados que planteaban acciones populares y tendientes a incluir también a las mujeres indígenas. Se ha afirmado que ciertas propuestas como la "igualdad de oportunidades" tuvieron como espejo el modelo hegemónico masculino que, en las actuales condiciones de imposición del modelo neoliberal, ha exacerbado las formas patriarcales con el aumento de la explotación de los cuerpos femeninos. Entre las expresiones feministas más a la izquierda se encontraban el Movimiento de Mujeres en el Oro, el Movimiento de Mujeres de Bahía de Caráquez, el Movimiento Luna Creciente, la Asamblea de Mujeres de Cotacachi, los Colectivos Feministas de Quito, la Red de Mujeres Transformando la Economía (Remte), vinculada a la Fundación de Estudios, Acción y Participación Social (Fedaeps) que debe mucho a los esfuerzos de la destacada feminista Magdalena León, una de las más importantes voces en materia de economía feminista de la región. Al iniciarse el nuevo siglo, Flacso Ecuador consolidaba su iniciativa de estudios de género, y los multiplicados grupos feministas reclamaban el combate a la violencia, la autonomía en materia de sexualidad y la legalización del aborto.

PERÚ

El territorio del Perú fue escenario de particulares desarrollos en la marcha por la conquista de los derechos de las mujeres. Pero antes de que surgiera una causa específica a favor de sus prerrogativas, se revelan figuras femeninas intrépidas. No puede soslayarse a Micaela Bastidas, la compañera de Tupac Amaru II, quien mostró tanta convicción y arrojo que finalmente fue cruelmente sacrificada; a ella se suman María Parado de Bellido que se incorporó a la lucha por la independencia y que también lo pagó con su vida, y Ventura Callamaqui, que logró organizar a su propia comunidad indígena en apoyo de los patriotas. Tampoco puede dejar de evocarse a la aguerrida Francisca Zubiaga y Bernales —"La Mariscala"—, figura determinante en las lides que protagonizó su esposo, el presidente general Agustín Gamarra, finalmente depuesto por la confederación peruano-boliviana en 1834. Esta galería de mujeres ciertamente heroicas debería completarse con las innumerables anónimas que todavía esperan reconocimiento. A fines del siglo XIX se encuentra en Perú un grupo de letradas importantes, foco de irradiación para los países vecinos, en particular Argentina, entre las que destacan las ya mencionadas Juana Manuela Gorriti, Clorinda Matto de Turner, Mercedes Cabello de Carbonera, así como Elvira García y García, empeñosa educadora de niñas en la bisagra de los siglos.

La sociedad peruana vivió dolorosas alternativas durante la denominada Guerra del Pacífico (1879-1883), que perdió con su contendiente el vecino país Chile, por lo que algunos territorios en litigio —fronteras de Perú, Chile y Bolivia— pasaron a pertenecer al vencedor. Muchas familias vieron alterada por completo su sobrevivencia en las áreas ocupadas por las tropas chilenas y se mudaron a Lima, y entre ésas se encuentra la de María Jesús Alvarado Rivera, una de las pioneras del feminismo peruano. Aunque tuvo una educación muy elemental, su inteligencia y sensibilidad —y su constancia en el autoaprendizaje— la condujeron a escribir desde la perspectiva de la reivindicación de derechos para las mujeres. Durante 1908 —año especialmente convulso en Perú, durante la primera presidencia de Augusto Leguía, pues nuevamente arreciaron los conflictos limítrofes con Chile, Bolivia y Ecuador—, María Jesús publicó en diversos periódicos limeños notas relacionadas con la emancipación de las mujeres, destacándose una en *El Álbum*, —como narra Sara Beatriz Guardia en el artículo "María Jesús Alvarado, la primera feminista de Perú"—, en la que ponderaba especialmente el significado de la educación para la autonomía. En 1911 dictó una conferencia pública con el título de "El feminismo" en el marco de la Sociedad Geográfica, que tuvo inusitada repercusión en los medios. En ella hizo un recorrido por las diversas etapas históricas mostrando las circunstancias dolorosas de la sujeción, y manifestó que "no obstante tan inacabables siglos de esclavitud, de forzada ignorancia, de completa inercia mental, no se ha extinguido la fulgente llama de la ingénita inteligencia de la mujer". Sorprende la mención de numerosos nombres de mujeres que se habían destacado en diferentes campos de actuación, especialmente en el conocimiento científico, y otra circunstancia bastante excepcional: el homenaje que rindió a un buen número de contemporáneas. María Jesús hizo entonces un resumen del programa feminista, a saber: 1] dar mayor amplitud y facilidades a la educación de la mujer, desarrollando su intelecto y capacidades de igual manera que en el hombre; 2] darle acceso a los empleos públicos y profesionales liberales, para que pueda subsistir por sus propios esfuerzos, mejorando su condición económica y social; 3] que se le concedan los mismos derechos civiles que al varón, liberando a la mujer casada de la dependencia del esposo, a que la ley la somete, privándola de los derechos de que goza de soltera, y 4] que se le otorguen los derechos políticos para poder intervenir directamente en los destinos nacionales, como miembro inteligente y apto que es del Estado.

Alvarado no sólo abogaba por los derechos de las mujeres sino por las prerrogativas que se debían a las poblaciones indígenas, apoyando a la Asociación Pro Indígena, en buena medida una iniciativa de Dora Mayer y Pedro Zulem. En 1914 fundó la organización Evolución Femenina con María Irene Larragoitia, que como se ha reseñado fue considerada "la institución que le dio oportunidad de escribir y proponer reformas jurídicas, como la participación de las mujeres en la dirección de sociedades de beneficencia pública". Se ha estimado que el núcleo congregó a cerca de 80 mujeres, en su mayoría letradas, que se desempeñaban en el magisterio y que pertenecían a los sectores medios de la sociedad peruana. Una de sus iniciativas fue la creación de la Escuela Moral y Trabajo destinada a las niñas de menores recursos en donde aprendían diferentes oficios —mecanografía, taquigrafía, contabilidad, manualidades, idiomas— y que incluso tuvo una imprenta propia.

Leguía fue elegido presidente por segunda vez en 1919, y su gobierno, que terminó en 1930, se caracterizó por un autogolpe casi en los inicios del mandato, por las formas autoritarias y por la persecución de los adversarios. Aun en ese ambiente adverso de mediados de la década de 1920 vieron la luz diversos grupos de mujeres. En 1924 visitó Perú Carrie Chapman, la muy conocida feminista norteamericana que había sido fundadora, con otras destacadas mujeres, de la International Women's Suffrage Alliance en Berlín en 1904, organización luego devenida en la International Alliance of Women. La gira obedecía a la necesidad de impulsar los derechos cívicos de las mujeres y a crear organismos para este objetivo. Surgió así el Consejo Nacional de las Mujeres, del que María Jesús ofició como secretaria, aunque le hubiera correspondido la presidencia. Las funciones del Consejo se orientaron centralmente a la beneficencia hacia las mujeres y se transformó en un organismo conservador. Durante 1925 se registraron represiones, especialmente contra los movimientos indígenas, y dado que María Jesús Alvarado había tenido una actitud solidaria al posibilitar el empleo de la imprenta de la Escuela para que pudieran editarse folletos denunciadores —como lo afirmaba el gobierno—, fue detenida durante varios meses, y su casa y la imprenta destruidas. En mayo de ese año se exilió en Argentina, en donde todo indica que fue solidariamente acogida; pudo escribir la novela *Nuevas cumbres* y trabajar en el magisterio, hasta el golpe de 1930, cuando fue cesada y debió sobrevivir haciendo trabajos de repostería. Sólo pudo regresar a su país en 1936.

Mientras tanto, surgieron en Lima nuevas asociaciones, pero seguramente la más importante fue Feminismo Peruano, impulsada por Zoila Aurora Cáceres, quien había podido estudiar en Alemania y Francia —su padre fue el almirante Andrés Cáceres que presidió el Perú y que se había destacado en la Guerra del Pacífico—. Esa formación en el continente europeo la inclinó a la escritura y se le deben textos de cierta enjundia, en especial una novela modernista y transgresora como *La rosa muerta*. Zoila estuvo casada por breve tiempo con el escritor guatemalteco Enrique Gómez Carrillo y no tuvo dudas en enfrentar la separación, lo que para la época resultaba escandaloso. Se mantuvo cerca de las ideas socialistas y a menudo daba conferencias para los círculos obreros y se ocupaba de obras que ofrecían servicios de salud a las clases trabajadoras. El feminismo que impulsaba abogaba por la mayor cultura y educación de las mujeres, así como por su independencia económica, y sostenía la necesidad de otorgarles ciudadanía.

No puede dejar de mencionarse que en el periodo hicieron su aparición expresiones políticas y culturales situadas más a la izquierda: la Alianza Popular Revolucionaria Americana (APRA) fundada en México a inicios de la década de 1920 por Raúl Haya de la Torre, quien estaba exiliado en aquel país, y la labor de José Carlos Mariátegui y de la revista *Amauta*, fundada y dirigida por él, que acogió una buena cantidad de contribuciones femeninas. En 1930 fue fundado el Partido Comunista que, aunque con prevenciones contra el "feminismo burgués", apoyaba los derechos de las trabajadoras y el sufragio.

Fue a la caída de la dictadura de Leguía cuando Feminismo Peruano impulsó el debate sobre el sufragio en la Constituyente de 1932, pero no tuvo éxito. Durante esta década vieron la luz círculos nuevos, entre los que se encuentran la Legión Feminista Pro Cultura y la Unión Femenina de Ciencias, Letras y Artes; fueron años difíciles pues se presentaron serias divergencias entre los grupos de mujeres. Feminismo Peruano mantenía diferencias con el Consejo Nacional de las Mujeres que como se ha dicho tenía una posición conservadora, y que en verdad no podía identificarse como "feminista". Y también era cuestionada por las nuevas voces de mujeres del APRA, como Magda Portal —una de las más destacadas poetas peruanas, detenida en 1934 durante casi dos años— y Carmen Rosa Rivadaneira, que atacaban a Zoila Aurora Cáceres con el argumento de que había colaborado con el dictador Leguía. Las militantes apristas afirmaban entonces el precepto de que lo central era eliminar las injusticias sociales, y las mujeres debían colaborar con los varones para ese fin. Pero en los años cuarenta tal posición cambió, al menos Magda Portal enfrentaba a la cúpula del APRA entre otras razones por la falta de reconocimiento de las mujeres. En 1941 apareció el Comité Nacional Pro-Derechos Civiles y Políticos de la Mujer a cuyo frente estaba Elisa Rodríguez Parra de García Rossell, y a mediados de esta década, María Jesús Alvarado fundó una nueva asociación, Evolución Feminista. Desde su regreso, sin embargo, había estado más preocupada con el resurgimiento de la Escuela Moral y Trabajo, impulsando tareas culturales y actividades proeugénicas pues pensaba que había que mejorar las condiciones de reproducción de la población peruana. El lanzamiento de Evolución Feminista volvió a ponerla en las lides de la conquista del sufragio, y a esta agencia se sumaron la Asociación Femenina Universitaria y un poco más tarde la Asociación de Abogadas Trujillanas —en su mayoría vinculadas al APRA—; finalmente, el voto se obtuvo, en 1955, bajo el gobierno dictatorial del general Manuel Odría pero en condiciones censitarias, ya que sólo podían ejercerlo las mayores de 21 años y alfabetizadas, y las casadas a partir de los 18 siempre y cuando supieran leer y escribir. En las elecciones de 1956 llegaron a los escaños parlamentarios una senadora y siete diputadas.

Los feminismos peruanos se reavivaron a fines de los años sesenta. La ola renovadora encontró a muchas mujeres acicateadas por el deseo de enfrentar los valores patriarcales. Una de ella no era peruana: nacida en Noruega había llegado a Perú acompañando a su esposo; se trataba de Helen Orving. Junto con otras inquietas, entre las que se encontraban Cristina Portocarrero, Ana María Portugal, Rosa Dominga Trapasso, Timotea Galvin, Hilda Araujo, Narda Henríquez, Lourdes Zegarra, Rosa María Salas, Rosario Pérez Fuentes, Lía Morales, Carmela Mayorga, Elizabeth Andrade, Ana María Miranda, Elena y Violeta Sara-Lafosse y Silvia Loayza, procuraron analizar la condición de las mujeres, indagar conceptualmente la problemática femenina y coadyuvar a la formación de asociaciones que bregaran por derechos.

En los tempranos años setenta se hallaban en acción el Movimiento de Promoción de la Mujer, el Grupo de Trabajo Flora Tristán, el Frente Socialista de la Mujer y Acción para la Liberación de la Mujer Peruana (Alimuper). La Conferencia de México de 1975 se proyectó con fuerza y surgieron nuevos agrupamientos como el Movimiento Manuela Ramos —cuyas adherentes, las "Manuelas", actuaban en diversas actividades de atención a las mujeres de las barriadas populares— y Creatividad y Cambio, y se promovieron el Movimiento El Pozo, Cendoc Mujer y el Círculo de Feministas Cristianas Talitha Cumi. Resulta peculiar esta faceta del feminismo peruano, mucho menos presente en otros países: la experiencia de feministas identificadas con el catolicismo, la vinculación de mujeres religiosas con el trabajo a favor de prerrogativas —como Rosa Dominga Trapasso, quien nació en Estados Unidos, llegó a Perú en 1954 y pertenecía a la Congregación Hermanas de Mariknoll— y el papel desempañado por la Pontificia Universidad Católica del Perú, de la que egresaron feministas notables como Virginia Vargas y Patricia Ruiz Bravo.

En 1979 vio la luz el Centro de la Mujer Peruana Flora Tristán, que no debe confundirse con el ya citado núcleo del mismo nombre que actuó a principios de los años setenta. En ese año finalmente se reconoció la completa universalidad del sufragio, ya que se incluyó en la ciudadanía a varones y mujeres que no sabían leer y escribir. Debe tenerse en cuenta el contexto peruano: los graves acontecimientos de la década de 1980, la sangrienta la actuación de Sendero Luminoso —entre sus tan numerosas víctimas hubo al menos dos alcaldesas asesinadas— y la acción represiva igualmente violenta del Estado peruano.

Parte de los nuevos fenómenos surgidos en la acción política fue la separación de muchas militantes de los clásicos partidos de izquierda, alegando que éstos actuaban bajo reglas patriarcales. Hubo un acontecimiento importante: en julio de 1983 tuvo lugar en Lima el II Encuentro Feminista de América Latina y el Caribe que reunió a 600 participantes —bastante más que el anterior realizado en Bogotá—, con una gran cantidad de talleres en los que se pudo discutir un amplio abanico de problemas. A medida que transcurría la década se observaron conflictos entre las organizaciones: por un lado las denominadas "institucionalistas" y por otro las que se titulaban "autónomas"; los subsidios que podían beneficiar a algunas de esas organizaciones —provenientes de muy diversas agencias del exterior— complicaban notablemente las relaciones y originaron divergencias.

Pero más allá de los enfrentamientos, de las crisis y de los temores que padecieron las asociaciones —el Centro de la Mujer Peruana Flora Tristán fue varias veces amenazado por Sendero Luminoso—, no hay dudas de que los feminismos peruanos impulsaron la agenda latinoamericana, y se asistió en poco tiempo a una completa renovación de las demandas. Las dimensiones del cuerpo y la sexualidad, la disidencia con los marcos normativos heterosexistas, la lucha por el aborto que originó numerosas movilizaciones, resultaron un acentuado empeño de muy diversos grupos feministas que han tenido existencia más allá de los límites de la capital, Lima, extendiéndose sobre todo a los centros urbanos del interior. La acción de las feministas pudo llegar también a grupos de mujeres indígenas, aunque no escapan las dificultades para la articulación entre mundos tan diversos. Se extendieron con mucha envergadura asociaciones populares que llevaron a la creación de organizaciones, como la Federación Popular de Mujeres de Villa El Salvador (Fepomuves), y aunque probablemente no expresaban demandas feministas, constituyeron un movimiento articulado relacionado con las necesidades de esas mujeres. Se ha sostenido que en 1983 agrupaban a más de 10 000 de ellas bajo el liderazgo de María Elena Moyano —conocida como "Madre Coraje"— quien llegó a ocupar la alcaldía de Villa El Salvador en 1993 y fue asesinada por Sendero Luminoso. Tenía 33 años.

Más allá de las vicisitudes sufridas por los feminismos peruanos, llegaron a ocupar un lugar destacado en la vida académica, pues ha habido cierta repercusión de sus acciones en los otros países de la región. Antes de comenzar el siglo XXI, las universidades peruanas ya habían incorporado programas y ciclos formativos acerca de las mujeres, de las relaciones de género, del feminismo y de las sexualidades disidentes. Como se señalaba en la conmemoración de los 25 años del Centro de la Mujer Peruana Flora Tristán, en una publicación en la que participaron diversas autoras: "Gracias al feminismo, en el Perú se ha visibilizado la situación de desigualdad de las mujeres, se han logrado cambios normativos e institucionales en su favor, se ha avanzado en el reconocimiento de los derechos sexuales y derechos reproductivos y se ejerce una vigilancia permanente de la vigencia y cumplimiento de los derechos humanos de las mujeres. Este rol vigilante se extiende a la institucionalidad democrática, marco en el que es posible una agenda de las mujeres".

BOLIVIA

En Bolivia tampoco faltaron mujeres de especial entereza en la resistencia a los poderes opresores. Son numerosos los nombres pero baste recordar a las valerosas Gregoria Apaza y Bartolina Sisa, esta última esposa de Tupac Katari, ambas cruelmente despedazadas a raíz de las rebeliones contra el yugo de los colonizadores, y a las fogosas revolucionarias Mariana Zudáñez y Juana Azurduy de Padilla; Juana es reconocida también como argentina debido a la integración territorial subsistente en el inicio de la vida independiente. Un lugar memorable cabe a Vicenta Juaristi Eguino, figura singular que incluso se divorció a causa de la incompatibilidad de ideas con su marido, el realista Mariano Ayoroa, y dispuso que su casa fuera centro de operaciones de los patriotas. En la fratricida Guerra del Pacífico, que requirió enormes sacrificios de las tres sociedades, chilena, peruana y boliviana, se destaca Ignacia Zeballos quien se enroló para servir como enfermera, y le fue concedido grado militar.

Se reconocen posiciones profeministas a una de las más destacadas escritoras del país, Adela Zamudio Rivera (1854-1928), nacida en Cochabamba, y con apenas algunos años de educación básica en una escuela católica se formó de manera autodidacta y pudo hacer un trayecto importante en el magisterio ya que dirigió la Escuela Fiscal de Señoritas hacia 1905, y más tarde, en 1916 fue fundadora del Liceo de Señoritas. De filiación liberal, se manifestó con osadía contra el clericalismo y las convenciones, circunstancias que se reflejan en su creación literaria. Uno de sus poemas, "Nacer hombre", en el que se ha señalado cierta semejanza con sor Juana

Inés de la Cruz, es incisivo respecto de la ominosa diferencia jerarquizada entre los sexos. No se casó y le gustaba ostentar el seudónimo de "Soledad" para rubricar su creación literaria. Tuvo enfrentamientos con la Iglesia a causa de su decidida defensa de la laicidad en el sistema educativo, y debe enfatizarse que proponía mejorar la condición de las mujeres mediante una educación racional de la que estuvieran ausentes las configuraciones religiosas. Aunque no fundó un movimiento feminista, Adela mantuvo inalterable apego a su apuesta por la independencia de las mujeres, y en años recientes el gobierno boliviano escogió el día de su nacimiento, 11 de octubre, para conmemorar el "Día de la Mujer".

En los años veinte hubo un despertar de los sentimientos feministas pues surgían en las principales ciudades centros culturales impulsados por grupos de mujeres con cierta instrucción y que realizaban debates acerca de su condición y de los derechos que se les debían. De acuerdo con una importante investigación, desarrollaba sus actividades el Centro Artístico e Intelectual de Oruro animado por Laura de la Rosa, Bethsabé Salmón de Beltrán y Nelly López. Este centro publicaba la revista *Feminiflor* en 1921 y probablemente se trató de la primera publicación feminista de Bolivia aunque circularon otros impresos tales como *Iris* en Cochabamba, *Ideal Femenino* y *Venas del Plata* en Potosí durante la primera mitad de esa década. Otros núcleos eran el Círculo de Bellas Artes de Cochabamba, el Centro Juvenil de Señoritas del Beni, el Centro Ideal Femenino de La Paz, que en 1923 publicaba la revista *Aspiración*, y el Ateneo Femenino de La Paz que había fundado María Luisa Sánchez Bustamante y que publicaba las revistas *Eco Femenino* (1923) e *Índice* (1929). En esa época surgieron también otros agrupamientos en Oruro, Sucre y Cochabamba, pero el Ateneo Femenino de la Paz, "sirvió de referencia para la defensa de los derechos de las mujeres" de los años 1920 a 1940. Se ha sostenido que fue el primer centro que organizó una campaña constante para que las mujeres adquirieran los derechos civiles y políticos. En 1924 se celebró en Lima la II Conferencia Panamericana de Mujeres, en la que estuvo especialmente representado el Ateneo, y en 1925 también esta entidad se hizo presente en el ya varias veces citado congreso de la Liga Internacional de Mujeres Ibéricas e Hispanoamericanas de México. Gracias a sus impulsos, se celebró una Primera Convención de feministas bolivianas que solicitó entre otros derechos el voto, pero sostuvo que debía ser calificado, reservado sólo para las analfabetas, y no parece haber duda de que tal resolución expresaba los sentimientos de clase de María Luisa Sánchez Bustamante —de quien se ha dicho que fue una "feminista sui géneris"— y el de sus seguidoras como Ana Rosa Tornero y Eduviges de Hertzog. En 1929 hubo una Primera Convención de Mujeres que se frustró en su tentativa de integrar a todos los grupos femeninos —se había invitado a las organizaciones de trabajadoras, y los disensos fueron muy grandes de modo que éstas se apartaron—. Las mujeres de la Federación Obrera Femenina (FOF) y de varios gremios se orientaban por ideales socialistas y anarquistas y era muy difícil la comunicación con las mujeres del Ateneo.

El inicio de la década 1930 fue de particular conmoción para Bolivia con la denominada Guerra del Chaco con Paraguay (1932-1935) por la disputa de una amplia región en la frontera de ambos países denominada "gran Chaco". Esos años fueron de grandes convulsiones por golpes de Estado —uno de los presidentes, el militar Germán Bosch, se suicidó en el ejercicio de la primera magistratura—. Como consecuencia de la derrota en la guerra la conflictividad había ido en aumento y los sentimientos ultranacionalistas estimulaban fuertes resentimientos por parte de los sectores militares. Las mujeres habían tenido una participación decisiva en el apoyo de los esfuerzos de la guerra, incluso se organizaron "Brigadas femeninas", a iniciativa de Ana Rosa Tornero, con el objetivo de llevar alimentos y asistencia a los soldados en el frente de combate. En ese duro tránsito se puso en evidencia la inexorable gravitación social de las mujeres, por lo que no puede sorprender cierta alza en los reclamos por el reconocimiento de derechos y el surgimiento de una serie de movimientos que agitaron la escena. En 1933 surgió el Comité de Acción Feminista, al parecer de breve existencia pero de incisiva manifestación en diversos medios, en el que participaron Zoila Viganó, Etelvina Villanueva, María Pardo de Vargas, María Gutiérrez de Medinaceli, Herminia Carmona y María C. Lara y entre sus empeños estaba la conquista del voto.

Al finalizar la guerra nacieron organizaciones como la Legión Femenina de Educación Popular América (LFEPA) —a impulsos de Etelvina Villanueva— que abogaba por la "liberación de la mujer", los derechos a la educación y la cultura, así como de su educación sexual, y tomó iniciativas a favor del derecho al sufragio. Por su parte, Zoila Viganó dio vida a la Unión de Mujeres Americanas (UMA), la sección boliviana de la organización internacional con sede en Nueva York, creada por la mexicana Margarita Robles. La UMA se organizó en Cochabamba y en Oruro, y Revollo Quiroga afirma que tanto la Legión como la UMA respondían a la necesidad de llevar adelante una propuesta de paz, de amistad entre las mujeres de diferentes países y de elevación cultural para transformar la sociedad. Se organizó también por entonces el Comité Pro Derechos de la Mujer, y a fines de los treinta apareció la Unión Femenina Universitaria liderada por la odontóloga Elsa Paredes Candia y por Marina Lijerón Baldivia, a la sazón estudiante de Derecho quien estuvo al frente de la publicación *Nosotras* y que luego ejerció la presidencia del Comité.

A principios de la década de 1940 existía una Federación de Sociedades Culturales Femeninas que reunía a algunos agrupamientos bajo la presidencia de Emma Pérez del Castillo de Carbajal. Las entidades allí reunidas eran el Ateneo, la Asociación de Mujeres Universitarias, el Comité Cívico Departamental del Servicio Auxiliar Femenino de la Pre Militar, el Comité Femenino Pro Cultura, que actuaba en conjunto con el Centro Femenino de Cooperación Americana.

Esa década fue muy intensa en conflictividad, en el escenario político aparecieron fuerzas como el Movimiento Nacionalista Revolucionario (MNR) que reunía a posiciones de un amplio arco, desde la extrema derecha hasta figuras que discordaban con esas ideas, pero que en cualquier caso resultaban una expresión de los caldeados sentimientos nacionalistas, eco de las dramáticas circunstancias de la perdida guerra. El MNR interpelaba a las compañías mineras extranjeras y desafiaba al imperialismo norteamericano por lo que entusiasmó a muchos grupos populares. Otras fuerzas ganaron espacio, más a la derecha, la Falange Socialista Boliviana, y más a la izquierda, el Partido de Izquierda Revolucionaria (PIR) y el Partido Obrero Revolucionario (POR). En 1942 hubo una sangrienta represión en las minas de Catavi —en el área de Potosí— en la que tuvo conocido protagonismo María Barzola, viuda de un minero y ella misma trabajadora como *palliri* —seleccionadora de minerales en la superficie—, que murió bajo las balas de los soldados que reprimían el movimiento y se convirtió en una heroína popular. En la serie trágica de esos años llegó a la Presidencia el candidato de una logia militar, Gualberto Villarroel, quien apoyado por el MNR convocó a una asamblea constituyente que en 1946 determinó el voto calificado, sólo para las mujeres alfabetizadas. La hostilidad de los sectores dominantes se acrecentó con diversos actos, especialmente se fraguaron noticias no verídicas mediante acciones sistemáticas en la sombra, de rumores que en buena medida estuvieron a cargo de las mujeres de los sectores opositores —organizadas en la Unión Cívica Femenina— que enardecieron los ánimos y condujeron a la insurrección. Villarroel fue derrocado y linchado por la multitud.

Se instalaron luego gobiernos oligárquicos que constituyeron el denominado "sexenio" (1946-1952) que, como se ha descrito, fue un periodo luctuoso por la represión contra los partidos de izquierda y particularmente contra el MNR, contra los campesinos y los obreros. No puede olvidarse que circunstancias culminantes fueron las masacres en la minas de Catavi y Siglo XX en 1947, y la "guerra civil" de 1949. Dicha guerra se expresó en una serie de levantamientos en diferentes ciudades del país liderados por el MNR, que fueron sofocados de manera cruenta.

Finalmente, se originó la revolución de abril de 1952; tras jornadas de intensas luchas se impusieron los sectores que procuraban cambios sociales y económicos y asumió la Presidencia el líder del MNR Víctor Paz Estenssoro, quien llevó adelante políticas decisivas como la nacionalización de las minas, la reforma agraria y la universalización del voto para varones y mujeres eliminando la calificación educativa. Fueron procesos muy intensos y de alta conflictividad, y el MNR, que atrajo un vasto número de militantes femeninas de particular actuaban en los preparativos revolucionarios, apeló a estrategias antes empleadas por sus adversarios, entre ellas la movilización de un cierto número de mujeres que actuaban como fuerzas de choque. Su intervención contrariaba a las poblaciones obreras y campesinas, creando un clima de animosidad que terminó denostando el propio término con que se reconocían, "Las Barzolas". Habían tomado como referencia la gesta de María Barzola y de ahí su nombre, y aunque resulta controversial la índole de su acción, fue extendiéndose, y "barzola" se transformó más tarde en un epíteto injurioso. Entre las integrantes de "Las Barzolas" se contaron la histórica feminista a cargo del Ateneo, María Luisa Sánchez Bustamante —quien había incursionado por un breve tiempo en una formación de izquierda, el Partido de Izquierda Revolucionaria, y retornado al MNR—, Ela Campero, Matilde Olmos, Carmen Eguez, Luisa Z. de Caballero, Etelvina de Peña Córdova, Emma Gutiérrez de Bedregal, Benita Villanueva de Bedregal, Teófila Cossío, Adriana S. de Cuadros, Graciela de Rodríguez, Marina Pinto de Álvarez Plata, Rosa Uriarte de Sanjinés, Blanca Peña de Sandoval Morón, Isabel Zuazo, Rosa Lema Dolz de Lluch, nombres que merecen ser preservados del olvido. El Ateneo subsistió durante esos años conducido por Zoila Viganó, y aunque no puede asegurarse que la entidad se alineara con el MNR, buena parte de su membresía era simpatizante. Lydia Gueiler, trabajadora bancaria que se formó como contadora, y que desde la década de 1940 se había identificado con el MNR con destacada militancia, llegó a ocupar por un tiempo (1979-1980) la Presidencia de Bolivia.

La convulsión política fue constante en la nación boliviana, con repetidos golpes de Estado, y fue en ese espacio donde Ernesto "Che" Guevara inició un proceso de guerra revolucionaria con base en la teoría del foco guerrillero que se interrumpió trágicamente con su captura y asesinato en 1967. En esas lides participaron mujeres, entre ella Haideé Tamara Bunke Bider (alias Tania) que también murió en los enfrentamientos.

Durante los años sesenta y setenta surgieron nuevos movimientos de mujeres —aunque resulta difícil catalogarlos de feministas— como la Federación Democrática de Mujeres de Bolivia (Fedembol), la Unión de Mujeres de Bolivia (Umbo), la Brigada Femenina Urista del Partido Obrero Revolucionario —un encuadramiento trotskista—, el Frente de Mujeres del MIR y la Organización de Mujeres Aymarás de Kollasuyo (OMAK). En general, hubo núcleos femeninos en las fuerzas de izquierda con contenido de clase más que feminista, y deben recordarse las posiciones reticentes al reconocimiento de las sexualidades disidentes de Domitila Barrios de Chungara, la notable resistente minera, en la Conferencia de México en 1975. También se organizaron grupos de mujeres con el objetivo principal de mejorar la asistencia a sus hogares, como los denominados Clubes de Madres y los Clubes de Mujeres Campesinas, y se ha sostenido que a lo largo de las décadas existieron 4 000 Clubes de Madres que agrupaban a 295 000 mujeres en el área urbana y en la rural. En esa cuenca se originó la ubicada en la zona de El Alto, integrada a La Paz, que tomó el nombre de Comité de Receptoras de Alimentos.

En 1980 surgió la Confederación Nacional de Mujeres Campesinas Indígenas Originarias de Bolivia Bartolina Sisa (CNMCIOB-BS) cuyas integrantes fueron conocidas como "Las Bartolinas", con acento en la demanda de derechos para las comunidades aborígenes, que organizó varios congresos en torno a la decisión, finalmente tomada en el de 1994, de contribuir a crear una fuerza política que pudiera representar los intereses del campesinado. Así ocurrió en 1995 con su incorporación al Movimiento al Socialismo (MAS) —creado en 1987— en cuyo seno surgió el liderazgo de Evo Morales.

Los agrupamientos departamentales pudieron acercarse más a las necesidades de las mujeres, pero hubo diferencias en el énfasis reivindicativo de sus derechos. Aunque en el escenario de la década 1980 gravitaron las organizaciones de mujeres campesinas, como la Confederación Nacional de Mujeres Indígenas de Bolivia (Cnamib), en las áreas urbanas se establecieron nuevos núcleos que en líneas generales se asimilaron a organizaciones no gubernamentales (ONG) y se multiplicaron en la década de 1990. Se constituyó el Foro de Mujeres Políticas y la Coordinadora Política de la Mujer que se plegaron centralmente a las reivindicaciones de los derechos de las mujeres, en particular al reconocimiento de su participación en la vida ciudadana.

En 1990 se desarrolló el Primer Encuentro Feminista en Cochabamba, animado especialmente por la organización Tijeras Feministas, en el que se congregaron poco más de 150 participantes. En 1991 tuvo lugar el II Encuentro Feminista Boliviano, a instancias del Foro de la Mujer, y pudieron reunirse más de 200 mujeres en Santa Cruz, quienes prosiguieron el debate acerca de la necesidad de reconocimiento de las diversidades étnicas, sociales y culturales, y en 1992 el III Encuentro Feminista acogió a más de 400 participantes en La Paz. El ciclo de estas décadas fue especialmente complejo para los feminismos bolivianos, marcados crucialmente por los orígenes étnicos y de clase que fueron claves argumentativas para interferir en la especificidad de las reivindicaciones de las mujeres y en alguna medida disuadir a las agencias que no perseguían ese objetivo. Contaron, además, dos circunstancias: en primer lugar el cobijo teórico acerca de la "complementariedad" de los sexos en las sociedades originarias, apreciación que prevaleció en la perspectiva política y académica de esas décadas finales del XX, y la embestida contra las organizaciones acusadas de cooptación "institucional", en orden a sus características prominentes de ONG captadoras de recursos estatales e internacionales. En las circunstancias singulares de Bolivia subsiste un imaginario que rechaza la idea de la división sexual del trabajo puesto que tiene larga aceptación el presupuesto de las "tareas complementarias". Ese imaginario, bastante extenso y vigoroso, prefiere acentuar que los conflictos provienen de las condiciones de vida, y no del régimen patriarcal. Las representaciones forjadas acerca de la complementariedad subrayan las diferencias de clase y etnia entre los conjuntos sociales, mucho más que de las diferencias de género, y con certeza ha tenido efectos sobre las organizaciones de mujeres. Los núcleos femeninos han tenido así más dificultades para acertar con reivindicaciones que superen los reclamos referidos a las condiciones deficitarias de la vida comunitaria.

En un marco renovado de contestación a ciertas opacidades del feminismo y especialmente a sus contaminantes "institucionales", y como una respuesta a las izquierdas misóginas, en 1992 surgió la organización feminista libertaria Mujeres Creando, impulsada por activistas que deseaban también subrayar la oposición a las convenciones heterosexistas, entre las que se contaban Julieta Paredes y María Galindo. En años recientes se produjo una escisión y Paredes creó otra organización, Feminismo Comunitario, cercana a la crítica poscolonial, y se han producido nuevas formaciones. Más allá de las dificultades vividas para articular en cauces comunes los discursos de las mujeres y de las feministas, durante los años noventa hubo reformas legales sustantivas como la ley contra la violencia doméstica, la sanción del cupo femenino en los cargos de representación popular, la caracterización penal de los delitos contra la libertad sexual, el diseño presupuestario con perspectiva de género. El gobierno de Evo Morales ha significado un giro con relación a un mayor reconocimiento de las mujeres en la esfera pública, y se ha ampliado el número de organizaciones en buena medida apegadas a construir referencias que abarquen el arco multiétnico de las mujeres bolivianas. Cuando se cerraba este libro ocurrió el golpe de Estado que derribó a Evo Morales, y aunque las interpretaciones acerca de los errores cometidos puedan menudear, volvieron las escenas ominosas que se creían sólo circunstancias del pasado con muertes, persecuciones, violenta discriminación racista y exhibición de fundamentalismos religiosos. Entre los acontecimientos de la resistencia se ha asistido a una marcha multitudinaria de mujeres "de pollera", como se identifican a quienes llevan los emblemáticos atuendos de las etnias originarias. No hay duda de los vertederos ultrapatriarcales que han tomado el poder en la doliente Bolivia.

CHILE

Las convenciones patriarcales no fueron más restrictivas en Chile que en otros países latinoamericanos, y lo cierto es que tal vez una de las primeras traducciones al español de la obra de John Stuart Mill, *The Subjection of Women* (1869) fue realizada en este país entre 1872 y 1873, por la joven Martina Barros, que a la sazón tenía 22 años, y publicada en *La Revista de Santiago*, uno de cuyos directores era el liberal Augusto Orrego Luco, novio de Martina, que se casaría con ella y que por entonces estudiaba Medicina. Orrego hizo una introducción crítica del texto con ánimo de "amenizar" las posiciones de Mill, aunque la firma fuera de Martina tal como narra en sus memorias: *Recuerdos de mi vida*, de 1942. Aunque a lo largo de su vida nuestra traductora se manifestó en pro de la elevación de la condición femenina —en 1917 había escrito un artículo a favor del voto femenino, en *Revista Chilena*: "El voto femenino"—, sus posiciones fueron conservadoras y en sus memorias puso en claro que las mujeres debían tener más cultura, pero que no podían rivalizar con los hombres en cuya superioridad creía, sosteniendo que el hogar era su verdadero lugar. Además de la precoz traductora de Mill, debe repararse en que la primera egresada universitaria de la región fue la chilena Eloísa Díaz Insunza, quien obtuvo su diploma de médica en 1886. No deja de ser singular en Chile que una década antes se había producido una incipiente movilización de mujeres cuando en algunas ciudades del norte, La Serena y San Felipe, pidieron que se las reconociera como votantes bajo la influencia de las ideas liberales.

La Guerra del Pacífico fue un acontecimiento aciago que conllevó numerosas adversidades aunque el país finalmente se impuso en esta contienda, y en el tránsito hacia una economía que subrayó su dependencia de la extracción minera, la sociedad chilena fue escenario de un creciente enfrentamiento entre los sectores obreros y las patronales. Los conflictos tuvieron especial relevancia en las regiones del norte en donde la organización de los trabajadores encontró un cauce ancho con líderes radicalizados como Luis Emilio Recabarren, creador del Partido Obrero Socialista en Iquique en 1912, eje de las movilizaciones obreras. Lo singular fue la acogida de los derechos de las mujeres por parte de esta fuerza, el decidido apoyo de Recabarren a las luchas por la emancipación femenina y por la obtención del derecho al voto que a menudo se expresaban en el periódico *El Despertar de los Trabajadores*, y este dato en una publicación radicalizada —que también luchaba por la vía parlamentaria— es muy original en la región. Debe subrayarse la alianza peculiar de esta formación de izquierda con el programa feminista. Surgieron diversos círculos afines, pero deben destacarse los Centros Femeninos Anticlericales —como fue su primera designación de acuerdo con Julia Antivilo Peña— que tuvieron expresión en diversos lugares del país "donde puedan las mujeres que crean necesario y moralizador combatir la funesta lepra del clericalismo soberbio y avasallador", como escribía una de sus animadoras, Teresa Flores.

Debe reconocerse en los primeros años del siglo el activismo de la pedagoga María Espíndola de Muñoz, feminista y librepensadora, quien representó a Chile en el ya citado Primer Congreso Internacional Femenino de Buenos Aires de 1910 y fue entonces una de las oradoras inaugurales. Allí planteó la necesidad de crear una federación femenina latinoamericana, moción que se aprobó como Federación Femenina Pan Americana, pero que todo indica apenas pudo dar algunos pasos. En 1913 visitó Chile una figura notable que se desplazó por casi todos los países de la región, la española Belén de Sárraga (a veces se escribía Zárraga), librepensadora y masona —a menudo identificada como militante anarquista—, quien con ardiente oratoria abogó por los derechos políticos femeninos en conferencias muy concurridas en las principales ciudades. Su presencia en Chile entusiasmó la creación de los Centros Femeninos "Belén de Sárraga" en la región salitrera del norte, y el de Iquique —tal vez uno de los que consiguió mayor desarrollo— fue animado por Teresa Flores, Juana A. de Guzmán, Nieves P. de Alcalde, Luisa de Zavala, María Castro, Pabla R. de Aceituno, Ilia Gaete, Adela de Lafferte, Margarita Zamora, Rosario B. de Barnes y Rebeca Barnes. Era un grupo muy activo y aunque no puede sostenerse que fuera íntegramente feminista, gran parte de su actividad estuvo dirigida a propiciar la igualdad.

En 1915 surgió el Círculo de Lectura bajo la inspiración de una de las figuras que se destacaría en el feminismo chileno, Amanda Labarca, quien no había nacido en un hogar holgado pero sí muy tradicionalista, quien pudo hacer el bachillerato y egresar como profesora de castellano del Instituto Pedagógico de la Universidad de Chile. Amanda había ido a estudiar a la Universidad de Columbia en 1910 y más tarde a la Universidad de la Sorbonne en el área de educación, y esos viajes la pusieron en contacto con feministas. Se había casado con Guillermo Labarca y adoptó el apellido del marido en franca rebelión con los de su familia —Pinto Sepúlveda— que se había opuesto a su matrimonio. El Círculo realizaba lecturas con debates y aunque al principio no tuvo una inspiración nítidamente feminista, muchas de las mujeres ahí reunidas se volcaron a la corriente unos años más tarde. En 1917 las mujeres ligadas al Círculo pertenecientes a los grupos de élite decidieron reunirse en una asociación bastante exclusiva, el Club de Señoras, en el que actuaron Delia Mate de Izquierdo, Elvira Santa Cruz Ossa, Inés Echevarría de Larraín, que tuvo larga vida llegando hasta bien avanzados los años 1930, y entre sus conferencistas estuvo Martina Barros de Orrego. El Club prodigaba una serie de alternativas culturales como enseñanza de idiomas, lecturas, conferencias, conciertos, cinematógrafo, y aunque no disminuyeron las posiciones elitistas, hubo cierta disposición para la conquista de la mayor independencia de las mujeres. El Club mantuvo una publicación, *La Voz Feme-*

nina, bajo la dirección de Teresa Valderrama Larraín, que expresaba la necesidad de la elevación cultural de las mujeres, y sus lectoras fueron las mujeres de los sectores mejor posicionados. En materia de publicaciones destinadas a públicos femeninos no pueden pasarse por alto las páginas pioneras de *La Aljaba*, que vio la luz en Valparaíso entre 1905 y 1907, a cargo de Carmela Jeria, *La Aurora Feminista. Órgano Defensor de los Derechos de las Mujeres,* sostenida por Eulogia Aravena Zamorano en 1904, y *La Palanca* dirigida por Esther Valdez de Díaz.

Del Círculo de Lectura se desprendieron dos nuevas entidades en 1919, el Consejo Nacional de Mujeres y el Centro Femenino de Estudios. El Consejo fue liderado por Celinda Arregui de Rodicio y estuvo acompañada por Eloísa Díaz Insunza —la ya mencionada primera médica—, Beatriz Letelier, Hayra Guerrero de Sommerville, Isaura Dinator de Guzmán, Juana de Aguirre Cerda, Carmela de Laso y Fresia Escobar, entre otras. Se trataba de un conjunto de mujeres de clase media que se desempeñaba en el magisterio, en las letras y en las artes. El Centro Femenino de Estudios, por su parte, no alcanzó tal vez la misma proyección del Consejo pero fue un estímulo a las agencias que se abrieron paso en la década de 1920 con diversos partidos que abogaron por los derechos femeninos. En efecto, en 1921 vio la luz el Partido Femenino Progresista Nacional —debe recordarse que había llegado a la Presidencia del país Arturo Alessandri con un programa que prometía reformas sociales y civiles que alcanzaban a las mujeres—. Este partido fue liderado por Sofía de Ferrari Rojas, quien estuvo al frente de la publicación *Evolución* y que no sólo animaba a la conquista de derechos, sino que se empeñaba en que las mujeres cultivaran las artes, la ciencia y formas más elevadas de educación. Ferrari Rojas y su compañera de militancia Luisa Zanelle López asistieron a la Pan American Conference of Women que, como ya se ha dicho, tuvo lugar en Baltimore en 1922. La segunda formación que apareció en ese inicio de década fue el Partido Cívico Femenino a cuyo frente estuvieron, entre otras, Estela La Rivera de Sanhueza, Elvira de Vergara, Berta

Recabarren y Graciela Lacoste Navarro. Su programa era amplio y exigía igualdad de remuneraciones, que hubiera una sola moral para varones y mujeres, educación sexual, y medidas para auxiliar a las madres pobres. Se expresó por medio del periódico *Acción Femenina* y, como ha señalado Ana María Stuven (en "El asociacionismo femenino: la mujer chilena entre los derechos civiles y los derechos políticos", de 2008), las publicaciones del periodo argumentaban en favor de las prerrogativas de las mujeres pero no cejaban en "conciliar los roles tradicionales de madre y esposa con el ejercicio de la virtud republicana a través del sufragio y la obtención de derechos civiles, desafiando al mundo masculino". Estas fuerzas junto con el Consejo Nacional de Mujeres, presionaron para obtener el sufragio femenino, pero no fue alcanzado.

A la caída de Alessandri, mediante el golpe de Estado que dieron oficiales jóvenes del ejército —propiciando un interregno de singular tensión entre sectores que deseaban transformaciones sociales y quienes se oponían—, además de las dos agrupaciones partidarias feministas mencionadas, surgió una tercera fuerza, el Partido Demócrata Femenino, en 1926, en el que se destacaron Rebeca Varas, Gabriela Barros y Celinda Arregui de Rodicio —a quien ya se vio en la fundación del Consejo Nacional de Mujeres— y se propuso, sobre todo, la conquista del sufragio. Celinda insistió en otra formación feminista cuando perdió vigor su iniciativa partidaria, a la que denominó Bando Feminista y a cuyo cargo estuvo la organización del Congreso Interamericano de Mujeres que se llevó a cabo en Santiago de Chile en 1926.

En octubre de 1927 —y con ánimo de conmemorar el cincuentenario de la autorización dada a las mujeres para realizar estudios universitarios— surgió en Valparaíso la Unión Femenina de Chile cuyas principales figuras fueron Delia Ducoing de Arrate (Isabel Morel), Gabriela Mandujano, Aurora Argomedo, Arsena Bahamonde, Graciela Lacoste Navarro, Josefina Day de Castillo, Celmira Carreón de Quevedo, Mary Cerani de Sánchez, Berta Santiago Hernández, Elena Picand, Elisa Lacoste, Mary Carr Briceño, y esta organización tuvo un singular recorrido. Como puede advertirse, la década de 1920 vio un florecimiento notable de agrupamientos feministas, pues incluso una formación católica de Valparaíso —la Juventud Católica Femenina a cuyo frente estaba la sufragista Teresa Ossandón— hicieron sentir sus demandas. Y aunque convivieron, de modo contradictorio, las posiciones emancipatorias con los arcaicos retos de no abandonar el mandato hogareño, las chilenas fueron un poco más lejos en materia de movilización por la igualdad jurídica y el derecho a sufragar.

Los años treinta fueron muy promisorios para las organizaciones feministas pues pudieron expandirse, y una de las que consiguió mayor aceptación fue la ya mencionada Unión Femenina de Chile (UFCh), que desde Valparaíso pudo constituirse en una referencia nacional realizando un trabajo de servicios legales para las mujeres y disponiendo de una oferta de actividades culturales y cursos destinados a profesionalizar que atrajo a muchas seguidoras. Tenía representantes en lugares tan distantes como Talco, al norte, y Magallanes, al sur, y tendía a ser una organización inclusiva pues alcanzaba a mujeres de las clases medias, así como también de los sectores populares, manifestando a menudo preocupación por la situación de la clase trabajadora, sobre todo de los obreros del salitre y también de la población aborigen mapuche que sufría ancestrales problemas. El órgano de difusión fue *Nosotras* y tuvo contribuciones de muchas plumas destacadas, entre ellas la de la notable escritora Gabriela Mistral y la de la propia Amalia Labarca. Para la Unión Femenina de Chile no cabía la identificación de "sufragistas", puesto que tal denominación correspondía al movimiento inglés —liderado por Emmeline Pankhurst— que aspiraba a una forma radicalizada de abogar por los derechos. Sus partidarias manifestaban con especial énfasis que la base de su acción se hallaba en la causa de la maternidad, como ocurrió con la enorme mayoría de las manifestaciones feministas del periodo. La UFCh sostuvo otra publicación con el mismo nombre de la organización, *Unión Femenina de Chile*, desde enero de 1934, coexistiendo con

Nosotras. En octubre de 1934 se produjo una escisión que determinó la salida de Delia Ducoing de Arrate y algunas de sus compañeras y esto llevó a un cambio en la integración del directorio y a la decisión de tener un nuevo órgano de prensa. Al frente de la organización quedaron Ignacia Campos de Guzmán, Micaela Cáceres de Gamboa —con largo desempeño en la entidad Sociedades Mutualistas que reunía diferentes órganos de asistencia—, Laura Fuenzalida de Sanguinetti y Romelia de Badilla. El conjunto de mujeres que militaron en la Unión Femenina de Chile eran letradas, maestras, profesoras, universitarias —había médicas, dentistas, abogadas, alguna farmacéutica y alguna química—, pero también reunió de modo militante a un buen número de empleadas.

En 1933 surgió un nuevo movimiento, el Comité Pro Derechos de la Mujer, que tuvo otro encuadramiento, en 1934, bajo la Agrupación Nacional de Mujeres por medio de una asamblea celebrada en Valparaíso, y no caben dudas acerca del impulso dado por la Unión Femenina a esta organización. En marzo de ese año se había sancionado el voto de las mujeres en el nivel municipal, era un avance, y los principales puntos del acuerdo para dar paso a la Agrupación Nacional conducían a la necesidad de reunir en una sola aspiración a todas las mujeres de Chile, cualquiera fuera su situación social, ideología o creencia religiosa. Se trataba de un programa integral, uno de los más completos enarbolados por las luchas feministas en la región. Se proponía trabajar activamente por la designación de mujeres competentes, honradas y de reconocido espíritu público en la elección municipal. Un aspecto muy importante era la obtención de derechos políticos. Se exigía también que se cumplieran las leyes sociales y que hubiera protección para la madre obrera, y se solicitaba la justa remuneración del trabajo femenino, muy especialmente la de las obreras. No puede sorprender que el programa de acción contuviera el reconocimiento de la paternidad ilegítima, aspecto ominoso de buena parte de los códigos civiles. El programa reclamaba que hubiera represión al alcoholismo y a los juegos de azar, desbaratadores de la vida familiar y que se mejorara la habitación de la familia obrera. Se solicitaba la modificación no sólo del Código Civil, sino también del Penal, y finalmente se abogaba por mantener una constante campaña de opinión a favor de la paz y del desarme. Como puede observarse, el espíritu de este programa incluía las sensibilidades de buena parte de los feminismos que ya se han abordado en otros países, pero se destacan la preocupación por las mujeres obreras, la obtención de salarios iguales, la conquista de una habitación digna y el objetivo de modificar las leyes civiles y penales, y es en este punto donde se encuentra cierta originalidad del cauce chileno. El Derecho Penal muy pocas veces fue aludido en las reivindicaciones en toda la región, el Estado casi autorizaba el asesinato de las mujeres cuando se trataba de la defensa del honor de cónyuges y padres debido a los atenuantes.

En ese ajetreado año también se manifestaron las mujeres pertenecientes a los sectores conservadores bajo el liderazgo de Alicia Edward de Salas, en la Acción Nacional de Mujeres de Chile, que reunió a un elevado número de simpatizantes. También advino otra entidad conservadora y católica, la Acción Patriótica de Mujeres, y ambas, con el apoyo de las fuerzas políticas de derecha, deseaban llevar candidatas conservadoras a los municipios donde ya era posible votar. Pero las feministas estaban dispuestas a contender con firmeza, de modo que resurgió el Partido Cívico Femenino acentuando las cuestiones sociales, algo visible en la nueva tónica que se imprimió a su periódico *Acción Femenina* en el que abundaban las notas relacionadas con el trabajo de las mujeres y los niños, y se puso en evidencia una identificación con el marxismo. En octubre de 1935, Romelia T. de Badilla, integrante de la UFCh, ganó en las elecciones como regidora en Viña del Mar.

Un acontecimiento singular ocurrió en mayo de 1935 cuando vio la luz una organización que tendría enorme gravitación durante mucho tiempo y en distintas geografías, el Movimiento pro Emancipación de las Mujeres de Chile —el MEMCh— sobre la base de acuerdos con diferentes agencias femeninas, entre las cuales estaba la UFCh. Entre las principales sostenedoras de la empresa estuvieron Elena Caffarena —sin duda la principal protagonista—, Gabriela Mandujano, Marta y Felisa Vergara, Eulogia Román, Domitila Ulloa, Olga Poblete, Flor Heredia, Evangelina Matte, Aída Parada, María Ramírez y Clara Williams de Yunge. Elena había nacido en Iquique en un hogar sin privaciones de clase media, participó en el Centro Femenino "Belén de Sárraga", se graduó como abogada y fue adentrándose en los problemas de las mujeres trabajadoras y las reivindicaciones feministas. Se casó en 1929 con Jorge Jiles Pizarro, abogado y militante del Partido Comunista, y aunque Elena no se afilió a esta fuerza, sus posiciones estuvieron compenetradas con los ideales de emancipación de las clases trabajadoras y de las mujeres.

En 1937, en ocasión del primer congreso del MEMCh, se establecieron cinco puntos fundamentales en su plataforma, a saber: 1] protección de la madre y defensa de la niñez; 2] el mejoramiento del nivel de vida de la mujer que trabaja; 3] la capacidad política y civil plena de la mujer; 4] la elevación cultural de la mujer y educación del niño, y 5] la defensa del régimen democrático y de la paz. El MEMCh fue un movimiento singular en el feminismo latinoamericano porque fue el primero en sostener de modo explícito medidas anticonceptivas que podrían evitar mayores agravios a las familias obreras —sólo el anarquismo se distinguió por su temprana adopción de la anticoncepción— y también está entre los primeros movimientos de explícito apoyo al aborto. Su crecimiento se benefició del contexto que propiciaba reformas con el Frente Popular que había llevado a la presidencia del país a Pedro Aguirre Cerda. El MEMCh se embanderó contra el fascismo y acompañó a la Guerra Civil española, especialmente en la ayuda a los exiliados republicanos, y no cejó en apuntar las miserables condiciones de las mujeres de los estratos populares, mientras ejercía una prédica inflexible por la conquista de los derechos femeninos. Su órgano de prensa fue *La Mujer Nueva* que incluyó su programa de liberación social y de las mujeres. En 1944 surgió la Federación Chilena de

Instituciones Femeninas (FeChIF), de la que formó parte el MEMCh, que subrayó la necesidad de obtener el sufragio y también se mostró preocupada porque las mujeres conservadoras eran las que más votos obtenían en las elecciones municipales. Ese empeño orientó asimismo al Comité Unido pro Voto Femenino surgido también entonces. Todas las agrupaciones feministas reclamaban con más énfasis el derecho a votar a mediados de la década de los cuarenta, y finalmente se conquistó en diciembre de 1948, aunque se trató de un voto censitario que alcanzaba sólo a las alfabetizadas. Apenas en 1970 se obtuvo el voto universal para las mujeres.

Hacia 1950 se registraron algunas crisis, sobre todo en la FeChIF, con el alejamiento de las militantes de izquierda, pero en 1952 María de la Cruz fue elegida primera senadora. Ella había fundado el Partido Femenino Chileno en 1946 con manifiestas convicciones feministas; no era una desconocida en las luchas por los derechos, pero su principal problema radicaba en que acompañaba la postulación del presidente Carlos Ibáñez del Campo, contra la opinión de la mayoría de las feministas de izquierda. Cuando María de la Cruz llegó al Senado arreció una campaña destinada a denostarla porque exhibía claramente ideas y propuestas que la ubicaban cerca del peronismo —movimiento que arraigaba entre los sectores populares de Argentina—. María admiraba el derrame de justicia social que llevaba adelante el general Juan Domingo Perón, y especialmente la acción de Eva Perón en auxilio de las mujeres y de la niñez desvalida. La campaña de desprestigio, a la luz de las interpretaciones de nuestro tiempo, tuvo un elemento central en su condición de mujer, se la acusaba de recibir dinero espurio de las autoridades argentinas y, finalmente, a raíz de una denuncia sobre corrupción —que parece haber sido sobre una circunstancia nimia— fue separada de su cargo. Ello acarreó una conmoción de graves consecuencias pues el hecho fue exhibido como una muestra de la incapacidad femenina para los cargos públicos. Sólo en 1965 fue elegida otra senadora mujer, Julieta Campusano, en representación del Partido Comunista.

Se abrió luego un ciclo de atonía feminista si se tiene en cuenta la pujanza de las etapas anteriores, circunstancia que fue interpretada por otra notable feminista, Julieta Kirkwood, en los años 1980, en *Feminismo y participación política en Chile* (1982), como una fase de "silenciamiento" de la gesta en Chile. En efecto, se advirtió un reflujo de la actividad política sostenida por las organizaciones que en el pasado habían sido decisivas. No obstante, las mujeres ampliaron su participación en los escaños parlamentarios, especialmente cuando se levantó la imposibilidad de que pudieran votar las analfabetas. Las mujeres de los partidos de izquierda pudieron matizar el paisaje de las representantes conservadoras que por lo general eran elegidas en el nivel municipal, pero su adhesión estuvo más marcada por las lealtades partidarias, y las manifestaciones parecieron subsumirse en las reivindicaciones de la transformación social de las izquierdas. Las mujeres que acompañaron al gobierno socialista de Salvador Allende (1970-1973) —elegido presidente con el frente denominado Unidad Popular— fueron partícipes activas en los procesos de distribución de derechos de esa etapa singular, pero casi no hubo reivindicaciones feministas específicas.

En septiembre de 1973 un sangriento golpe de Estado derrocó a Allende y advino la dictadura del general Augusto Pinochet. Se abrió un ciclo aciago de asesinatos, desapariciones, persecuciones y exilio masivo. Contingentes de mujeres de los sectores mejor situados, con expresiones muy conservadoras, habían propiciado el derrocamiento de Allende. Hay que destacar las características de clase, de sentimientos y de sensibilidades, especialmente del grupo que promovió, en 1972, Poder Femenino, una de cuyas lideresas fue Elena Larraín —que había formado parte de la agrupación conservadora Acción Nacional de Mujeres de Chile—.

Sorteando las adversidades se fue irguiendo una corriente de resistencia feminista, y en la década de 1980, como una doble reacción contra la dictadura y las fuerzas patriarcales, surgió el nuevo Movimiento pro Emancipación de las Mujeres de Chile (MEMCh 83) y el documento de convocatoria tuvo las firmas de Elena Caffarena,

Delfina Guzmán, Teresa Carvajal, Laura Soto, Olga Poblete y Pilar Serrano, entre otras, quienes representaban a algo más de una veintena de organizaciones. Estaban allí el Movimiento Feminista, el Movimiento de Mujeres Pobladoras, la organización Mujeres de Chile, el Departamento Femenino de la Coordinadora Nacional Sindical, Mujeres Democráticas, Unión de Mujeres de Chile, Comisión de Derechos de la Mujer de la Comisión Chilena de Derechos Humanos. Otros grupos que surgieron fueron el Frente de Liberación Femenina, Las Domitilas, Las Siemprevivas, el Comité de Defensa de los Derechos del Pueblo. En ese ciclo de resistencias aparecieron órganos específicos en defensa de los derechos humanos y el Movimiento Concertación de las Mujeres por la Democracia que, si por una parte sirvió como instrumento aglutinador, por otro creó resistencias debido a su adhesión al frente de centro-izquierda Concertación. La agitación de las mujeres fue decisiva en el referéndum en el que triunfó el "No" —en octubre de 1988— impidiendo que Pinochet alargara su dictadura por una década más. La consigna fundamental que unió a la mayoría de los movimientos —más allá de su disparidad— fue "Democracia en el país y en la casa".

Había dos fenómenos presentes en esas agencias, por un lado la dificultad de crear identidad al margen de los partidos políticos —las fuerzas partidarias la condicionaban— y por otro las renuencias a la identificación con el feminismo por parte de las militantes políticas. Esto sólo podía traer serias consecuencias, tal como señaló Julieta Kirkwood en el texto citado anteriormente, donde sostenía:

> Como hemos visto en la historia de los inicios del movimiento feminista, y como suele suceder en todos los movimientos o procesos de liberación política y social, el problema de la emancipación femenina, o liberación de su opresión, surge con mucha fuerza; pero *luego* del periodo de elaboración y creación del socialismo democrático, este problema aparece como subordinado, esperando una eterna suerte de "segundo turno".

Los años noventa fueron intensos y se iniciaron con la procura de la unidad en el Primer Encuentro Feminista de Valparaíso (1991) que dio lugar a la organización Iniciativa Feminista, y también se invocó unidad de acción en el Segundo Encuentro Feminista de Concepción (1993), pero las feministas se desencontraban a propósito de la nueva división entre "institucionalistas" y "autónomas". Las disidencias se acentuaron a raíz de los encuentros internacionales, de la crítica feminista que proponía distancia con el Estado —se cuestionaba la intromisión del Servicio Nacional de la Mujer— y de las dificultades para manifestarse en el seno de los partidos de izquierda. Pero las agendas, como en el resto de Latinoamérica, daban un lugar prominente a la denuncia de la violencia y al reconocimiento de la sexualidad lésbica, junto con los reclamos por otros derechos personalísimos. No escapa que el regreso de las exiliadas fue un combustible singular para el renacimiento del feminismo chileno. Pero no hay dudas de que el nuevo siglo trajo más asociaciones de mujeres y se plasmó su repercusión en la vida académica, aunque no habían faltado análisis precursores sobre la participación femenina. Se iniciaron programas relacionados con las mujeres, como el Centro de Estudios de la Mujer (CEM) en la Academia de Humanismo Cristiano, y luego el Centro Interdisciplinario de Estudios de Género (CIEG) en la Facultad de Ciencias Sociales de la Universidad de Chile, y más tarde se creó el Magister en Estudios de Género y Cultura, con dos sedes, en esa Facultad y en la de Humanidades. El territorio chileno ha sido escenario de un variopinto movimiento feminista, con notas pioneras en la región latinoamericana.

PARAGUAY

La historia de este país revela figuras femeninas de especial coraje y resistencia, sobre todo en la encrucijada de la segunda mitad del siglo XIX a raíz de la denominada Guerra de la Triple Alianza, o Gran Guerra, uno de los más infaustos acontecimientos acaecidos en la región. Debe recordarse que fue durante el desempeño del mariscal Francisco Solano López cuando el Imperio de Brasil, Argentina y Uruguay entraron en abierto conflicto por distintos intereses de frontera, económicos, ideológicos y políticos. Se ha sostenido que factores clave fueron el recelo de las políticas mercantilistas y expansivas de Paraguay, cuyo gobierno se orientaba hacia el fortalecimiento de un mercado nativo, y la interposición de los intereses británicos. La guerra se desató en 1864 y terminó en 1870 con una grave derrota para Paraguay con repercusiones trágicas y perdurables. En efecto, además de la destrucción material del territorio, de las carencias que se padecieron, esta nación fue demográficamente devastada. Las cifras de muertos en la guerra son altísimas, no sólo como resultado de la conflagración directa sino por las enfermedades que se originaron, como el cólera y la fiebre amarilla. Se estima que cerca de un millón de habitantes murieron (tal vez el 50% de la población paraguaya) y hay cálculos de que falleció alrededor del 80% de la población masculina, contándose entre las víctimas una elevada cantidad de niños varones que habían sido movilizados.

Desde luego, también hubo consecuencias nefastas en los países vencedores, pero no se comparan con lo ocurrido en Paraguay. Durante décadas el país tuvo una dominante demografía femenina, pero lentamente pudieron recuperarse volúmenes de población haciendo más equitativo el balance de los sexos. La sociedad paraguaya puso en práctica amplias formas de concubinato, de poligamia y de poliandria, las cuales se han denominado de "amor libre" —en las que no cabe imaginar un pasaje "matriarcal" pues las formas culturales, justamente por el déficit de varones, acentuaron sus prerrogativas—. También se sabe, que en el régimen de relaciones entre los sexos, los "desvíos morales" de las mujeres no tuvieron el rigor sancionatorio del resto de las naciones latinoamericanas. Pero dadas las dificultades económicas y sociales, no puede sorprender que el feminismo tuviera un ingreso algo tardío en Paraguay por medio de algunas mujeres que pudieron ilustrarse, tal como ha sido moneda corriente en toda la región. Una de las voces femeninas disonantes —aunque difícilmente pueda identificarse como feminista— fue Ramona Ferreira, quien ejerció el periodismo y sostuvo la hoja *La Voz del Siglo* en 1902. Era una librepensadora e iconoclasta que fue muy hostilizada por parte de los grupos conservadores que finalmente acallaron el periódico y obligaron a Ramona a exiliarse en Buenos Aires. No faltaron alegatos a favor de los derechos de las mujeres en aquellas hojas precursoras, y una de las primeras enroladas en el feminismo fue Serafina Dávalos, quien obtuvo el título de maestra en la Escuela Normal de Asunción, en 1898, y pudo cursar —seguramente de manera libre— el bachillerato en el Colegio Nacional e inscribirse en la Facultad de Derecho y Ciencias Sociales de la Universidad de Asunción de la que egresó con el título de abogada en 1907, siendo la primera universitaria paraguaya. En 1905 estuvo entre las fundadoras de la Escuela Mercantil para Niñas, y como fue frecuente en aquella primera fase del siglo, Serafina apostaba a la educación de las mujeres para obtener otros derechos y todo indica que se adhirió al librepensamiento y se inscribió en la masonería. En 1910 participó en el Primer Congreso Femenino realizado en Buenos Aires que, como se verá, fue un hito en la historia del feminismo argentino, recayendo en ella el discurso de cierre, sin duda un reconocimiento de las organizadoras.

En abril de 1920, animadas por el hecho de que un gran amigo de la causa feminista, el diputado Telémaco Silvera, presentara el proyecto de igualdad jurídica y sufragio, Serafina junto con Virginia Corvalán, Ermelinda Ortiz, Emiliana Escalada, María Felicidad González y Élida Ugarriza, entre otra veintena de mujeres, crearon el Centro Feminista Paraguayo, uno de cuyos propósitos era coadyuvar a la realización del Congreso de la Alianza para el Sufragio Femenino que debía reunirse en Madrid. Virginia Corvalán fue una destacada militante que también se formó en Derecho en 1923, y a ella se debe la tesis "Feminismo, la causa de la mujer en el Paraguay", en la que analizaba la situación de las mujeres y aunque consideraba ciertas características que podían reconocerse como valores de los varones, señalaba con agudeza que las mujeres eran igualmente inteligentes y que debían ser reconocidas. Emiliana Escalada, quien se graduó como farmacéutica, manifestó preocupación por las mujeres de los grupos populares; en la década de 1930 se afilió al Partido Comunista y en 1947 actuó en la resistencia femenina. María Felicidad González, quien había egresado de la prestigiosa Escuela Normal de Paraná —Argentina—, se distinguió en el magisterio y fue representante ante el Congreso de Baltimore de 1922. Élida Ugarriza obtuvo el título de abogada, fue una de las más destacadas gremialistas en el magisterio paraguayo —lideró la huelga de docentes de 1925— y llegó más tarde a ocupar la jefatura de la Dirección General de Escuelas sin abdicar de sus orientaciones socialistas.

Durante los años veinte las feministas paraguayas abogaron por las reformas civiles en un contexto que resultaba muy renuente a limitar el poder masculino toda vez que el imaginario dominante alegaba que apenas se había superado el déficit de varones. Paraguay vivía entonces ciclos de graves tensiones políticas, los gobernantes no llegaban a cumplir sus mandatos —con excepción de Eduardo Shaerer que se mantuvo en la primera magistratura entre 1912 y 1916—, y los conflictos enfrentaban fuertemente al Partido Liberal y al Partido Colorado —surgido éste a raíz de la Guerra de la Triple Alianza, tendría un papel decisivo en la segunda mitad del siglo—. Al finalizar la década de 1920, nuevamente se estructuró una organización, la Asociación Feminista donde vuelve a encontrarse a Virginia Corvalán y a María Felicidad González, y se registran nuevas participantes, entre éstas Isabel Llamosas, abogada y docente de cursos para detenidos —una circunstancia bastante excepcional—, pero lo singular de esta agencia destinada a promover los derechos de las mujeres resultó la integración de varones entre quienes se encontraba Telémaco Silvera.

En la década 1930, el país fue sacudido por otra guerra, la del Chaco, que lo enfrentó a Bolivia entre 1932 y 1935. Fue la primera guerra entre países latinoamericanos en el siglo XX y resultaron muertos alrededor de 100 000 combatientes, la mayor parte bolivianos. Paraguay se vio sumido otra vez en severas precariedades aunque fuera vencedor; la contienda dejó secuelas muy graves y es evidente que en su transcurso resultó imposible la organización de las feministas. Las mujeres tuvieron gran actuación en el frente de batalla cumpliendo tareas de enfermería y de logística, pero además asumieron la figura de "madrinas" de los combatientes, esto es, escogían a un soldado para alentar y auxiliar, una iniciativa de la Asociación Femenina "Madrinas de guerra para los defensores del Chaco" surgida en 1932. Tuvieron que mantener hogares y ocupar el lugar de los varones, pero las reivindicaciones se apegaron a la maternidad valerosa, en buena medida inspirada en la construcción mitológica de la "gran madre guaraní". En la década siguiente, las derechas fueron morigeradas por una coalición entre el Partido Colorado y el Partido Revolucionario Febrerista. Este último tenía identificación socialista, surgido en 1936 después de la guerra cuando ocurrió una revuelta —en febrero de ese año, de ahí su nombre— que catapultó al poder a Rafael Franco, y tenía como seguidores a intelectuales, estudiantes, obreros y campesinos, indígenas, aunque estos sectores también fueron alcanzados por el predicamento del Partido Comunista Paraguayo, surgido en 1928.

A instancias de las nuevas fuerzas, en 1936 surgió la Unión Femenina del Paraguay que reunió a numerosas mujeres motivadas no sólo por la conquista de los derechos propios sino por la necesidad de preservar la paz, ya que se estaba frente a las consecuencias aciagas de la guerra del Chaco. Al frente de la Unión estaba María Freixe de Casati, argentina de nacimiento, quien se especializó en la enseñanza del corte y confección creando un sistema propio conocido como "sistema Casati". Otras integrantes fueron Lorenza de Gaona, Rosa Schiepper, Inés Encisco Velloso, y también participaron las conocidas Serafina Dávalos, Virginia Corvalán y Élida Ugarriza. A esta agencia se debe la publicación de la primera revista feminista paraguaya, *Por la Mujer*. Otra publicación del momento fue la revista *Aspiración* a cargo de Lelia Bogado, al parecer de corta existencia.

A partir de 1940 Paraguay vivió el gobierno autoritario de Higinio Morínigo, de manifiesta simpatía por el Eje pero debió hacer un giro a partir de la evidencia de que los Aliados ganarían la guerra, y moderó entonces las medidas persecutorias contra sus adversarios, estableciendo un acuerdo entre "colorados" y "febreristas", pero este pacto se rompió con severas consecuencias. En ese mismo año surgió el Consejo de Mujeres del Paraguay, que tuvo por objetivo central reunir a las diferentes expresiones preocupadas por la condición femenina aunque no parece haber sido un organismo emblemático. En 1946 —en el interregno de la "primavera democrática" que consintió Morínigo y que pareció garantizar un ciclo más oxigenado de libertades— vio la luz la Unión Democrática de Mujeres, congregando a mujeres de diversa extracción ideológica pero ligadas centralmente por la necesidad de que se mantuvieran las libertades y el Estado de derecho. La presidencia recayó en Beatriz Mernes de Prieto, quien había recibido parte de su educación en Inglaterra y se destacó en el magisterio. La secundaron, entre otras, Teresa Cazenave de Sánchez Quell, Lilia Freis de Guerra y Esther Ballestrino. Esta última tuvo una historia trágica: residente en Argentina, durante la última dictadura militar fue secuestrada y asesinada en 1977 cuando formaba parte del grupo de las Madres de Plaza de Mayo que buscaban a sus hijos desaparecidos.

En enero de 1947 se produjo la insurrección encabezada por Rafael Franco en la que participaron diversos grupos de opositores, en particular febreristas, liberales y comunistas, desatándose entonces una guerra civil que duró sólo algunos meses pero que fue muy sangrienta pues el propio ejército paraguayo se dividió, y las fuerzas insurrectas contra Morínigo se atrincheraron en la ciudad de Concepción. Muchas mujeres tuvieron participación en ese levantamiento destacándose las de izquierda, como Emiliana Escalada, Clotilde Pinho Insfran y Filomena Marimón. El resultado final fue la derrota de los insurrectos, con muchos detenidos y un enorme número de exiliados varones y mujeres —entre éstas Esther Ballestrino—; se calcula que cerca de 30 000 huyeron de Paraguay, la mayoría hacia Argentina y Uruguay, y debió extinguirse la Unión Democrática de Mujeres.

En mayo de 1954 el general Alfredo Stroessner dio un golpe de Estado y se mantuvo en el poder casi 35 años. Stroessner empleó fórmulas despóticas a las que no les faltaron aspectos modernos, constituyendo una "modernidad conservadora", caracterizada por la transformación de las estructuras del Estado y también por la tenaz persecución a las fuerzas opositoras, especialmente a las de izquierda, constatándose la activa participación en el Plan Cóndor que torturó e hizo desaparecer a miles de militantes de la región sudamericana con la anuencia de Estados Unidos.

Unos años antes, en 1951, había surgido la Liga Paraguaya Pro Derechos de la Mujer en la que participaban mujeres conservadoras pero que abogaban por la conquista de derechos. La Liga había sido creada en un ámbito gubernamental y tuvo como presidenta a Isabel Arrúa Vallejo, quien se había desempeñado en la diplomacia y dirigió el periódico de la organización, *El Feminista*, lo que parece paradójico pues destacaba el curso de acción a favor de las mujeres, "el feminismo". Si el periódico expresaba adhesión a los derechos femeninos, a menudo contenía diatribas contra el comunismo al que consideraba amenazante. Hubo numerosas participantes de la Liga entre las que se contaron Elena Díaz de Vivar de León, Elsa

Wiezell de Espínola, Concepción Rojas Benítez, Dora Vargas de Coscia, Mercedes Sandoval de Hempel, Amelia Aguirre de González, Sara S. de Thompson Molinas, Lidia Kallsen de Torres, María Elena Olmedo, y actuaron como consejeras las conocidas Serafina Dávalos y Virginia Corvalán. La mayoría pertenecía a la clase media más elevada, muchas eran universitarias y tenían simpatías por el Partido Colorado y sobre todo eran anticomunistas. La Liga fue muy complaciente con el régimen de Stroessner —la esposa del mandatario, Ligia Mora de Stroessner, fue nombrada presidenta honoraria de la entidad—.

Pero no faltaron tensiones, ya que a raíz de una movilización por el voto a inicios de 1961 fueron detenidas por algunas horas dos de sus integrantes, Greta Gustafson y la abogada Mercedes Sandoval de Hempel. Aunque el tono general de su actuación fue moderado, no hay duda de que la Liga resultó importante en la conquista del voto, circunstancia muy demorada pues sólo se obtuvo en julio de 1961 —Paraguay fue el último país latinoamericano en acordar ese derecho— permitiendo que algunas mujeres llegaran a los escaños parlamentarios en esos años, todas por la Asociación Nacional Republicana (ANR), —nombre legal del Partido Colorado—. No faltaron contactos con las organizaciones internacionales, especialmente con el Consejo Interamericano de Mujeres (CIM) y debe recordarse que la paraguaya Concepción Leyes de Chaves —educadora y escritora— presidió el organismo entre 1953 y 1957. La Liga se sitúa en la malla de la Guerra Fría y no puede descontextualizarse su actuación de las circunstancias de época, ya que Paraguay tuvo un papel central en el acompañamiento de las políticas estadounidenses, en los programas estratégicos destinados al control regional y fue aliado incontestable de las políticas de seguridad desplegadas en América Latina.

Luego de obtenido el sufragio la agencia pasó a denominarse Liga Paraguaya de los Derechos de la Mujer y acentuó sus tintes conservadores. Debe pensarse que era sumamente difícil sostener organizaciones independientes, y mucho menos radicalizadas, durante el largo ciclo de Stroessner, pero dentro de los aspectos "modernizantes" del régimen cupieron iniciativas relacionadas con la condición de las mujeres, sobre todo de las habitantes rurales, con programas tendientes a beneficiarlas que contaron con recursos internacionales. Desde la década de 1960 se habían originado movimientos de resistencia, hubo focos guerrilleros duramente reprimidos, y no pocos de sus integrantes fueron mujeres. La persecución a las organizaciones de izquierda perduró durante los años setenta —en especial el Partido Comunista, cuyos principales líderes fueron asesinados—. Hubo muchas detenidas, sometidas a graves tormentos, como los casos de Dora Molas de Maidana, Gladys Saneman, María Margarita Báez, Carmen Casco de Lara Castro, Diana Bañuelos y Celsa Ramírez, para citar apenas algunas.

Stroessner fue derrocado en febrero de 1989, pero unos años antes del acontecimiento surgía la Unión de Mujeres del Paraguay (UMP) en la que se destacó la acción de Ligia Prieto, Perla Yore y Gloria Estragó. Era un organismo comprometido con los derechos de las mujeres, especialmente de las trabajadoras y campesinas, y debido a su asociación con las fuerzas de izquierda, en particular el Partido Comunista, luchó por la amnistía y la democratización del país. En 1985 vio la luz, como una escisión de la UMP, el Frente Amplio de Mujeres, que fue la primera organización que dedicó un amplio espectro de sus actividades a las mujeres rurales y también la primera que desafió al régimen dictatorial con la celebración del Día de la Mujer paraguaya, el 24 de febrero de 1987, desde una perspectiva opositora. Se creó un año más tarde la Coordinación de Mujeres del Paraguay (CMP) con la integración de al menos 14 organizaciones de militantes de todo el país, con representantes como Clara Rosa Gagliardone, Line Bareiro, Mercedes Silvero, Mercedes Sandoval de Hempel —la consagrada pionera paraguaya—, Graziella Corvalán, María Victoria Heikel, Mirtha Rivarola y Gloria Rubin. También se erguía con renovado ímpetu feminista el Grupo de Estudios de la Mujer Paraguaya (Gempu) dentro del Centro Paraguayo de Estudios Sociológicos (CPES), impulsado por Graziella Corvalán, Laura Zayas, Mirtha Rivarola, María Lis Roman, María Eugenia Arce, que publicó la revista *Enfoques de Mujer*. Para algunas, fueron decisivas las experiencias de las conferencias de El Cairo y de Nairobi en 1985 —esta última especialmente—, y el V Encuentro Feminista de América Latina y el Caribe que tuvo lugar en San Bernardo, Argentina, en 1990.

En 1988 se creó la Multisectorial de Mujeres Políticas que integraron, entre otras, Perla Yore, Antonia Guillén y Ramona González, Adalita Schaerer, Martha Ashwell, Silvana Boccia, Catita Decoud, Georgina Zacarías y E. Goibu, Adalina Galeano, María Teresa Escobar, Angélica Roa y Carmen Colazo, en representación de diversas fuerzas partidarias. La Multisectorial derivó en la Red de Mujeres Políticas del Paraguay que permitió la adhesión libre de quienes militaban en diversos partidos, sosteniendo programas de equidad de género y sorteando así las adversidades de las formaciones partidarias. La agenda de los feminismos se abrieron a las nuevas demandas, las militantes lesbianas crearon grupos como Aireana y Alter Vida —por citar tan sólo los pioneros— y crecieron las manifestaciones para conquistar derechos en la arena política, en el orden civil, en la dimensión de la sexualidad y la legalización del aborto. En suma, en las décadas 1980 y 1990 se asistió a una renovación de las demandas feministas en Paraguay, a una articulación de las aspiraciones de las mujeres de diversos grupos urbanos y rurales, a manifestaciones osadas que animaron también a reclamar reconocimiento y derechos a nuevos grupos de sexualidades y géneros disidentes.

BRASIL

El despertar del feminismo en Brasil —que a diferencia de las otras naciones latinoamericanas fue colonizada por Portugal— suele vincularse a una figura precursora, Nísia Floresta Brasileira Augusta. Su nombre verdadero fue Dionísia Gonçalves Pinto y en 1831 publicó artículos defendiendo la condición femenina y abogando por los derechos de las mujeres en un periódico de Recife, en el estado de Pernambuco. Fundó escuelas para niñas y en 1849 debió trasladarse a París, donde fue una de las seguidoras de Auguste Comte, el célebre creador del "positivismo" —y nombre fundamental en la patrística de la Sociología como disciplina—; se ha afirmado que él fue uno de quienes ensalzaron su texto *Opúsculo humanitario*, de 1853, en el que trataba aspectos de la emancipación femenina. Lo cierto es que Nísia fue una de las cuatro mujeres que acompañó el féretro de Comte en su entierro en 1857. Se le debe una traducción al portugués, aunque muy intervenida por su propia pluma, del célebre texto de Mary Wollstonecraft, *Vindications of the Rights of Woman,* como ha narrado Maria Simonetti Gadêlha Grilo, en *Buscando a luz sobre Nísia Floresta Brasileira Augusta.*

Otro antecedente profeminista se encuentra en Francisca Senhorinha da Motta Diniz, quien sostenía *O Sexo Femenino* a mediados de la década 1870 en Rio Grande do Sul —luego transferida a Rio de Janeiro—, publicación que reivindicaba los derechos de las mujeres. No faltaron periódicos "femeniles", pero uno de los más destacados por las notas iconoclastas fue *A Família,* a cargo de Josefina Álvares de Azevedo que se editó primero en São Paulo y más tarde en Rio de Janeiro entre 1880 y 1890, y lejos de lo que supone su nombre —una defensa por mantener a toda costa la "célula básica" de la sociedad—, reivindicó el divorcio y los derechos civiles de las mujeres.

De manera muy vertiginosa, Brasil pasó de ser un régimen imperial —más moderno e incluso más democrático que algunas formas republicanas de América Latina a fines del XIX—, a su conversión en república en 1889. La abolición definitiva de la esclavitud había sido decidida apenas un año antes, y debe recordarse que junto con Cuba fueron los últimos países en adoptar esa medida. La lucha por el abolicionismo había atraído a muchas mujeres, en particular del Nordeste, y una reacción colectiva en torno de los derechos propios se originó a inicios del nuevo siglo. Una publicación que no puede dejar de evocarse, editada en São Paulo por Prisciliana Duarte de Almeida, fue la revista *A Mensageira* que perduró entre 1897 y 1900, y aunque no tenía identificación feminista, solía contener materias que exaltaban los derechos de las mujeres. Entre las primeras militantes de la causa se encuentra la profesora bahiana Leolinda de Figueiredo Daltro, quien también fue una destacada indigenista —abogó arduamente por la educación de las poblaciones indígenas— y en 1910 fundó el Partido Republicano Femenino (PRF) en Rio de Janeiro con la poeta Gilka Machado, organización que sostuvo sobre todo los derechos cívicos. Con simpatías en los círculos positivistas, Leolinda se animó a solicitar la ciudadanía pero fue rechazada. El PRF fue protagonista de diversas acciones a favor del reconocimiento de las mujeres, y en 1919 Leolinda se presentó como candidata a gobernar el municipio de Rio de Janeiro. En esa coyuntura emergió una joven que había estudiado Ciencias Naturales en París, Bertha Maria Julia Lutz, y que había entrado en contacto con feministas europeas. En 1919 fue contratada en el Museo Nacional de Rio de Janeiro; era la primera vez que se empleaba a una profesional mujer en ese ámbito y su nombramiento tuvo gran repercusión. Bertha era muy inteligente, se especializó en Zoología, y todo indica que pudo disponer de más autonomía. En ese mismo año organizó la Liga pela Emancipação

Intelectual da Mulher, en la que participó una figura singular de la corriente libertaria, Maria Lacerda de Moura, que aunque no puede ser identificada rigurosamente como "feminista", se destacó por su acción emancipadora de todas las fórmulas de subordinación. En 1922, Bertha dio impulsos a la Federação Brasileira pelo Progresso Feminino (FBPF), que reemplazó a la Liga, y el nuevo organismo reuniría a representantes de varios grupos femeninos. Ese mismo año concurrió a la Conferencia Panamericana de las Mujeres de Baltimore y esto significó un vínculo perdurable ya que la más importante agencia por los derechos en Brasil se sumó a la propuesta de la Unión Panamericana de Mujeres, y Bertha ocupó la vicepresidencia del organismo.

En diciembre de ese año, a instancias de la Federación, tuvo lugar el Primeiro Congresso Internacional Feminista en Rio de Janeiro y, de acuerdo con el archivo fotográfico, participaron la representante de la International Alliance of Women —y notable promotora de los derechos femeninos en toda la región—, Carrie Chapman Catt, y feministas locales como la propia Berha Lutz, Margarida Lopes de Almeida, Júlia Valentim da Silveira Lopes de Almeida y Rosette Manus —conocida militante alemana, para citar algunas de las asistentes—. En 1925, Bertha Lutz representó a las feministas brasileñas en la Conferencia Interamericana de Mujeres de Washington.

Durante la década de los veinte Brasil vivió intensas transformaciones sociales y culturales, fueron años en que aumentó la conflictividad obrera, tuvieron lugar los alzamientos de la joven oficialidad del ejército y recorrió diversas regiones la célebre Columna bajo el liderazgo del capitán Luiz Carlos Prestes; asimismo, se expresaron las estéticas "modernistas" —un cauce fecundo de la renovación en las letras y las artes—. En 1928 hubo en São Paulo un acontecimiento inusitado cuando Bertha y dos militantes de la FBPF —Carmen Velasco Portinho y Maria Amália Faria— desde un aeroplano arrojaron sobre la ciudad panfletos reivindicando el derecho al voto de las mujeres.

En 1930 Brasil fue sacudido por el golpe de Estado que llevaron adelante un conjunto de fuerzas bajo el liderazgo de Getúlio Vargas, que conduciría al país por un ciclo contradictorio, con notas nacionalistas a favor del control de los recursos naturales y ampliación del mercado interno, y también con signos autoritarios que se acentuarían decididamente con el Estado Novo a partir de 1937. Resulta todavía poco explicable por qué Vargas, dada su índole patriarcal —se trató de una personalidad muy compleja—, tomó la decisión de otorgar el sufragio femenino mediante un decreto de febrero de 1932, derecho extendido sólo a las mujeres alfabetizadas —como era la regla también para los varones— y que tuvieran ingresos, lo que quedó ratificado en la Constitución de 1934. Bertha Lutz presidió la comisión especial que sesionó en el Congreso para asesorar acerca de las transformaciones del estatuto femenino, y en 1936, por un breve lapso, formó parte de la Cámara de Diputados. Pero la primera diputada federal elegida por el estado de São Paulo en 1933 fue la médica feminista Carlota Pereira de Queirós.

Desde 1922 actuaba el Partido Comunista Brasileño, alcanzando cierta expansión en los medios obreros de las grandes ciudades y en círculos intelectuales y artísticos. A raíz de un fallido intento de sublevación en 1935 de algunos comandos militares, hubo una severa represión que terminó con la cárcel para buena parte de los participantes, entre ellos Luiz Carlos Prestes —el emblemático líder de la Columna que deseaba emancipar a campesinos y trabajadores—, quien luego de un exilio en Bolivia, Argentina y la Unión Soviética, se había incorporado al comunismo. Su esposa, Olga Benario, de origen judío-alemán, fue deportada por el gobierno de Vargas y fue asesinada en un campo de exterminio nazi, dejando a una niña pequeña. La movilización por la vida de Olga inundó la escena internacional, hubo muchas manifestaciones que clamaron por su no deportación y luego porque se facilitara el encuentro en México de la niña con su abuela Leocádia, madre de Prestes; el suplicio de Olga fue emblemático. Dentro del Partido Comunista se destacaría, en la década de 1930, Patrícia Rehder Galvão, conocida como "Pagu", figura que ha concitado diversas formas de reconocimiento por parte de las feministas debido a su personalidad autónoma, transgresora, de singular creatividad y solidaria con las clases trabajadoras por cuya causa estuvo varias veces en prisión.

Aunque Vargas tenía simpatías por el Eje, Brasil se alineó con los Aliados por razones estrictamente pragmáticas e ingresó a la guerra en la fase final. En 1944 se crearon bajo la égida oficial las Ligas Femeninas con propósitos centralmente asistenciales. Pero Vargas fue depuesto en octubre de 1945, y surgieron entonces movimientos de mujeres como el Comité de Mulheres pela Anistia que luego dio lugar al Comité de Mulheres pela Democracia, y aunque su objetivo era conseguir la democratización política, contenía aspectos reivindicativos de la condición femenina. En 1946, Alice de Toledo Ribas Tibiriçá —que había tenido una actuación humanitaria en el combate a la lepra— se sumó con ímpetu a la consecución de derechos e impulsó con otras mujeres el Instituto Feminino para o Servico Construtivo que luego dio lugar a la Federação de Mulheres do Brasil (FMB), entidad que se adhirió a la Federación Democrática Internacional de Mujeres (FDIM) surgida en París en 1945 con una estrecha relación con las organizaciones comunistas. La FMB captaba a participantes de diversa inscripción partidaria, aunque hubo un macizo grupo de simpatizantes y militantes comunistas. Su órgano de expresión en buena medida fue *Momento Feminino* —que había sido promovido por el Partido Comunista— y formaban parte del equipo de redacción y administración, Arcelina Mochel, Lia Correa, Silvia de Leon Chalreo, Eneida Costa de Morais, Heloisa Ramos de Morais, Maura de Sena Pereira y Gloria Cordeiro de Andrade. La Asociação Feminina do Distrito Federal (Rio de Janeiro) era uno de los portavoces vinculados a la FMB, y sus preocupaciones fundamentales fueron, como las de ésta, la situación de las mujeres de las clases trabajadoras, el problema de las condiciones laborales, la carestía de la vida, la niñez desamparada. La FMB perduró hasta 1957 momento en que la militancia comunista se disgregaba debido a las divergencias y a la información que ya corría sobre los crímenes del estalinismo. Durante el gobierno de Juscelino Kubitschek se ordenó el cierre de numerosas agrupaciones de mujeres, seguramente las más cercanas a las posiciones a la izquierda.

En la década de 1960 surgieron varias organizaciones femeninas conservadoras, una vez que las derechas temían por las orientaciones más radicalizadas que asomaban en la gobernanza del país, cundía la alarma ante la amenaza comunista en la medida que se proyectaba el giro que había tomado la Revolución cubana. En abril de 1964, un golpe cívico-militar terminó con el gobierno de João Goulart, y no fueron ajenas las manifestaciones de mujeres que, exaltadas, pedían el fin del "gobierno comunista". Se iniciaba así el ciclo aciago de los golpes institucionales en el Cono Sur con tanto débito a la Guerra Fría en el clima extenso de la "doctrina de la seguridad nacional". La dictadura brasileña tuvo un relanzamiento en 1968, y su consecuencia fue un incremento de la persecución, con miles personas encarceladas y exiliadas. Fue la primera diáspora multitudinaria sudamericana por razones políticas, a la que siguieron las de Chile, Uruguay y luego Argentina.

Entre las primeras manifestaciones contra la dictadura se encuentra el Movimento Feminino pela Anistia (MFPA) surgido en 1975, a cuyo frente estaba Therezinha de Godoy Zerbini —cuyo marido había sido uno de los generales fieles al gobierno constitucional—. Era una agencia peculiar porque reunía a mujeres opositoras a la dictadura y sensibles a las persecuciones que actuaban con sigilo, pero que a instancias de su promotora no debían exhibir ninguna identificación partidaria y que aunque se expresaban como mujeres, no se trataba de una "movilización feminista". Therezinha, así lo manifestó en varias oportunidades, creía que las mujeres rendían una imagen de humanitarismo y solidaridad convocante, y que lo importante era ir convenciendo al régimen de que debía abrir las cárceles y permitir el regreso de los exiliados. Pero en el seno del MFPA —que se extendió en diversas ciudades brasileñas, especialmente en São Paulo, Rio de Janeiro y Belo Horizonte—hubo gérmenes de resistencia feminista. La crisis se presentó sobre todo por la inhibición de las banderías políticas, y una de las rupturistas fue Helena Grecco, quien más tarde fundó el Movimento Feminino pela Anistia e as Libertades Democráticas. En 1979 el régimen decretó la amnistía. En la lucha por la redemocratización muchas feministas habían creado núcleos en los lugares donde se habían exiliado, y deben recordarse el Comité das Mulheres Brasileiras impulsado en Santiago de Chile durante los años que duró el exilio, cuya alma máter fue Zuleika Alambert; el grupo creado en Berkeley por Branca Moreira Alves; el círculo de Mujeres Brasileñas en París, a inicios de la década de 1970. También circularon publicaciones feministas, como *Nós Mulheres,* entre 1974 y 1976, una de cuyas animadoras fue Danda Prado, y *Brasil Mulher,* tal vez el más adentrado en la agenda feminista de la época, surgido en 1974 en la ciudad de Londrina, estado de Paraná, que perduró hasta 1980.

A principios de los años ochenta se incrementó el número de núcleos de feministas y no sólo en las capitales estatales, con innegables visos de oposición a la dictadura desde una posición de izquierda. El rebote de la "segunda ola" internacional llegaba en medio de la lucha general antiautoritaria, mientras el régimen iba aquietando sus características persecutorias. Un grupo importante se asumía como feminista en los círculos académicos —entre ellas Heleieth Saffioti, Rose Marie Muraro, Branca Moreira Alves, Rachel Soihet, Maria Helena Kühner, Eva Alterman Blay, Mariza Corrêa, Anette Goldberg, Elisabeth Souza-Lobo, Maria Lygia Quartim de Moraes, Silvia Pimentel, Moema Toscano, Heloisa Pontes, Zuleika Alambert, Elisabeth Juliska Rago, Albertina de Oliveira Costa, Joana Pedro, Ana Alice Costa— de modo que en Brasil hubo tal vez menos dificultades para ubicarse en centros dedicados a la investigación y en universidades tanto públicas como privadas. Muchas de estas feministas habían retornado del exilio merced a la amnistía, y su papel fue muy importante en la renovación conceptual que orientó numerosos estudios con una notable renovación de los problemas. Una parte de ellas estaba en comunicación con las mujeres de los barrios más pobres, actuaba en las favelas y trabajaba para que tomaran conciencia de las circunstancias existenciales, ahí incluidas el conocimiento de la sexualidad, sus derechos en esta dimensión y el enfrentamiento a la violencia doméstica. Pero se trataba de vínculos difíciles, a menudo tensionados por las posiciones de las propias izquierdas que preconizaban que había que privilegiar la "contradicción principal" —la lucha de clases—, evitando fricciones. Las expresiones feministas desplazaban el eje, reconociendo el sometimiento patriarcal en los propios segmentos populares, pero era evidente que en esa pugna hubo desencuentros entre las propias militantes y la reorganización partidaria comenzó a tener consecuencias en las prácticas autónomas de los movimientos feministas. Hubo escisiones y en esas fracturas no pocas feministas se identificaron con fuerzas partidarias.

Con relación a la violencia, hubo una expresiva reacción a raíz del juicio que en 1979 apenas condenó a tres años de prisión al asesino de Ángela Diniz, una bellísima mujer del *jet set* brasileño, con el alegato de "legítima defensa del honor". Las feministas salieron a las plazas a reclamar bajo la consigna *"Quiem ama, nao mata"*, y fue un sacudón para millares de mujeres. Las feministas surgidas en Brasil en 1975 remiten sobre todo a la coyuntura que las llevó a integrarse, durante la fase de ablandamiento de la dictadura, al activismo a favor de la amnistía y de la recuperación democrática, y que esa saga se identificó como feminista porque incorporaba al programa de "reivindicaciones generales de toda la sociedad", con ciertos temas "específicos de las mujeres".

Entre fines de los setenta e inicios de los ochenta brotaron muchas asociaciones feministas en diversas ciudades, y baste recordar el Centro Brasileiro da Mulher y el Coletivo Feminista de Rio de Janeiro; la Associação de Mulheres, el SOS Violência, la organización Brasil Mulher, el grupo Sexo Finalmente Explícito y el Centro de Informação da Mulher (CIM) de São Paulo; el Coletivo Feminista y el SOS Campinas, de Campinas; el SOS Corpo, de Recife, la organización Maria Mulher, de João Pessoa, el grupo Brasília Mulher que actuó en la capital brasileña.

Casi al final de la dictadura se crearon en el ámbito gubernamental, al menos en los estados de São Paulo, Minas Gerais y Paraná, los Conselhos Estaduais da Condição Feminina, y con el retorno de la democracia, en 1985, se creó el Conselho Nacional dos Direitos da Mulher, y de modo pionero se establecieron en el territorio de Brasil las primeras unidades policiales para atender a las mujeres víctimas de violencia, ejemplo que fue seguido por varios países de la región. Estas formulaciones envolventes por parte del Estado originaron el concepto de *"feminismo de Estado"* —subrayando formas de cooptación—. Durante los ochenta hubo encuentros masivos de feministas, especialmente en São Paulo, en los que se reivindicaban con mayor radicalidad los derechos a la autonomía, el fin de las fórmulas violentas patriarcales y muy especialmente el derecho a la sexualidad disidente. Pero en la década siguiente las entidades dedicadas a la promoción de los derechos de las mujeres, en particular a la salud, la vivienda, la educación, se extendieron adoptando la forma de ONG tal como ocurrió en el resto de los países, lo que originó numerosas críticas por parte de las feministas independientes.

En 1994 surgió una agencia con el objetivo de lograr una cierta unidad de los diversos cauces feministas, la Articulação Brasileira de Mulheres (ABM), con sede en Natal —capital del estado de Rio Grande do Norte—, y que fue un intento de fortalecer la independencia de las múltiples manifestaciones de militantes, de esquivar la cooptación del Estado y de volver sobre programas que efectivamente ampliaran el reconocimiento y los derechos de las mujeres. Había también incentivos para reforzar las posiciones de las organizaciones de la sociedad civil y llevarlas al seno de la Conferencia de Beijing de 1995. Unos años más tarde, en 2000, surgió el movimiento Marcha Mundial de Mujeres en gran medida vinculada al Partido de los Trabajadores (PT) —fuerza de aglutinación de varios cauces de la izquierda, surgido en 1980 y que llevó a la Presidencia a Luiz Inácio da Silva, "Lula", entre 2003 y 2010—. La cuestión de las mujeres negras se amplió gracias a las organizaciones de las militantes afrodescendientes, y aunque no puede decirse que estuviera ausente de las preocupaciones al retomarse los caminos feministas desde mediados de la década de 1970, resulta incontestable que no había ocupado un lugar holgado en aquella agenda. Las mujeres de los sectores populares, las habitantes de las favelas, en su mayoría negras pobres, tal como sostenía el periódico *Nós Mulheres*. El periódico señalaba que era imprescindible poner el acento en las luchas que debían llevar adelante las mujeres de las clases trabajadoras, donde se cifraba la auténtica lucha feminista. La reivindicación de clase no podía escindirse de las luchas feministas.

Entre los movimientos creados para demandar puntos de vista específicos en la segunda mitad de la década de 1980, surgieron entre otros el Coletivo das Mulheres Negras da Baixada Santista y el Geledés-Instituto da Mulher Negra. Es decir, los movimientos feministas impulsaron los movimientos de mujeres, aunque éstos no se identificaran como feministas. Una muy destacada historiadora brasileña sostiene que fue provechosa la relación que hubo entre los movimientos de mujeres y los movimientos feministas, sobre todo las militantes de estos últimos pudieron expandirse a lugares de las periferias donde actuaban relativamente organizadas las mujeres de los sectores populares. Mientras tanto, en el curso de la década de 1990, se fortalecieron notablemente los centros universitarios dedicados a la investigación de la condición femenina, de las relaciones de género y de las sexualidades. La enorme mayoría de las universidades públicas de Brasil ha desarrollado programas y hay una importante oferta de estudios de maestría y doctorado. Aparecieron varias publicaciones académicas feministas, y deben destacarse *Cadernos Pagu*, sostenida por el Núcleo de Estudios de Género-Pagu de la Unicamp desde 1993 y la revista *Estudos Feministas* que vio la luz en 1992, en instituciones académicas de Rio de Janeiro y luego fue acogida en la Escuela de Filosofía y Ciencias Humanas de la Universidad Federal de Santa Catarina.

En las últimas décadas, Brasil ha vivido un crecimiento muy importante de los movimientos de mujeres y de las sexualidades disidentes. Este país consagró a una presidenta mujer, Dilma Rousseff, por dos periodos, pero dramáticamente fue destituida en 2016, mediante un ardid que no puede eludir, entre sus aristas, la perspectiva analítica de las relaciones de género. Con las elecciones presidenciales de 2018 llegaron al gobierno actores profundamente misóginos, homofóbicos, lesbofóbicos, transfóbicos. Brasil transita una notable regresión de derechos para las mujeres y para las personas ubicadas en el arco de la disidencia sexo genérica, con una investida de las formaciones ideológicas reaccionarias "antiderechos".

URUGUAY

No debe sorprender que la cercanía de la República Oriental del Uruguay con la Argentina hiciera posible vínculos acendrados entre algunas de sus feministas. Una de las figuras emblemáticas del feminismo argentino fue María Abella Ramírez, y aunque vivió la mayor parte en La Plata, la capital de la provincia de Buenos Aires donde se formó como maestra, había nacido en Uruguay y mantuvo estrechas relaciones con las activistas por los derechos de las mujeres de su país. El modelo liberal de Uruguay adquirió formas radicalizadas mediante la configuración de un segmento decididamente laico y civilista en el Partido Colorado (que había surgido en 1836), y que a inicios del siglo XX tuvo el liderazgo de José Batlle y Ordóñez, quien ocupó la Presidencia de ese país. Lo singular del batllismo —como se identifica a ese proceso de radicalidad liberal— fue su compromiso de avanzar en reformas sociales que mitigaran las diferencias entre capital y trabajo —se fijó la jornada laboral en ocho horas—, posibilitar los derechos individuales —desde 1907 hubo divorcio vincular, ampliado en 1910 y aún más en 1913 pues la ley permitía el divorcio a partir de la mera voluntad de la cónyuge— y, especialmente, apoyar las prerrogativas femeninas. En Uruguay hasta las fuerzas anarquistas mostraron cierta simpatía por las reformas batllistas, y no fueron pocos quienes emigraron a ese país a raíz de las persecuciones desatadas en Argentina entre 1909 y 1910 durante la etapa de la conmemoración del Centenario de la separación de la Corona española.

En esa época, María Abella Ramírez se había entusiasmado con la creación de una Federación Femenina Latinoamericana, que había sido una propuesta de la delegada chilena María Espíndola de Muñoz en el Primer Congreso Femenino Internacional de Buenos Aires, que sesionó en 1910. Todo indica que intentó crear la sección uruguaya de la Federación, pero es difícil estimar el grado de éxito que consiguió entre sus compatriotas. Fue muy importante el número de uruguayas que participó en aquel congreso. En las *Actas. Primer Congreso Femenino–Buenos Aires–1910. Historia, actas trabajos* (2008) figuran 13, aunque no significa que todas estuvieran efectivamente presentes en las sesiones. Para el movimiento de la emancipación femenina en Uruguay fue muy importante la radicación en el país de Belén de Sárraga, la intrépida española que sacudía las conciencias con sus notables discursos a favor de los derechos femeninos y muy especialmente del derecho a sufragar, a quien ya situamos en Chile donde tuvo un enjundioso reconocimiento. La escena uruguaya era muy propicia a las rupturas dado el influjo, ya señalado, del cauce radicalizado liberal, de modo que el primer proyecto de voto femenino se presentó en el Congreso uruguayo en 1914, tal vez un acontecimiento pionero en la región. En 1911 se había creado la Universidad de las Mujeres —en realidad se trató de una vigorosa institución dedicada a la enseñanza media cuyo profesorado tenía sensibilidades modernas—. En 1915 surgió en Montevideo la Asociación Magisterial Pro Sufragio Femenino, una de cuyas líderes fue Ana Matheu de Falco.

Pero la militante más destacada del feminismo uruguayo en las primeras décadas del siglo XX fue Paulina Luisi, quien alcanzaría singular proyección en el resto de los países de la región y más allá de ésta pues probablemente Paulina se tornó una de las feministas latinoamericanas más renombradas de la época. Había nacido en la provincia argentina de Entre Ríos, pero siendo niña su familia se trasladó a Uruguay y aunque sus padres no disponían de grandes recursos, hubo un empeño remarcable para que tanto Paulina como sus hermanas pudieran estudiar. Egresó como médica en 1908 —fue la primera mujer universitaria en Uruguay—, pero también sus hermanas Clotilde e Inés se formaron en la universidad, y una tercera, Luisa, se consagró como docente y fue destacada poeta. Se ha sostenido que la apuesta por la educación y la independencia de las hijas se debía a la adhesión al librepensamiento de ambos progenitores. Paulina se identificó tempranamente con el feminismo y un poco más tarde se vinculó al socialismo. En 1913 había visitado en Francia servicios sanitarios enviada por el gobierno uruguayo y allí estuvo en contacto con destacadas feministas.

En 1916 encabezó la creación del Consejo Nacional de Mujeres como brazo del International Council of Women, creado en 1888 y que a la sazón había asumido un compromiso decisivo con la promoción del sufragio en todos los países. El Consejo fue el cauce principal de la demanda de derechos de las mujeres y entre quienes la acompañaron estuvieron Dolores Estrázulas de Piñeyrua, Isabel Pinto de Vidal, abogada, que años más tarde sería la primera senadora de América Latina, Francisca Beretervide —también abogada—, Esperanza de Sierra, Berta de María de Pratt, Enriqueta Compte y Riqué, Adela Rodríguez de Morató, Cata Castro de Quintela, Maria Passano de Fiocchi, Fanny Carrió de Pollieri, Elisa Villemur de Aranguren, Carmen Cuestas de Nery y Luisa y Clotilde Luisi. En julio de 1917 apareció la publicación *Acción Femenina* que expresaba las posiciones del organismo y que perduró hasta 1925, aunque en ese lapso se manifestaron disidencias. El Consejo tenía como objetivos "asociar a todas las mujeres para trabajar por el mayor progreso de nuestro sexo, elevando su nivel moral, intelectual, material, económico y jurídico. Dedicar todas nuestras energías para conseguir mejorar la situación social, que leyes y costumbres conceden a la mujer", según se lee en el primer número de *Acción Femenina*.

La actividad del Consejo se distribuyó en varias comisiones entre las que se contaban las dedicadas a la asistencia de menores —había una expresa preocupación por la minoridad desamparada, y hasta se proponía fundar una suerte de colonia agrícola con internado para contenerla—, la de asistencia a las mujeres —claramente inclinada a los asuntos de salud—, la de biblioteca, —destinada a elevar la cultura femenina y de los sectores populares—, y desde luego no faltaba la comisión de administración y finanzas. Pero había especial interés en el trabajo de la comisión de conferencias y en la de educación, pues en el periodo gran parte de la ilustración se brindaba mediante sesiones en las que el público podía escuchar de modo directo a conferencistas, y desde la perspectiva central de Paulina Luisi debía dedicarse especial atención a la higiene y la salud. El programa del Consejo, en el primer número de la ya citada revista *Acción Femenina,* permite entrever la pluma de nuestra militante debido a su obstinación con los temas de salud. En efecto, dicho programa sostenía que había que trabajar por todos los medios para que se construyeran viviendas higiénicas, con abundancia de luz, aire y agua; que había que procurar que se hiciera obligatorio la instalación de un cuarto de baño en cada casa de alquiler, del mismo modo había que bregar por la instalación de baños-duchas en cada escuela del Estado, y tratar de que se bañaran los niños por lo menos cada ocho días.

Otro aspecto se refería a la necesidad de hacer funcionar cocinas económicas, donde se entregara una comida higiénica, abundante y nutritiva a precios ínfimos, con la cooperación de particulares y sociedades de beneficencia. Había asimismo que hacer una verdadera cruzada en la lucha contra la tuberculosis; debía explicarse al pueblo, como arma de defensa, los síntomas característicos de la enfermedad desde sus comienzos, y había que instruir al tuberculoso para que aprendiera a cuidarse y a no transmitir la enfermedad. Un aspecto insoslayable era el cuidado ante las enfermedades venéreas, y otro capítulo era la lucha contra el alcoholismo, acción fundamental en la que debían enrolarse las mujeres. La voz de Luisi se despliega especialmente cuando habla en primera persona a las madres de familia para que por todos los medios eviten en los hogares cualquier contaminación con el alcohol, comenzando con la aparentemente inofensiva "copita", que era por donde, creía, se iniciaba a los niños en el consumo de etílicos. En fin, el programa sanitario era central en esta manifestación, dada su profesión, y no puede sorprender que introdujera la necesidad del control de las enfermedades venéreas, pues Luisi realizó diseños centrados en la "educación sexual" y fue una de sus grandes preocupaciones junto con el combate a la prostitución y a la trata de blancas, circunstancias que la llevaron a representar al Uruguay en conferencias internacionales. El Consejo, por medio de *Acción Femenina,* se refería de modo un poco elusivo a la cuestión de la salud sexual, pero se aseguraba que era necesario que la población tuviera conocimientos de higiene y profilaxis, indispensables para la salud de las personas y su descendencia. El tema parecía "harto delicado", y tal vez "en plena discordancia con una serie de ideas educativas establecidas", pero con "delicadeza y tino" debía ser inexcusablemente abordado.

El Consejo Nacional de Mujeres de Uruguay tuvo la originalidad de preocuparse, mediante una comisión *ad hoc*, por los problemas de la migración, pero centrados en la cuestión del control de tratantes de blancas, puesto que, como ya se dijo, Paulina Luisi fue una de las más importantes militantes de toda la región en materia de persecución de proxenetas y eliminación del sometimiento sexual. Hubo desde luego una comisión especializada en las reformas civiles que se requerían para igualar a las mujeres, cuyo trabajo impulsó las demandas más acuciantes. El Consejo también dedicó una comisión a las cuestiones inherentes a la paz y al arbitraje, aunque el propósito se refería a la paz interna. Otra cuestión era la del trabajo femenino; no había dudas de que se animaba a las mujeres a ganarse la vida, pero a elegir con cierta sensibilidad "femenina" los oficios para que los desempeños no fueran frustrantes, acordes con la condición, una clara indicación de lo que se consideraba propio. Una comisión específica estaba dedicada a la reforma política que permitiera el sufragio, y aunque había un grupo importante de varones defensores del sufragio, encuadrados en el liberalismo radical y el socialismo, las posiciones contrarias también se hacían sentir. El programa manifestaba que era menester clamar entre la población masculina contra la falta de necesaria ambientación acerca de los derechos de las mujeres.

En el mismo ámbito del Consejo surgió en 1919 la Alianza Uruguaya de Mujeres para el Sufragio Femenino, también bajo el liderazgo de Paulina Luisi, un segmento que pretendió ser más independiente y que se centró en la demanda del sufragio, tal vez como una reacción a la oportunidad perdida en la reforma constitucional de 1918. La Alianza estaba vinculada con la International Woman Suffrage Alliance (IWSA), entidad surgida en Berlín en 1904, conducida entonces por la conocida Carrie Chapman Catt. Entre sus cometidos estuvo la lucha contra la trata de blancas y reclamaba al nuevo presidente Baltasar Brum —un defensor singular de la causa femenina— que arbitrara los medios para terminar con el flagelo. En líneas generales se seguían los objetivos programáticos del Consejo, y cuando se aludía a la igualdad de los sexos había variaciones de acuerdo con el punto focal de interés, modificándose incluso la propia base argumental, pues para algunas cuestiones la premisa era admitida. En diciembre de ese año hubo una gran manifestación reclamando la ampliación de derechos en la Universidad de la República. Al inicio de la década de 1920 ya había algunas tensiones sobre todo entre Paulina e Isabel Pinto de Vidal, quien presidía el Consejo por entonces, y aunque el conjunto aparecía como liberal, no pueden desconocerse los fuertes lazos de esta última con el Partido Colorado y la cercanía de Paulina con el Partido Socialista. Surgieron también controversias en torno de la administración. Paulina asistió en 1922 a la Conferencia de Baltimore, y resultó elegida vicepresidenta honoraria, lo que parece haber acentuado las diferencias. Debe recordarse, además, que formaba parte de la Liga Internacional de Mujeres Ibéricas e Hispanoamericanas. Finalmente, hacia 1924, Paulina se alejó con otras mujeres del Consejo, aunque siguió vinculada pues hubo actos en los que este organismo y la Alianza Uruguaya de Mujeres participaron de modo conjunto.

En 1927 las mujeres de la localidad de Cerro Chato, a propósito de conocer cuál era el departamento al que debían pertenecer, pudieron votar y hubo entonces voces feministas como las de Bernardina Muñoz y Modesta Fuentes de Soubiron. Hacia el final de la década arreciaron las demandas por la conquista de los derechos políticos, y en diciembre de 1929 hubo una manifestación notable en la Universidad de la República con diversas representaciones de mujeres —se conmemoraban 10 años de la asamblea precursora—. Entre las oradoras estuvieron la propia Paulina Luisi, Carmen Onetti, Isabel Arbildi de de la Fuente y Leonor Horticou, Adela Barbitta Colombo, María Inés Navarra, Elvira M. Martorelli, Luisa Machado Bonet de Abella, Laura Cortinas, Olivia de Vasconcellos, Leonor Horticou, Cristina Dufrechou. El acto se cobijó bajo el lema "¡Ha sonado la hora de reconocer los derechos de la mujer uruguaya!". Unos años más tarde, en 1932, conquistaban el voto que sólo pudo ejercitarse en 1938.

La nueva década proyectó a algunas militantes, especialmente a las más liberales, e incorporó a nuevas feministas. Sara Rey Álvarez, abogada que había hecho estudios en Francia e Inglaterra, estuvo al frente del Comité Pro Derechos de la Mujer creado en mayo de 1932, como otro instrumento dentro de la propia Alianza, y un poco más tarde, en 1933, creó el Partido Independiente Democrático Femenino (PIDF); su órgano de expresión fue la publicación *Ideas y Acción*. Paulina Luisi vivía entonces en el exterior y no aprobaba completamente esta iniciativa. El contexto se había enrarecido con la dictadura de Gabriel Terra (1932-1938) y tuvo serias consecuencias sobre las agrupaciones feministas. Hubo algunas decididamente opuestas a la dictadura, pero otros grupos resultaron funcionales y hasta prohijados por las fuerzas conservadoras, como el propio PIDF. En ese feminismo de tono conservador se encontraba Sofía Álvarez Vignoli de Demicheli quien, aunque impulsó reformas civiles decisivas —contribuyó a la sanción de la igualdad jurídica de mujeres y varones en 1946—, sostuvo el principio de la moral de la mujer casada dejando inalterable el adulterio femenino como una cuestión agravada en la nueva codificación.

En 1938, las uruguayas pudieron votar —aunque la fracción batllista del Partido Colorado se abstuvo— y llegaron al Senado

Isabel Pinto de Vidal y Sofía Álvarez Vignoli; el Partido Comunista —fundado en 1920— consiguió la elección de Julia Arévalo de Rocha en la Cámara de Diputados, y el Partido Colorado impuso en la misma cámara a Magdalena Antonelli Moreno. A pesar de que Uruguay fue el primer país que consagró los derechos cívicos de las mujeres en igualdad con los varones —debe recordarse que el voto precursor otorgado en 1929 en Ecuador era calificado—, hubo un limitado reconocimiento a las mujeres en la arena política.

Es probable que hubiera un cierto reflujo del activismo feminista entre las décadas 1950 y 1960, pues en particular en esta última la sociedad uruguaya fue sacudida por movimientos radicalizados que se incrementaron con las acciones guerrilleras impulsadas por el Movimiento de Liberación Nacional-Tupamaros (MLN-T), en el que se enrolaron muchas mujeres. Como ocurrió en Argentina, el objetivo de la transformación social radical desplazó los impulsos feministas, teniendo en cuenta que en buena medida éstos habían sido sostenidos por mujeres inclinadas al liberalismo. En 1973 ocurrió un hecho aciago con la interrupción del Estado de derecho con el autogolpe perpetrado en junio de 1973 por Juan María Bordaberry, a la sazón presidente del Uruguay, que perduró hasta 1984. El país quedó devastado por la represión, la persecución política y el retroceso económico, miles de personas se exiliaron dando lugar a un inédito proceso de regresión demográfica. Hubo niños y niñas apropiados por los represores cuya identidad aún no han recuperado, como ocurrió en Argentina, cuya dictadura actuaba de modo articulado con la de Uruguay.

Al iniciarse la década de 1980 surgieron movimientos de mujeres, no pocos en las barriadas periféricas y algunos tuvieron repercusión, como ocurrió con la Federación de Amas de Casa, la Comisión de Mujeres Uruguayas vinculadas a la vida sindical, y el Grupo de Mujeres Ecuménicas que congregaba a mujeres de diversas confesiones preocupadas por los derechos humanos. A partir de 1984 resurgieron las organizaciones feministas, entre las cuales estaban el Plenario de Mujeres del Uruguay (Plemuu), el Instituto

Mujer y Sociedad, Cotidiano Mujer, Mujer Ahora, Casa de la Mujer de la Unión, María Abella, Las Paulinas de Melo. La agenda se había renovado con la exigencia de políticas de igualdad y completa democratización. Un párrafo aparte merece el Grupo de Estudios sobre la Condición de la Mujer Uruguaya (Grecmu), compuesto por académicas y militantes que en plena dictadura, en 1979, decidieron agruparse como claro signo de resistencia desde sus cargos en la Universidad de la República. Entre las integrantes estuvieron Suzana Prates y Silvia Rodríguez Villamil; se debe al Grecmu un gran número de trabajos que indagaron sobre la condición femenina, y fue una contribución decisiva para el feminismo que se abrió paso al recuperarse la democracia. Otro grupo de análisis fue la Asociación Uruguaya de Planificación Familiar e Investigaciones sobre Reproducción Humana (AUPFIRH). La consigna del feminismo renacido al conjuro de la lucha contra la dictadura fue: "Las mujeres no sólo queremos dar vida. Queremos cambiarla". En líneas generales, el cauce de los feminismos se identificó con las izquierdas en el gran giro posdictatorial, las nuevas conjunciones inclinaron el péndulo hacia la revocación integral de las exclusiones sociales y de género. Como ocurrió en el resto de los países analizados, la agenda se había transformado, la cuestión de la violencia, las sexualidades, el reconocimiento político, la salud, el aborto, fueron los ejes que ocuparon a muy diferentes grupos que hacia el nuevo siglo se habían expandido en buena parte de las ciudades del interior.

Los estudios concernientes a género se irradiaron no sólo en el área de Ciencias Sociales de la Universidad de la República, ya que se introdujeron, aunque con módicas asignaciones, en Medicina y Enfermería. Las uruguayas pudieron ganar una serie de derechos, y con certeza el más importante fue la legalización del aborto en 2012, aunque la primera tentativa fue vetada por el entonces presidente del progresista Frente Popular, Tabaré Vázquez. Sólo durante el gobierno de José Mujica se sancionó y promulgó la ley. Fue la tercera vez que se conquistaba el derecho en América Latina, luego de Cuba y Ciudad de México. Una lucha que persiste —más allá de la conquista de la cuota de representación en los escaños parlamentarios— es la efectiva presencia de mujeres en los cargos de representación popular y en todas las instituciones del Estado. El activismo feminista uruguayo ha sido singular por la preocupación inclusiva, por su significado como receptáculo de muy diversas culturas femeninas.

ARGENTINA

El feminismo llegó a este país a fines del siglo XIX, y no puede sorprender que concitara un cierto número de simpatizantes debido al tránsito hacia el urgente paso a la modernidad que se vivía, a la interacción con Europa en gran medida producida por el aluvión inmigratorio y también a la temprana presencia del socialismo en el área metropolitana de Buenos Aires. Entre las pioneras feministas estuvo la primera médica, Cecilia Grierson —de origen irlandés y escocés— que egresó de la Facultad de Medicina de la Universidad de Buenos Aires en 1889. Una década más tarde participó en el Congreso de Londres convocado por el International Council of Women (ICW) —organismo surgido en Estados Unidos unos años antes— y allí pudo tratar con un gran número de feministas de diversos países y seguramente incrementar su apego a la corriente. A su impulso se debe en buena medida la creación en 1900 del Consejo Nacional de la Mujer, en el que convergieron mujeres de disímil posición respecto de los derechos que debían obtener las mujeres. No todas coincidían con los ángulos más incisivos del naciente feminismo local, incluyendo a su presidenta Alvina van Praet de Sala, que pertenecía al segmento social más elevado y representaba un tono moderado respecto de los avances de la condición de las mujeres. Las disidencias fueron profundizándose y años más tarde Cecilia abandonó el Consejo con un pequeño grupo de afiliadas.

En 1901, la Facultad de Filosofía y Letras aprobaba la tesis doctoral de Elvira López, "El movimiento feminista", que si por un lado hacía un balance de la postergada situación de las mujeres en diversos ámbitos de la vida social, por otro indicaba una pequeña cantidad de transformaciones a las que apostaba, ya que claramente no consideraba el sufragio femenino hasta que las mujeres no tuvieran debida instrucción en las lides políticas. Sostuvo como una necesidad material y moral la autonomía económica, y no abandonó la idea de la maternidad, gestora principal de aquel texto que fue una inpugnación de la fragua patriarcal. No puede pasarse por alto que las socialistas constituyeron un bastión del naciente feminismo argentino. El Partido Socialista se organizó en 1896, y fue el primero en incluir en su programa el voto de las mujeres —tal como lo había decidido el congreso de Erfurt de la socialdemocracia en 1892—. Casi la totalidad de las socialistas se tornaron feministas, y en 1902 surgió el primer Centro Socialista Femenino y aunque no todas sus integrantes fueron activas feministas, resultó ser la agrupación que con mayor énfasis sostuvo la sanción del divorcio vincular en ese mismo año, primera vez que se debatió la cuestión en el parlamento argentino.

En 1904 vio la luz el agrupamiento que congregaba a las mujeres que se habían graduado en cursos universitarios, el Centro de Universitarias Argentinas, aunque debido al exiguo número de egresadas tuvieron que admitir algunos perfiles de profesionales de la docencia; entre sus actividades estuvo la de ofrecer colaboración en las tareas de supervisión del cumplimiento de la ley que prohibía el trabajo de menores, sancionada en 1907. En 1905, la segunda egresada de Medicina, Elvira Rawson de Dellepiane, con decidido apego a los ideales emancipatorios, impulsó el Centro Feminista, con el objetivo de obtener derechos civiles, cívicos, educativos y relativos a la salud de las mujeres, y debe subrayarse que Elvira fue una infatigable militante a lo largo de toda su vida. Entre las primeras feministas de Argentina también se destaca la ya mencionada María Abella Ramírez —o de Ramírez, pues había enviudado y vuelto a casar con el escribano Antonino Ramírez—, la uruguaya que se había instalado en la ciudad de La Plata y que como se ha visto no dejó de actuar en su país de origen. Con un grupo en el que se encontraban sobre todo integrantes del magisterio, fundó allí *Nosotras* en 1902, publicación que planteó la emancipación femenina y la necesidad de conquistar los derechos civiles y cívicos; en una de sus primeras notas decía, "la mujer es también esclava, esclava de la ley y de las costumbres que la repinen, de las preocupaciones tradicionales que la atan, y la mujer comienza a rebelarse". María Abella Ramírez era librepensadora y había ingresado a la "masonería por adopción" como era la fórmula del ingreso de las mujeres a esa extendida cofradía en América Latina. Otra notable feminista de esos primeros años del siglo fue Julieta Lanteri, también médica —egresó en 1907—, y, como María, con certeza formó parte de la masonería; la Logia del Rito Azul fue la editora de uno de sus textos precursores, "La mujer y el librepensamiento". Julieta era italiana de nacimiento y durante toda su vida luchó por la conquista del derecho a sufragar. Un poco más tarde, en 1909, María Abella Ramírez editó otra publicación, *La Nueva Mujer* y reunió allí a numerosas feministas y librepensadoras —entre las que figuraba Julieta Lanteri— que ya habían impulsado la creación de la Liga Nacional de Mujeres Librepensadoras. Su prédica acentuó la necesidad de reformar el Código Civil, obtener el sufragio, sancionar el divorcio y elevar la educación femenina.

A impulsos del Centro de Universitarias se organizó el Primer Congreso Femenino Internacional en mayo de 1910, en conmemoración del Centenario, y hubo adhesión de feministas de América Latina —tal como ha podido verse en algunos de los países analizados— y de Europa. Debe decirse que el Consejo Nacional de la Mujer, por su parte, organizó otro congreso, al que denominó Congreso Patriótico de Mujeres, y las presentaciones en éste tuvieron un carácter moderado pues el objetivo central era conmemorar las contribuciones femeninas a lo largo de los tiempos; no obstante, hubo participantes que asistieron a ambos congresos, y no faltaron trabajos iluminadores como el que realizó Mercedes Pujato Crespo, al reseñar, por primera vez, la historia de las mujeres en el publicismo argentino. El Primer Congreso Femenino Internacional marcó un hito, participaron las feministas ya mencionadas y hubo representaciones de muy diversas organizaciones, no todas necesariamente feministas, y sin duda se destacaba la presencia del grupo de las latinoamericanas. Fue designada una Comisión Honoraria con figuras reconocidas en el ámbito internacional entre las que se encontraban Emilia Pardo Bazán, Marie Curie, Maria Montessori, Ellen Key. Presidió el Congreso Cecilia Grierson, y el discurso inaugural estuvo a cargo de Ernestina López, la hermana de Elvira, una destacada integrante del magisterio quien sostuvo que las reivindicaciones que el feminismo perseguía estaban basadas en el derecho natural de los individuos, tales como la libertad de trabajo, los beneficios de una educación amplia, una legislación basada en la equidad y el derecho a interesarse por las cosas y por los seres que la rodean, ya que resultaban aspiraciones que al ser alcanzadas, permitirían a la mujer realizar por completo su obra de "elevado humanismo".

María Espíndola de Muñoz, la ya citada militante chilena, habló en nombre de las delegaciones latinoamericanas y aportó imágenes acerca del significado diferencial de las mujeres. Las sesiones transcurrieron en orden a un abigarrado conjunto de temas —sociología, derecho, educación, ciencias, letras, industrias, artes—, y hubo algunos debates intensos, en particular los que se dedicaron a los derechos políticos ya que había al menos dos facciones entre las participantes, las que sostenían que esos derechos debían conquistarse de modo evolutivo, siendo imprescindible la mayor preparación de las mujeres para obtener el estado de ciudadanía, y las que propiciaban el inmediato acceso al derecho a sufragar en iguales condiciones que los varones. Entre estas últimas se encontraban María Abella Ramírez, Julieta Lanteri, Ana A. de Montalvo, María Josefa González —todas integrantes de la Liga de Mujeres Librepensadoras—, la socialista Raquel Messina, y con ella las integrantes del Centro Femenino Socialista. Pero el Congreso, de cualquier modo, concluyó apoyando un amplio conjunto de prerrogativas, civiles, cívicas, educativas, sanitarias, y abogando por la asistencia a las madres de los sectores obreros, la creación de casas-hogares, y no faltaron las solicitudes para extinguir la prostitución, el alcoholismo y otras perturbaciones sociales. El divorcio fue especialmente sostenido por la socialista Carolina Muzzilli —una singular militante proveniente de la clase trabajadora que había podido formarse en el profesorado— y "una sola moral para ambos sexos" fue lo propuesto por la peruana Dora Meyer. María Espíndola de Muñoz se entusiasmó con la creación de una Federación Femenina Americana, que no consiguió expandirse. Una voz que se había hecho escuchar en diversas sesiones fue la de Alicia Moreau, entonces estudiante de Medicina, librepensadora, ya inclinada a las ideas socialistas, que había nacido en Londres a raíz del exilio de sus padres que habían huido de Francia a la caída de la Comuna, instalándose más tarde en Argentina. La clausura del Congreso, como ya fue adelantado, corrió por cuenta de la delegada de Paraguay, Serafina Dávalos.

En el mismo año del Congreso, María Abella Ramírez impulsó la Liga Feminista Nacional con sede en La Plata y en su programa había consideraciones sobre los derechos femeninos, el divorcio absoluto y la protección de las madres. En el periodo, una tarea importante fue cumplida por la publicación *Unión y Labor* —entre 1909 y 1915—, una de cuyas sostenedoras fue Sara Justo y como había una creciente preocupación con la cuestión de la niñez, ese grupo decidió sostener la "Casa del Niño" incorporando con énfasis la pedagogía de Maria Montessori. En el mismo sentido, la socialista Raquel Camaña lanzó un nuevo agrupamiento, la Liga Pro Derechos de la Mujer y del Niño, que organizó nutridos encuentros nacionales relacionados con la protección de la niñez.

En 1911, Julieta Lanteri pudo emitir su voto en el ámbito municipal debido a una modificación del estatuto electoral de la ciudad de Buenos Aires que permitió votar a los extranjeros. Fue su única oportunidad, y Julieta hizo una presentación judicial para que se le reconociera la ciudadanía, pero el resultado final fue negativo. Hacia 1918, con el fin de la primera Guerra, se reavivaron con vigor las consignas por los derechos civiles y políticos, en particular aumentaron notablemente las agencias para la conquista de estos últimos, de modo que la década de 1920 fue de irrefutable expansión de las tesis sufragistas. Incluso se integraron grupos más conservadores en la saga reivindicativa. Veamos. Alicia Moreau —que años más tarde formaría pareja con Juan B. Justo, el líder del Partido Socialista— había viajado a Estados Unidos, se había encontrado con un grupo de médicas como ella y con simpatizantes de la causa feminista, y regresó al país con la firme determinación de que las mujeres deberían conquistar derechos fundamentales entre ellos la obtención de la ciudadanía. Ya como militante socialista, organizó dentro de su partido una agencia dedicada a esos objetivos, la Unión Feminista Nacional en octubre de 1918, y un año más tarde, para focalizar la lucha en la cuestión de sufragio y ciudadanía, Alicia promovió un organismo *ad hoc*, el Comité Pro Sufragio Femenino que en verdad fue uno de los más activos en la década siguiente. El órgano de difusión fue *Nuestra Causa* que recogió la opinión de numerosas feministas y bregó por mejorar la situación de las trabajadoras y por la extinción de la trata y la prostitución. Elvira Rawson de Dellepiane creó la Asociación pro Derechos de la Mujer para obtener la sanción de leyes igualitarias, y también tuvo singular presencia en los años veinte. Por su parte, Julieta Lanteri creó el Partido Feminista Nacional, y en su nombre presentó su candidatura como diputada en marzo de 1919, y pretendió votar infructuosamente. Otra feminista destacada, la periodista Adelia de Carlo, impulsaba el Partido Humanista con el propósito central de elevar la condición de las mujeres y obtener derechos. De modo que la década 1920 fue agitada, en particular para la conquista del voto, comenzando por la organización de una parodia de sufragio en marzo de 1920, que luego se repitió en noviembre de ese año, y resultó una interesante movilización de mujeres en muy diversos barrios de la ciudad de Buenos Aires. En la provincia de San Juan, merced a un cambio político de envergadura, las mujeres conquistaron el voto en 1926, y la primera diputada en esa jurisdicción fue la abogada Emar Acosta, elegida en 1934, y fue, también, la primera legisladora mujer de la región. Luego, una intervención a la provincia terminó con esa prerrogativa.

En 1926 estas agencias mancomunadas —especialmente las que estaban bajo el liderazgo de Julieta Lanteri, Alicia Moreau de Justo y Elvira Rawson de Dellepiane— conquistaron la reforma civil que eliminó la tutoría del marido, aunque quedó en pie la cuestión de la administración de los bienes de la cónyuge. Al final de la década se incorporaron nuevos grupos que, aunque más conservadores, como el Comité Argentino Pro Voto de las Mujeres de Carmela Horne de Burmeister, acompañaron las demandas. En 1932, la Cámara de Diputados trató tanto el proyecto de sufragio femenino como el de divorcio vincular, y ambos obtuvieron media sanción, pero no consiguieron tratamiento en el Senado, con lo que se frustraron ambas reivindicaciones.

El periodo siguiente fue de estancamiento de las luchas feministas porque en buena medida la energía de los diversos grupos se reencauzó hacia la militancia antifascista. Surgió un encuadramiento muy significativo debido a la reunión de mujeres provenientes de muchas canteras, socialismo, comunismo —fundado en 1921—, liberales, militantes del Partido Radical, católicas liberales y de otras confesiones cristianas, bajo el nombre de Junta para la Victoria que se propuso apoyar a las víctimas del autoritarismo europeo y de modo particular a las de la Guerra Civil española. En 1943 se produjo un nuevo golpe militar —el primero había sido en 1930—, y sólo se recuperó el Estado de derecho en 1946 con el triunfo en las urnas del coronel Juan Domingo Perón, figura rechazada por los liberales y por las izquierdas toda vez que se le adjudicaba identidad fascista. Fue un desencuentro doloroso con las feministas, pero del peronismo surgió una figura de significado crucial en la arena política y social, Eva Perón. El peronismo desarrolló políticas que se suelen caracterizar como populistas, de desarrollo del mercado interno, nacionalización de los resortes básicos de la economía y redistribución del ingreso. Eva Perón —Evita— fue un ariete notable de esas políticas, y aunque estaba lejos de las concepciones canónicas feministas, tenía intuiciones singulares sobre la condición femenina. Fue coadyuvante en la conquista del voto en septiembre de 1947 y desarrolló una labor notable para organizar la Rama Femenina del peronismo, lo que significó que en 1952 los escaños parlamentarios tuvieran más de 25% de mujeres, una representación inédita en la región y en muchos países del orbe. La Fundación Eva Perón se dedicó especialmente a las mujeres trabajadoras y a la niñez. Con el peronismo se conquistó el divorcio vincular, y a su caída, mediante el golpe de Estado de 1955, esta prerrogativa fue suspendida *sine die* debido a la enorme presión de la Iglesia católica.

El peronismo fue proscrito, prohibida cualquier manifestación a favor de sus líderes —Evita había muerto en 1952 y había conquistado un enorme arraigo popular—, perseguidos sus militantes, de modo que luego se inició un interregno de alta conflictividad social, y en los años 1960-1970 los movimientos populares se agigantaron, pivoteados por las circunstancias internas, pero también por los acontecimientos externos: la Revolución cubana, los movimientos de descolonización, la guerra de Vietnam. Se produjo una identificación masiva de las jóvenes generaciones, cuyos padres habían sido antiperonistas, con las masas populares peronistas. Además, Argentina no sólo proscribió al peronismo, sino que vivió un ciclo de golpes militares bajo el paraguas de la doctrina de la seguridad nacional que implicó persecución también a las formaciones de izquierda. Lo paradójico fue que bajo uno de esos golpes, el protagonizado por el general Juan Carlos Onganía, las mujeres obtuvieron la completa igualación formal civil en 1968 pues las casadas propietarias recuperaron la administración completa de sus bienes.

Como en los otros países de la región, se encendieron los focos guerrilleros en un *crescendo* que también incorporó a muchas mujeres en los principales encuadramientos: Montoneros —más vinculado al peronismo— y el Ejército Revolucionario del Pueblo, con una posición ideológica acentuadamente de izquierda, y lo mismo ocurrió con otras expresiones armadas. Aunque en Montoneros y el ERP hubo secciones dedicadas a la condición femenina, se estuvo lejos de articulaciones conceptuales feministas. Aunque el clima político de insurgencia volcaba la balanza hacia las consideraciones de las opresiones de clase, a liberarse del sometimiento económico como países dependientes y no se tomaban en cuenta las opresiones de género, no faltaron movimientos feministas, aunque apenas sobrevivían entre las urgencias del contexto. En esos años pudieron abrirse paso el Movimiento de Liberación de Mujeres (MLM), la Unión Feminista Nacional, el Movimiento de Liberación Femenina (MLF) y algo más tarde, la Asociación por la Liberación de la Mujer Argentina (ALMA), entre otras agencias que surgieron en el interior y que en su mayoría incluyeron aspectos cruciales para la autonomía femenina como el aborto. Entre aquellas feministas se encontraban María Luisa Bemberg, Gabriela Christeller, Leonor Calvera, Mirtha Henault —que sostuvo el periódico *Nueva Mujer*—, Isabel Larguía y María Elena Oddone; esta última editó la publicación *Persona* entre 1974 y 1975. Las tensiones minaron los vínculos, los conflictos se situaron en torno de la exclusiva focalización en la "liberación de las mujeres" o en la subordinación al objetivo, a la sazón hegemónico, de la "liberación nacional y social".

En marzo de 1976 se produjo el golpe cívico-militar más sangriento de la historia argentina, proceso al que es correcto denominar "terrorismo de Estado". La represión tuvo características siniestras, con miles de desaparecidos, la mayoría confinados en los campos de concentración que se habilitaron en diversos lugares del país, sobre todo en establecimientos de las fuerzas armadas —fue emblemática la Escuela de Mecánica de la Armada, situada en la ciudad de Buenos Aires—, con el agregado abyecto del secuestro de cientos de niñas y de niños a quienes se cambió su identidad; se calculan en más de 500 los casos que dieron lugar a falsas adopciones. Hubo millares de personas exiliadas en otros países de la región —especialmente en México, Perú, Venezuela y Brasil—, y también fue importante el número de refugiados en Europa, Estados Unidos y Canadá. Fueron mujeres las que enfrentaron la ferocidad del régimen, madres y familiares que reclamaban la aparición de hijos y también de nietos, cuyas organizaciones fueron conocidas como Madres y Abuelas de Plaza de Mayo. Esas mujeres realizaron búsquedas y transitaron sin pausa por innúmeras dependencias para tener noticias de sus familiares corriendo muchos riesgos; de hecho, también hubo secuestros y desapariciones de madres activistas.

La dictadura entró en una guerra insensata con Inglaterra a raíz de la ocupación de las Islas Malvinas —territorio que en verdad pertenece a Argentina, y que fue colonizada por aquel país en el siglo XIX—. Fue un modo torpe de granjearse legitimidad, dado el extenso sentimiento argentino de recuperar ese territorio. La derrota en ese conflicto asestó un golpe definitivo a los militares, que finalmente debieron llamar a elecciones y abandonar el poder a fines de 1983.

Durante los años de plomo de la dictadura, los movimientos sociales estuvieron a raya. No obstante, ya desde 1978 se registraban signos de actividad y entre las expresiones más bien contenidas, un grupo de psicólogas —en el que participaban también algunos varones— inició una relectura de la condición de las mujeres y del feminismo absorbiendo los retos de la "segunda ola". Estas primeras reuniones tuvieron como escenario el Instituto Goethe de Buenos Aires y entre las participantes estuvieron Eva Giberti, Mabel Burin, Cristina Zurutuza, Clara Coria, Irene Meler, Gloria Bonder, Ana María Fernández, Clara Roitman, Ester Arbiser, Mirta Stescovich y David Maldavsky. Cuando llegó la democracia, algunas de las integrantes de este grupo originaron el Centro de Estudios de la Mujer (CEM) con el doble propósito de acción política e investigación académica. También en ese segmento se originó la primera Especialización de Estudios de la Mujer en la Facultad de Psicología, en 1987. Durante los primeros años de la recuperación democrática se asistió a un renacer del activismo feminista, muchas mujeres que habían resistido en el país orientándose hacia el feminismo se reunían con numerosas exiliadas que volvían al país con la nueva identificación. Una buena proporción habían sido militantes sociales que ahora incorporaban la necesidad de erradicar las bases patriarcales. También el nuevo gobierno democrático bajo la Presidencia de Raúl Alfonsín —en cuyo partido, la Unión Cívica Radical, había numerosa feministas— hizo lugar al Programa de Promoción de la Mujer y la Familia, luego convertido en Subsecretaría de la Mujer a cargo de Zita Montes de Oca, a quien secundaron un gran número de feministas, entre quienes se hallaban Eva Giberti, Haydée Birgin, Norma Sanchís, Virginia Haurie, Silvia Berger, Monique Altschul.

Unos años más adelante, en 1992, se creó el Consejo Nacional de la Mujer a cuyo frente estuvo Virginia Franganillo y se extendieron notablemente las acciones para promover los derechos femeninos. En 1991 las argentinas conquistaron un paso singular con la iniciativa pionera de la ley de cupo —o ley de cuota— que obligaba a una inclusión mínima de 30% de mujeres, con posibilidad cierta de ser elegidas, en las listas para la representación parlamentaria. Esa conquista se debió al trabajo de la Multisectorial de Mujeres Políticas que nucleaba a representantes de todas las fuerzas partidarias.

Las canteras feministas que surgieron en el ciclo abierto después de la dictadura —probablemente se fundó casi un centenar de organizaciones de diferente envergadura en el país— reivindicaron diversos derechos, pero tal como ocurrió en el examen realizado a los restantes países, tuvieron amplia acogida la lucha contra la violencia —comenzando por la doméstica—, la modificación de la ley civil habilitando la patria potestad compartida, el divorcio, la reforma del Código Penal modificando la caracterización de los delitos sexuales, y una completa abdicación del "maternalismo" haciendo lugar a los derechos sexuales y a la legalización del aborto. Aunque no faltaron las circunstancias ríspidas en los feminismos de los ochenta y noventa, en Argentina fueron ciertamente más tenues los conflictos entre "institucionalistas" y "antiinstitucionalistas" debido a las menores posibilidades de acceso a los recursos internacionales. Más allá del apoyo al derecho a la disonancia con la heterosexualidad, buena parte de los agrupamientos feministas mostraban una tácita admisión de las disidentes más que un explícito reconocimiento. Surgieron en la década de 1990 algunos núcleos lesbianos en las grandes ciudades; baste recordar el Grupo Autogestivo de Lesbianas (GAL), Fresas —luego Frente Sáfico—, Las Unas y las Otras, y gracias al empeño de Ilse Fuscova y Adriana Carrasco vio la luz la publicación *Cuadernos de Existencia Lesbiana* en 1987. Más tarde, durante los noventa, tuvieron nacimiento nuevos grupos en el área capitalina, como Las Otras, Las Lunas, Amenaza Lésbica y La Fulana.

Hubo diversos encuentros feministas, pero una marca singular del país han sido los Encuentros Nacionales de Mujeres que se mantienen desde 1986, y que significan una concurrencia que a veces ha sobrepasado las más de 30 000 participantes, una inmensa asamblea que sesiona en numerosos talleres y que permite el intercambio, la sociabilidad intensa que ha cambiado las subjetividades y con certeza ha impulsado a muchas a una adhesión feminista. Los estudios académicos concernientes a la condición femenina se expandieron en el Centro de Estudios de Estado y Sociedad (CEDES) con investigaciones debidas a Elizabeth Jelin, María del Carmen Feijóo, Silvina Ramos y Mónica Gogna desde 1978. También se implantaron en el Centro de Estudios de Población (Cenep) y hubo contribuciones de Catalina Wainermann, Marysa Navarro, Zulma Recchini de Lattes y Ruth Sautu. A fines de los años ochenta surgió la Asociación Argentina de Mujeres en Filosofía que reunía, entre otras, a María Isabel Santa Cruz, Diana Maffía, María Luisa Femenías, Gladys Palau. Casi al finalizar la década comenzó a circular la revista *Feminaria* que sostuvo la feminista norteamericana —radicada por entonces en el país— Lea Fletcher, que hizo aportes locales a la teoría y a la acción política feministas. En Rosario se fundó el Centro de Estudios Interdisciplinarios sobre las Mujeres —CEIM, en la Facultad de Humanidades de la Universidad Nacional de Rosario, a cuyo frente estuvo Hilda Habychaim—. En 1991 hubo una reunión que marcó un hito en la Universidad Nacional de Luján, con las Primeras Jornadas de Historia de las Mujeres y allí nos encontramos no sólo quienes oficiábamos en el campo de la Historia, sino un amplio conjunto de académicas de las Ciencias Sociales. Estas Jornadas han llegado hasta el presente con el nombre de Jornadas de Estudios de Género e Historia de las Mujeres. En años recientes, en el conjunto de las universidades públicas se han gestado programas, núcleos o institutos referidos a la problemática. En algunas se ofrecen maestrías y al menos en dos, Buenos Aires y Córdoba, hay doctorados específicos. Como en otros países, se ha asistido a un derrame de los feminismos que ha alcanzado notas populares, fenómeno que se ha tornado incontestable en diversas regiones del país.

En Argentina se registró un avance singular de los derechos personalísimos —esto es, de los derechos fundamentales que se refieren a la identidad, a las orientaciones amatorias y sexuales— bajo la Presidencia de Cristina Fernández de Kirchner, quien por dos veces ocupó la primera magistratura. Se sancionaron la ley de matrimonio igualitario (2010) y la de identidad de género (2012), que posibilita que las personas "trans" puedan registrarse civilmente con su "identidad autopercibida". Más recientemente, surgió el Movimiento "Ni Una Menos" contra todas las violencias que ha podido mostrar el derrame de los feminismos en todo el territorio, una movilización multitudinaria que desafía a las resistentes canteras patriarcales. Dada su trascendencia me extenderé sobre su proyección en el capítulo siguiente.

Posfacio
FEMINISMOS LATINOAMERICANOS DEL SIGLO XXI

Notas introductorias

En las primeras décadas del siglo XXI se precipitaron las formulaciones feministas con diversas perspectivas conceptuales y políticas, pero seguramente el aspecto más sobresaliente ha sido el fenómeno de las manifestaciones públicas masivas, las movilizaciones que ocuparon calles y plazas protagonizadas por millares de mujeres en diversas sociedades latinoamericanas. Se asiste a formas ampliadas de feminismos, a un despliegue inédito de las adhesiones con participación dominante de mujeres de las edades más jóvenes, originando por primera vez en la historia un acontecimiento de masas. En las páginas anteriores, y a propósito de lo ocurrido en los diferentes países, quedaron esbozados los aspectos centrales de las corrientes feministas históricas, modificadas por los cambios más recientes; en este capítulo de cierre abordaré con algún detalle algunos acontecimientos singulares ocurridos en los últimos años. Resulta incontestable que la agenda del primer ciclo del siglo XXI haya situado a la violencia de género, en todas sus dimensiones, como el problema más acuciante, por lo que me demoraré en este tema que ha ocupado a las feministas y también a millones de mujeres que no se han identificado como tales. Y asociada a la movilización contra las violencias debe abordarse la lucha por la obtención del aborto legal puesto que la penalización del aborto, subsistente en la enorme mayoría de los países de la región, implica una severa agresión del Estado que obstruye el derecho humano básico de la autonomía. Esa violencia maximiza su espectro letal con las tantísimas muertes ocurridas por las interrupciones clandestinas de embarazos, muertes en su mayoría silenciosas, absolutamente evitables y que reprochan a los Estados de la región su completa responsabilidad.

Para enfrentar las formas de violencia, fuera de los planos familiares, a menudo hubo que hacer referencia a la *Convención contra todas las formas de discriminación* (CEDAW), que obraba como gran marco para combatir las discriminaciones desde 1979, aunque cada país suscribió este instituto en diferentes momentos. Volveré sólo a algunos artículos de esta Convención que debería difundirse en todos los establecimientos educacionales de América Latina, y más allá de éstos, en todas las instituciones públicas. En la parte IV, el artículo 15 dice que todos los Estados firmantes deben reconocer a la mujer la igualdad con el hombre ante la ley. Agrega en otro ítem que se comprometen a reconocer a la mujer, en materias civiles, una capacidad jurídica idéntica a la del hombre y las mismas oportunidades para el ejercicio de esa capacidad. Señala que reconocerán a la mujer iguales derechos para firmar contratos y administrar bienes y le darán un trato igual en todas las instancias de la justicia. Otro ítem de la Convención afirma que cualquier contrato o instrumento que limite la capacidad jurídica de la mujer debe considerarse nulo. En el siguiente, que la mujer tiene exactamente los mismos derechos referidos a la circulación y a la libre elección de su residencia y domicilio.

El artículo 16 de la CEDAW señala que los Estados firmantes adoptarán las medidas adecuadas para eliminar la discriminación contra la mujer en todos los asuntos relacionados con el matrimonio y las relaciones familiares y, en particular, asegurarán, en condiciones de igualdad entre hombres y mujeres el contrato de matrimonio. Se debe garantizar a la mujer la voluntaria elección del cónyuge y el derecho a contraer matrimonio sólo por libre albedrío y pleno consentimiento. Se aseguran los mismos derechos y responsabilidades durante el matrimonio y con ocasión de su disolución y como progenitores, cualquiera que sea su estado civil. La Convención asegura en ese artículo que debe asegurarse el derecho a decidir libre y responsablemente sobre el número de sus hijos y el intervalo entre los nacimientos y a tener acceso a la información, la educación y los medios que les permitan ejercer estos derechos. Quedan garantizadas idénticas prerrogativas personales, tanto al marido como a la esposa, entre ellas el derecho a elegir apellido, profesión y ocupación y exige los mismos derechos a cada uno de los cónyuges en materia de propiedad, compras, gestión, administración, goce y disposición de los bienes. En otro ítem se garantiza que no tendrán ningún efecto jurídico los esponsales y el matrimonio de niños y que los Estados deben adoptar todas las medidas necesarias y establecer una edad mínima para la celebración del matrimonio.

La CEDAW ha tenido muchas dificultades de implantación habida cuenta las obstrucciones, los impedimentos tantas veces insidiosos para su aplicación efectiva. Fue necesario que Naciones Unidas aprobara un instituto complementario en diciembre de 2000, el *Protocolo facultativo,* que en buena parte de los países de la región consiguió una dificultosa sanción, con retraso, y hay algunos de éstos que se resisten, aunque hayan firmado la Convención. Se observan reservas para la ratificación completa de la CEDAW y del Protocolo en Nicaragua, El Salvador, Colombia y Chile. El Protocolo tiene la función de actuar como código de procedimientos pues señala los pasos y las actuaciones que deben realizarse toda vez que quien se encuentre afectada en su derecho pueda acudir a la CEDAW. Cabe llevar adelante una denuncia de modo directo o por medio de una representación vicaria para lo que se exige el expreso consentimiento de la/las afectadas. También se acepta una acción colectiva en el proceso de recurrir a la instancia internacional en busca de resolución del problema. Vale la pena recordar los primeros artículos del *Protocolo facultativo*: el artículo 1 reza que los Estados reconocen la competencia del Comité para la Eliminación de la Discriminación contra la Mujer para recibir y considerar las demandas relacionadas con los derechos asegurados por la Convención; el artículo 2 determina que las presentaciones pueden ser realizadas por personas o grupos de personas afectadas por la violación de los derechos, y el artículo 3 estipula que las presentaciones deben hacerse por escrito, que no pueden ser anónimas y que sólo se admitirán las que provengan "de un Estado Parte en la Convención", por lo que no tendrán curso las denuncias y manifestaciones originadas en naciones que no hayan suscrito la CEDAW.

El Protocolo resulta indispensable para habilitar los procedimientos referidos al cumplimiento de los bienes jurídicos protegidos por la Convención. Los obstáculos provinieron en general de la oposición de las fuerzas más regresivas y conservadoras, en particular el empeño obturador efectuado por los prelados de la Iglesia católica que interpretaban que la CEDAW abría la posibilidad de la legalización del aborto, de ahí la demora en la obtención del Protocolo. Pero resultaba inexorable un marco de acuerdos para que los países enfrentaran de manera focalizada el flagelo de las violencias, y fue así que se arribó a la obtención de la *Convención interamericana para prevenir, sancionar y erradicar la violencia contra la mujer* aprobada en Belém do Pará, Brasil, en 1994. Desde luego, entre las influencias habidas para la sanción de esta Convención estuvo el comité de seguimiento de Naciones Unidas con relación a la CEDAW, que desde 1992 se había manifestado en el sentido de señalar a los Estados que "también pueden ser responsables de actos privados si no adoptan medidas con la diligencia debida para impedir la violación de los derechos o para investigar y castigar los actos de violencia e indemnizar a las víctimas". A mediados de los años noventa ya era un reclamo extendido por parte del activismo feminista la necesidad de que los corpus legales enfrentaran el azote de *todas las formas de violencia*, habida cuenta de que en la mayoría de los países la legislación focalizaba sólo la violencia familiar, a menudo identificada como doméstica. En efecto, Costa Rica había aprobado esa legislación en 1990 —ampliada en 1996—, Perú en 1993, Chile y Argentina en 1994. Las manifestaciones de una miríada de grupos exigían a los respectivos Estados una acción contundente, sistemática y continua para combatir todas las modalidades de la violencia de género. En 1994 la Organización de Estados Americanos (OEA) sancionó la Convención que finalmente fue ratificada por 32 naciones —incluyendo los países miembros que no pertenecen al área hispano-lusitano parlante—, y desde 2004 se creó la comisión de seguimiento de su aplicación, el Mecanismo de Seguimiento (Mesecvi) integrado por un amplio conjunto de expertas. Debe recordarse que la Convención pudo sancionarse, además de las insistentes demandas de los segmentos feministas, por la actuación de la Comisión Interamericana de Mujeres (CIM) que, como ya se ha dicho, había surgido en 1928 cumpliendo un destacado rol en la conquista del derecho al sufragio.

Los primeros artículos de la Convención de Belém do Pará —así se la conoce— merecen ser asimilados por todas las instituciones públicas o privadas, pues permiten apreciar el amplísimo horizonte de las violencias que deben combatir los Estados miembros. El artículo 1 define las diferentes formas de violencia contra la mujer, en términos de comprender cualquier acción o conducta, basada en su género, que cause muerte, daño o sufrimiento físico, sexual o psicológico a la mujer, tanto en el ámbito público como en el privado. El artículo 2 tiene especial importancia debido a la ampliación del concepto violencia contra la mujer que incluye la violencia física, sexual y psicológica ejercida en muy diversos lugares. En primer término dentro de la familia o unidad doméstica o en cualquier otra relación interpersonal, ya sea que el agresor comparta o haya compartido el mismo domicilio que la mujer, y que refiere a actos violentos, entre otros, violación, maltrato y abuso sexual. Debe recordarse que la enorme mayoría de la legislación en América Latina se había centrado en este aspecto restricto de la violencia doméstica. El artículo en cuestión abarca todos los ámbitos, pues además del marco doméstico considera todo otro lugar en la comunidad con posibilidad que sea perpetrada "por cualquier persona y que comprende, entre otros, violación, abuso sexual, tortura, trata de personas, prostitución forzada, secuestro y acoso sexual en el lugar de trabajo, así como en instituciones educativas, establecimientos de salud o cualquier otro lugar". Finalmente la Convención señala que el perpetrador puede ser el propio Estado, o que éste tolere la violencia, en cuyo caso también se estará frente a un gravísimo incumplimiento.

La legislación producida en cada país que recogió sus disposiciones se ha caracterizado por sancionar *leyes integrales,* para diferenciarse de las leyes parciales precedentes que contemplaban sobre todo la violencia doméstica. Al momento, los siguientes países han conquistado ese tipo de leyes contra la violencia de género, a saber: Argentina (2009), Bolivia (2013), Colombia (2008), Costa Rica (2009), El Salvador (2012), Guatemala (2008), México (2012 y 2018), Nicaragua (2012), Perú (2015), Venezuela (2007), Uruguay (2017), Paraguay (2018), Ecuador (2018). Por otra parte, en la mayoría de los países de América Latina se han sancionado leyes penales que maximizan la condena con relación a la muerte de mujeres, admitiendo el concepto de femicidio/feminicidio, aunque ha habido algunas discusiones respecto de la conjunción semántica correspondiente a ambos términos. Recordaré que fue Marcela Lagarde quien tradujo al español el concepto originalmente planteado por Diana Russell. De modo sucinto, *femicidio*, para muchas autoras —incluida la propia Lagarde— debe distinguirse de *feminicidio*, asociado a "crímenes impunes contra mujeres", esto es cuando el Estado recalca su complicidad, cuando no percibe y por lo tanto no sanciona el verdadero móvil del crimen que radica en la condición de género de la víctima. En la modificación de la norma penal en América Latina se han utilizado ambos vocablos, de modo que hay nueve países que utilizado la noción de femicidio y otros ocho que emplean feminicidio, de acuerdo con el informe *Análisis de la legislación sobre femicidio/feminicidio en América Latina y el Caribe e insumos para una ley modelo* (2017), realizado por ONU Mujeres/Mesecvi. En algunos países, como Argentina, la maximización de las penas alcanza también a quienes matan por odio o ultiman por razones de género, de diversidad sexual, de etnia, pero no emplea en ningún momento alguno de estos vocablos. Pero a casi medio siglo de la conquista de la Convención de Belém do Pará, se está todavía frente a una severa negligencia de los Estados firmantes para impedir el flagelo de la violencia contra las mujeres.

Para las feministas ubicadas en la posición del "abolicionismo penal", como la destacada jurista española Elena Larrauri, la exigencia punitivista que ha desarrollado en general el ancho cauce feminista resulta al menos paradójica en los propios términos de la lucha por el reconocimiento y derechos de las mujeres, y según su opinión guarda ecos patriarcales pues el violento sistema patriarcal se identifica con el orden jurídico, cuya característica es la asignación autoral y el castigo. El abolicionismo hunde sus raíces en concepciones libertarias, en la noción de que la matriz del delito es social y ha atacado la noción autoral de la transgresión a la ley dadas las razones que proceden del contexto justificador de la autoría. La relación del feminismo con la punición es realmente compleja, aunque parece incontestable que en todas nuestras sociedades el Estado todavía asegura el ejercicio de la violencia con el agravio de la impunidad y que las mujeres, y los más lábiles sujetos ubicados en la diversidad sexual y genérica, exhiben una ciudadanía incompleta y están en riesgo de sufrir toda suerte de agresiones. ¿Cómo eludir los castigos establecidos cuando los agresores apuestan al reaseguro en que se enmarca, de manera atávica, el orden jurídico? Hasta no hace mucho tiempo la mayoría de los códigos penales latinoamericanos hacía lugar al "honor" para justificar la muerte de mujeres, y cuando este atributo vertebral de la construcción masculina fue desafiado por el avance general de los derechos individuales, la mayoría de la legislación se encerró en un sustituto plausible para el homicidio de cónyuges, amantes y otras fórmulas relacionales: la "emoción violenta".

Pero también es cierto que comulgar con cualquier fórmula punitiva no es privativa de los feminismos puesto que en realidad sostienen la necesidad de ambientes exentos de humillaciones, aspiran al ascenso de comunidades democráticas, y finalmente están de acuerdo en promover sociedades más justas. No es por piedad hacia el victimario que la mayoría de las partidarias del feminismo se compadece con soluciones no punitivas, sino por una razonable intelección acerca justamente de que el patriarcado, más que los individuos socializados bajo sus preceptos, es el que debe ser llevado al banquillo de los acusados. Una de las principales voces latinoamericanas, Rita Segato, se ha empeñado en mostrar las "estructuras elementales de la violencia patriarcal" y sus instrucciones que constituyen la trama de la "pedagogía de la crueldad". Las diversas corrientes feministas debaten acerca de las estrategias para combatir la calamidad de la violencia, y con certeza la enorme mayoría de las activistas están conscientes de que no se extinguirá con un aumento de las penalidades y ni siquiera con la judicialización de las causas, salvo en determinadas circunstancias. Las más variadas agencias reclaman, cuando menos, medidas preventivas, y esencialmente una profunda alteración de las sociabilidades; solicitan cambios sustanciales para eliminar los sesgos sexistas y discriminadores de la educación, exigen que en todo el sistema educativo haya información sistemática acerca de las sexualidades. He ahí conformada una plataforma para desarticular las estructuras patriarcales.

El fin de las violencias letales ha originado numerosas manifestaciones, pero probablemente uno de los movimientos más destacados sea el llevado adelante en Argentina por el colectivo de mujeres #NiUnaMenos. En 2018 hubo un salto enorme en las manifestaciones a propósito del debate sobre la ley del aborto en este país, gracias a la Campaña Nacional por el Aborto. Otra singular manifestación reciente ha sido la protagonizada por las estudiantes chilenas, en particular las pertenecientes a la Universidad de Chile, cuando reclamaron el fin de los acosos sexuales perpetrados sobre todo por integrantes del cuerpo de profesores. Más adelante me referiré con cierto detalle a estos movimientos. Las movilizaciones de las mujeres, feministas declaradas o en transición, fueron muy importantes en Colombia para la vía de los Acuerdos de Paz, más allá de las dificultades hoy existentes para su concreción, y dedicaré reflexiones a esa saga. Resulta también ineludible una introducción a las nuevas manifestaciones que ligan las relativamente recientes insurgencias femeninas en comunidades aborígenes de América Latina. Y, finalmente, me ocuparé de las movilizaciones llevadas a cabo por las mujeres brasileñas a propósito de la candidatura de Jair Bolsonaro —que finalmente accedió a la primera magistratura en 2018—, bajo el lema *Ele Não*. Las recurrentes manifestaciones misóginas y homo-lesbo-trans-fóbicas de ese representante de las mentalidades más reaccionarias de la sociedad brasileña llevaron a miles de manifestantes a las calles, especialmente a las mujeres, en diversas ciudades de ese país. Estos fenómenos de enorme masividad constituyen pruebas de la excepcional fortaleza que ha tomado la identidad feminista en la región. Aunque probablemente no hayan alcanzado una manifestación pública consistente, en los últimos años se expandieron de modo singular los movimientos de mujeres y feministas arraigados en las poblaciones originarias. Dedicaré algunas páginas a una de sus producciones de alto impacto, la actuación de las feministas de *Abya Yala* que irrumpieron con mucha creatividad creando tribunales para enfrentar a la justicia patriarcal. Finalmente dedicaré reflexiones acerca de la acechanza que significan las agencias "antiderechos" contrarias a la "ideología de género", cuyas ásperas y a menudo violentas actuaciones amenazan la libertad en nuestro continente.

#NiUnaMenos y la campaña nacional por el aborto en Argentina

Aunque en este país se había conseguido un corpus legal importante de combate a la violencia, la escena social se convulsionaba con nuevos asesinatos de mujeres. Los medios de comunicación habían ido forjando un giro conceptual y se había conseguido que la mayoría de los comunicadores abandonaran las fórmulas falaces de "crimen pasional", "asesinato por amor", "crimen justificado por celos". La corrección política de los titulares de noticias o de los cintillos de los noticieros televisivos pasó a adoptar en algunos años la expresión "crimen de género", aunque a menudo el nuevo estilo se ha derrumbado frente a asesinatos de adolescentes de los sectores populares, pues ha sido frecuente que al presentar a estas víctimas se mostraran ciertos atributos y trazos de conducta tornándolas "propiciatorias". Las chicas *se habían buscado* ese brutal destino. Frente a tanto desquicio se imponía un sacudimiento, una forma estentórea que pudiera detenerse ante la muerte de tantas mujeres que hacia 2015 ascendía a alrededor de un feminicidio cada 30 horas. Un grupo de mujeres que trabajaba sobre todo en medios de comunicación había participado en 2014 en un programa de lectura de textos de denuncia en una de las áreas de la Biblioteca Nacional bajo el lema "Ni una menos", en el que participaron familiares de víctimas. Entre las protagonistas se encontraban Vanina Escales, María Pía López, Hinde Pomeraniec, Ingrid Beck y Soledad Vallejos.

En mayo del año siguiente ocurrió el crimen de una adolescente de 14 años, Chiara Páez, en una localidad del interior, sacrificada porque tenía un embarazo en curso que recusaban su novio y la familia de éste, que probablemente ayudó a enterrar su cuerpo en la vivienda de uno de sus miembros. Fue un acontecimiento estremecedor y, a través de un tuit, la periodista Marcela Ojeda hizo un rápido llamamiento dirigiéndose sobre todo a sus colegas, instando a "hacer algo" de modo urgente. En muy poco tiempo se consiguió articular una comisión organizadora que adoptó el lema/hashtag *#NiUnaMenos* y estuvo inicialmente integrada por alrededor de treinta mujeres en su mayoría comunicadoras sociales. Las discusiones giraron en torno de la realización de un llamamiento enérgico para una gran movilización en todo el país que se programó para el 3 de junio. Había muchísima expectativa pues la convocatoria se realizó sobre todo a través de las redes sociales, y aunque era difícil calcular entonces el efecto de ese llamado, se contaba con un estado particular de sensibilización, con un cierto hartazgo y debe decirse que los medios habituales de comunicación cooperaron con la iniciativa. Bastante antes de la hora fijada el hormigueo humano era notable en Buenos Aires, en la zona del Congreso de la Nación donde se había fijado el centro de la manifestación. Resultaba casi imposible transitar por esa zona al momento del clímax multitudinario, y era absolutamente conmovedor que millares de mujeres —y no pocos varones— se hubieran movilizado con pancartas caseras y con inscripciones muy creativas, constituyendo grupos abigarrados que con certeza multiplicaban las presencias habituales de las movilizaciones de cada 8 de Marzo. La Comisión había acordado la lectura de un petitorio en aquel acto masivo del 3 de junio de 2015, en el que se demandaba la completa aplicación de la ley integral contra la violencia; la recopilación y publicación de estadísticas sobre femicidios; la ampliación a todas las provincias del país de la oficina que disponía la Suprema Corte de Justicia para atender las denuncias de las víctimas; garantías para el acceso a la justicia con el patrocinio jurídico gratuito; la creación de refugios; la protección de niñas y niños; la efectiva modificación de los currículos educativos con la incorporación de talleres específicos preventivos, y finalmente "capacitaciones obligatorias en la temática de violencia machista al personal del Estado, a los agentes de seguridad y a los operadores judiciales, así como a profesionales que trabajan con la temática de violencia en diferentes dependencias oficiales de todo el país". Esta última solicitud se ha convertido finalmente en ley en diciembre de 2018, con el nombre de "Ley Micaela" a raíz del asesinato de la joven Micaela García, de 21 años, ocurrido en una localidad de la provincia de Entre Ríos, cuyo victimario contaba con graves antecedentes y gozaba de libertad autorizada por un juez aun cuando había sido advertido acerca de la peligrosidad del individuo. El juez en cuestión fue sometido a juicio pero fue absuelto; a decir verdad la cobertura patriarcal diluyó completamente la acusación de incumplimiento de los deberes.

En todo el país, aquel primer 3 de junio, se registraron actos nutridos, y no sólo en las ciudades más populosas, también en localidades de pequeño porte hubo réplicas. La emulación del *#NiUnaMenos* llegó a varios países de la región; baste recordar el eco que encontró en Uruguay —con desplazamientos de muchas mujeres también el 3 de junio de ese año—, en Ecuador, Perú, Colombia, México, Venezuela, Chile, Guatemala, Costa Rica, Honduras y en otras sociedades europeas en los años siguientes. El fenómeno del movimiento volvió a reunir multitudes al año siguiente en la misma fecha, y se agregó el lema *Vivas nos queremos*. No puede dejar de mencionarse que la asunción del presidente Mauricio Macri a fines de 2015 y la imposición de políticas neoliberales contribuyó a aumentar ciertas tensiones en el grupo promotor en el que hasta ese momento había una pluralidad de identificaciones políticas, lo que significó la salida de algunas integrantes y el arribo de otras. El 19 de octubre de 2016 se concretó el llamado a una huelga que se concretó con paros de algunas horas en los lugares de trabajo, seguido de una movilización, acciones convocadas por el movimiento *#NiUnaMenos* junto con alrededor de 50 organizaciones feministas y LGTTBQ. El 3 de junio de 2017, la consigna de las manifestaciones en calles y plazas fue "Basta de femicidios, el gobierno es responsable". Se puso énfasis en el enfrentamiento con el gobierno pues la incorporación de nuevas organizaciones trajo aparejada nuevas demandas que incluían el pedido de libertad de Milagro Sala, una luchadora social de la región norte del país que al frente de la organización Tupac Amaru había desarrollado planes de viviendas, cooperativas de trabajo, salud, educación y recreación durante los años de gobierno de Néstor Kirchner y Cristina Fernández de Kirchner, perseguida por el nuevo gobierno bajo la sospecha de corrupción. La manifestación #NiUnaMenos de 2018 se realizó con una articulación decididamente contraria al gobierno de Macri, e incluyó la cuestión, que ya se debatía en el Congreso, de la ley de aborto. En efecto, la consigna fue: "Sin #AbortoLegal no hay #NiUnaMenos. No al pacto de Macri con el FMI". Como se advierte, las organizadoras tenían una posición clara contra la iniciativa gubernamental de solicitar un préstamo al FMI que redundaba en una vuelta de tuerca mayor al ajuste estructural que ya se había producido, y resultaba inexorable la atmósfera más enrarecida por las diferencias partidarias. Pero más allá de las crisis que ha vivido este singular movimiento feminista, de cierta diáspora del núcleo primigenio, su marca ha significado una singular conmoción en nuestras sociedades. La articulación con los movimientos tendientes a conseguir la legalización del aborto fue un punto singular que potenció la denuncia contra las violencias que con tanta contundencia se debe al #NiUnaMenos.

La Campaña Nacional por el Aborto Legal, Seguro y Gratuito tiene diversos antecedentes en Argentina. Los feminismos renacidos con la democracia en este país no dejaron de formular la necesidad del cambio en la ley penal que como ocurre en la enorme mayoría de la región —salvo Uruguay y Ciudad de México— puede encarcelar a mujeres por causa del aborto que se han practicado. Durante los años ochenta y noventa las diversas corrientes de activistas no dejaron de manifestarse sobre la legalización del aborto y entre los núcleos específicos surgidos en 1988 se destacó la acción de la Comisión del Derecho al Aborto. Una de sus integrantes fue la médica Dora Coledesky, tal vez la feminista argentina que mayor tiempo dedicó a esa lucha, quien se había exiliado en Francia durante la dictadura militar y regresó al país en 1984. Otras destacadas partícipes fueron Alicia Schejter, Safina Newbery, María José Rouco Pérez, Laura Bonaparte, Carmen González, Nadine Osídala y Rosa Farías. En 1990 la Comisión incluía a organizaciones como la Asociación de Trabajo y Estudio sobre la Mujer (ATEM), Lugar de Mujer, el Centro de Estudios de la Mujer, el Instituto de Estudios Jurídicos-Sociales de la Mujer (Indeso), y en mayo se llevó a cabo la Primera Jornada por el Derecho al Aborto y la Anticoncepción en la que hubo diversos aportes, entre los que deben recordarse los de Alicia Cascopardo, Zulema Palma y Susana Mayol, tal como evoca una de las participantes, Mabel Bellucci. La Comisión solía hacer manifestaciones en diversos lugares pues había algunas ramificaciones en el interior. También desde mediados de los noventa comenzó a desplegar sus actividades el Foro por los Derechos Sexuales y Reproductivos. Había que sortear la paradójica cuestión de incorporar a los derechos reproductivos los que se oponían al mandato reproductivo. Además, había otra circunstancia y era la franca asimilación de los derechos sexuales con los derechos reproductivos (y no reproductivos en todo caso), lo que conducía a un cierto bloque semántico que estaba lejos de ser el punto de vista dominante entre las movilizadas pues calaba hondo la necesidad de separar sexualidad de reproducción. El Foro fue muy activo en la conquista de la ley que permitía el acceso a los anticonceptivos, y nunca cejó en la solicitud de despenalizar el aborto. Entre las feministas que han revistado en esa agrupación se encuentran Martha Rosenberg, Liliana Chiernajowsky y Cecilia Lifschitz, estas dos últimas recientemente fallecidas.

Una de las agrupaciones que se ha identificado con la lucha por la legalización del aborto de modo sostenido ha sido Católicas por el Derecho a Decidir, con raigambre en todo el mundo. El grupo de las católicas opuestas a la decisión categórica de impedir el aborto bajo cualquier circunstancia, cuya sede se encuentra en Nueva York, ha logrado radicación en todos los países de América Latina, y en Argentina se constituyó con un conjunto de simpatizantes de singular actuación. Para comprender la proyección ganada por la demanda de la legalización, debe volverse a la experiencia de Argentina en materia de Encuentros Nacionales de Mujeres al que ya hice referencia al narrar la historia del feminismo en este país. Originados con la vuelta a la democracia, estos encuentros han ido ocurriendo como asambleas multitudinarias, ya que en los últimos años han podido concentrarse más de 30 000 mujeres en cada oportunidad. Talleres sobre aborto fueron moneda corriente en cada una de esas reuniones desde 1988, pero en 2003 las urgencias crecieron y se tomó la decisión de mancomunar esfuerzos para demandar orgánicamente la ley del aborto seguro y gratuito. En 2004 el Encuentro plasmó la Campaña Nacional por el Derecho al Aborto Seguro, Legal y Gratuito adoptando el lema —que venía empleándose desde hacía tiempo— "Educación sexual para decidir, anticonceptivos para no abortar, aborto legal para no morir". También adoptó el emblemático pañuelo verde con las inscripciones blancas que habían caracterizado a la anterior Comisión. Un cúmulo de organizaciones —más de 300— integra actualmente la Campaña, de modo que el movimiento fue creciendo de manera incesante, observable cada vez que la Campaña presentaba los proyectos a los parlamentarios cuyas firmas se han ido sumando a cada año.

En marzo de 2018, de modo imprevisto, el presidente Macri autorizó a su bancada el tratamiento de la ley. Obraron varias razones que pueden sintetizarse en dos circunstancias centrales: la caída de la adhesión a las políticas gubernamentales debido a la crisis económica que llevó a los operadores de comunicación gubernamental a imaginar salidas, y el ascenso singular de las simpatías que venían recogiendo las manifestaciones del *Me too*, que también contaba con testimonios locales. Aunque entre la representación parlamentaria del oficialismo se contaban algunos diputados firmantes del proyecto de legalización del aborto, y también se expresaban a favor contados miembros del Poder Ejecutivo —entre ellos el ministro de Salud— era bien sabido que la mayoría de los diputados de la fuerza gobernante se oponía tenazmente a la medida. Ocurrió entonces una agitación extraordinaria que llevó a las calles a miles de manifestantes en diversas oportunidades, especialmente a adolescentes y jóvenes, sobre todo durante las sesiones preparatorias en el Congreso donde numerosas voces, a favor y en contra, fueron oídas. Pero nada parecido a lo que ocurrió durante las jornadas del 13 y 14 de junio cuando el proyecto comenzó a debatirse en el plenario de la Cámara baja. Una manifestación multitudinaria acompañó el acontecimiento desde las cercanías y también fueron nutridas las concentraciones en muchos lugares del país, no hay registro histórico de tamaña aglutinación por el derecho al aborto en la que sobresalían las más jóvenes. Una ola de pañuelos verdes cubría las adyacencias del Congreso, y visiblemente ocupaba mucho más espacio que la concentración de quienes se oponían al proyecto, con el símbolo del pañuelo celeste y la consigna "Salvemos las dos vidas". Desde luego, la Iglesia católica y el amplio espectro de los cultos evangélicos —diferenciados de los derivados de la Reforma protestante— agudizaron el férreo antagonismo. La votación fue favorable al aborto por apenas cuatro votos, pero se vivió una eclosión fuera y dentro del Congreso, y ese éxito parcial encendió aún más la participación que alcanzó a no pocos varones. Resultaban sin precedentes las manifestaciones de adolescentes en escuelas secundarias confesionales, contendiendo con autoridades, profesoras y condiscípulas. La sociedad argentina fue profundamente conmovida por las irrupciones de diversas exhibiciones de feminismo, por las identificaciones feministas que se esgrimían en muy diversos lugares. No obstante, la ley del aborto no alcanzó el número de votos para ser sancionada en la Cámara de Senadores donde se escucharon discursos que avergonzaban por su clave misógina y patriarcal, por la flagrante reducción de los derechos no sólo de las mujeres, sino de las niñas y adolescentes. Pero el reto ha quedado planteado por una configuración poliédrica de identidades feministas que permite aseverar que por primera vez se trata de un acontecimiento masivo, absolutamente extendido y con certeza, sin retorno.

Mayo feminista en Chile: insurgencias desde la Universidad

Como ha podido leerse en páginas anteriores las feministas chilenas han trazado una ruta que enlaza diversos ciclos históricos con singular proyección social. Aunque los agrupamientos feministas de inicios del nuevo siglo alcanzaron gran significado contra la violencia y a favor del aborto (debe recordarse que en 2013 ocurrió una ocupación de la catedral de Santiago en su reclamo), y pese a que los estudios feministas ocupan un lugar destacado en la oferta académica, en el claustro estudiantil se registraba un profundo malestar debido a las situaciones de violencia en diferentes espacios de formación. Las estudiantes de varias casas de altos estudios habían testimoniado que era habitual que algunos profesores tuvieran conductas de acoso sexual y que fueran autores de hechos más graves, pero la eficacia de las denuncias era muy limitada en buena parte de los casos. Una sólida malla defensiva solía poner a buen recaudo a estos varones, y no pocos gozaban de cierto prestigio académico, lo que hacía más difícil conseguir una sanción a los perpetradores. En la Facultad de Filosofía y Humanidades de la Universidad de Chile —sede de uno de los segmentos de la calificada maestría de Género, pues el otro se dicta en la Facultad de Ciencias Sociales—, hubo diversas manifestaciones de malestar y se registraron denuncias relacionadas con la conducta de acoso de algunos docentes, con una sanción expresa en uno de los casos. Pero no se trataba sólo de profesores acosadores, también abundaban las circunstancias en que varios estudiantes habían ejercido violencia contra sus compañeras, tentativas de abuso, cuando no conductas aún más graves. La gota rebasó el vaso cuando a mediados de abril de 2018 las estudiantes de la carrera de Antropología de la Universidad Austral de Chile, localizada en Valdivia, iniciaron una acción determinante al acusar a varios compañeros de prácticas de acoso y, ante la impunidad reinante, tomaron el edificio de la Facultad de Filosofía y Humanidades y luego ocuparon otros sectores, extendiéndose la toma a la sede de la ciudad de Osorno. Un poco después la acción se repitió, esta vez en la Universidad de Chile en cuya Facultad de Derecho un profesor que ocupaba además un alto cargo en el sistema de justicia —nada menos que presidente del Tribunal Constitucional— había intentado violar a una de sus discípulas y asistente en su labor académica un año antes, en agosto de 2017. La joven ha narrado las circunstancias que la obligaron a salir corriendo de la sala donde estaba trabajando con el profesor de marras, encerrarse en el baño más cercano y sentirse tan conmocionada que debió vomitar. Su denuncia fue de enorme valentía y animó a que otras compañeras se dispusieran a contar las circunstancias de acoso que habían vivido y no sólo por parte de ese importante académico.

Casi un año más tarde, en el ascenso de la protesta, las jóvenes decidieron la ocupación de esa Facultad y fue una de las más largas pues duró cerca de tres meses, lo que obligó a la renuncia del decano y también a encarar intervenciones fundamentales para corregir las violencias de género por parte del rectorado de la Universidad. El estrépito de las tomas se extendió a otras casas de altos estudios —en total fueron alrededor de 25—, algunas privadas, y debe destacarse la larga ocupación, por varios meses, de la Universidad Playa Ancha ubicada en Valparaíso. Hacia el mes de mayo las calles chilenas se poblaron de manifestaciones de mujeres jóvenes apoyadas, entre otras entidades, por la organización que había sido crucial en las movilizaciones del estudiantado secundario solicitando la acción estatal en el sostenimiento de la enseñanza media, la Coordinadora Nacional de Estudiantes Secundarios. También se unió a la convocatoria el movimiento local *#NiUnaMenos* y entre las concentraciones de los primeros días de aquel mes se destacó la convocada bajo el lema "Contra la cultura de la violación" que reunió a miles de manifestantes en las calles de la capital chilena. No puede olvidarse el papel de la Confederación de Estudiantes de Chile, cuya acción fue determinante para otra de las manifestaciones de mediados de mayo que alcanzó singular proyección debido al elevado número de participantes. En esa saga hubo otro acontecimiento de gran repercusión, la toma de la Pontificia Universidad Católica de Chile a fines de mayo, una plaza en la que no faltaban las iniciativas relacionadas con los estudios de género pero en la que dominaban los trazos muy conservadores. El pliego petitorio redactado por las participantes en este acto exigía una serie de modificaciones a las autoridades, una de ellas la fijación de un nuevo protocolo de actuación ante las denuncias, sanciones ejemplares a docentes y funcionarios acosadores, medidas de equidad de género en los cargos de dirección y académicos, y de modo singular se solicitaba la matriculación de estudiantes con la identidad genérica que éstos indicaban.

Las movilizaciones de Chile, decididamente más pronunciadas en mayo de 2018, fueron un sacudón. Muchas jóvenes salieron a la calle con los torsos desnudos, sus cuerpos intervenidos con muy diversas expresiones antipatriarcales. La exposición de senos fue un reto a las habituales modalidades de los atropellos de varones empecinados en sostener que los cuerpos de las mujeres son su patrimonio. La energía de las movilizaciones de las muchachas llevó incluso a la ocupación de un espacio reservado a los varones en el ciclo medio de enseñanza, el Liceo Instituto Nacional General José M. Carrera, aunque en esta institución se había producido buena parte de los reclamos estudiantiles que constituyeron la "revolución de los pingüinos" en 2006 —una efervescencia que demandaba el fin de la privatización de la enseñanza haciéndola definitivamente pública—. No pueden dejar de evocarse algunas de las consignas lanzadas en aquellas ruidosas manifestaciones que se llevaron a cabo en tantas calles chilenas: "Acoso, abuso, también violaciones/eso se lo callan las instituciones", "Y cómo, y cómo es la huevá/nos matan y nos violan/y nadie hace ná". También se escucharon impugnaciones al capitalismo y a las formulaciones neoliberales que habían retornado a Chile: "Mujeres contra la violencia/mujeres contra el capital/mujeres contra el machismo/mujeres contra el terrorismo neoliberal". La periodista Faride Zeran tuvo a su cargo la publicación de *Mayo feminista*, con testimonios de algunas protagonistas; la rebelión contra el patriarcado, que congregó a un conjunto significativo de voces que desde diferentes puntos de vista analizó la saga de las insurgencias femeninas que acababan de transcurrir. No escapa a esas interpretaciones que se está frente a un cambio de época y que se asiste a un despertar fundamental del malestar en la cultura y en la sociedad que reúne, en una articulación magmática, al patriarcado con las políticas neoliberales que aumentan especialmente las adversidades hacia las mujeres y las personas ubicadas en las diversidades sexo-genéricas. Hay coincidencias en ese texto al señalar el rejuvenecimiento de los antiguos odres feministas pues es evidente el desafío que presentan las nuevas generaciones de mujeres, pero especialmente las autoras se han puesto de acuerdo en torno del objetivo central, tal como se dijo en su presentación en octubre de ese año:

> Una historia que pareciera no tener autor, con la cual debemos coincidir, y de la cual, sin embargo, no somos parte. Esa historia de las dominaciones, de las opresiones, de la relegación al rol de la reproducción es la historia a la cual Mayo Feminista se rebela. Los patios traseros del poder, los patios comunes de los conventillos donde nos hemos reunido a gestar la política, o mejor dicho, una política: una política otra. El tejido enredado del feminismo/los feminismos, con sus nudos y sus lugares comunes nos convoca a articulaciones para la resistencia. Las escrituras que hoy nos reúnen provocan a todas quienes estuvimos y estamos en este campo de disputa, la sensación de que si somos las locas, las locas somos cada vez más, y hace siglos hay locas tramando y tejiendo el camino que hoy podemos recorrer.

No fue sólo el sistema universitario el que fue sacudido durante los días de mayo de 2018, fue la sociedad chilena en su conjunto la cuestionada. Una de las participantes del libro, la destacada escritora Diamela Eltit escribe:

> Habría que pensar en este escenario social y unirlo al levantamiento feminista signado por mujeres jóvenes que han modificado su horizonte vital en lo que se refiere a un hecho estructural que recaía sobre ellas: la conformación de familia como prioridad, obligación y deber. Entonces quiero afirmar que las mismas mujeres "desde abajo" produjeron una emancipación al marcar una línea de legitimación de otra circulación social. Desde mi perspectiva los estímulos más poderosos provienen de lo local. Efectivamente, este resonante movimiento feminista altera la correlación de fuerzas en la medida que ahora porta una cuota de poder público.

El sismo producido ha dejado huellas profundas, convicciones más acendradas y subjetividades transformadas. Como sostiene Kemy Oyarzún, un tránsito hacia una "democracia encarnada" por las "insumisiones del cuerpo femenino", y sus efectos inmediatos pueden medirse por las iniciativas para conmover todas las formas de violencia en los ámbitos educativos, pero deben esperarse ondas más largas que reduzcan de modo definitivo la arquitectura patriarcal en todos los conjuntos sociales. Ésa es la apuesta de la masiva movilización de las nuevas generaciones de mujeres en Chile, a la que se unen las diversas configuraciones de la diversidad sexo-genéricas que se adhieren a los feminismos y también de los varones cis que de buena fe desean transformar la fisonomía de la interacción humana en ese país.

Mientras este libro se cierra, transcurre en Chile un acontecimiento notable y en buena medida inesperado. Aunque desde el retorno a la democracia —que se realizó de manera condicionada debido a la hegemonía ideológica del pinochetismo y a la adopción de las políticas neoliberales aplicadas a rajatabla— han existido diversas manifestaciones de descontento y demandas, desde octubre de 2019 se asiste a una insurgencia masiva que alcanza a diversos grupos sociales y no sólo a las mayorías populares. Debe repasarse que las movilizaciones estudiantiles fueron una marca constante de reclamos, y las protestas descritas en este acápite, a cargo de las más jóvenes feministas, produjeron estremecimientos a una sociedad que en buena medida parecía anestesiada. De modo casi imprevisto se asiste a un despertar masivo a lo largo del territorio chileno reclamando por las consecuencias de las políticas neoliberales incorporadas nada menos que al texto constitucional. En efecto, se trata de modificar la Constitución de Chile pues es la clave que autoriza ominosos dispositivos, incluso represivos, por la que se han privatizado recursos y se ha permitido la concentración económica en pocas manos, se ha retrocedido en materia de derechos sociales e individuales, como ha ocurrido con la reforma de jubilaciones que eliminó el sistema solidario de reparto desde hace varias décadas.

Sin duda las mujeres chilenas están teniendo una participación notable en las movilizaciones surgidas a lo largo del país, como volcanes en erupción. La represión ha sido muy violenta, especialmente para muchas jóvenes que además de balaceras han sufrido abusos sexuales. Debe mencionarse especialmente la resistencia de muchos grupos femeninos y, en particular, la iniciativa singular de Las Tesis, que reunió a miles de mujeres con un cántico que ha tenido mucho impacto, más allá del territorio chileno, cuya letra habla por sí misma:

> *Y la culpa no era mía,*
> *Ni donde estaba ni como vestía.*
> *El violador eres tú.*
> *Son los pacos, los jueces, el Estado, el presidente.*
> *El Estado opresor es un macho violador*

Es probable que cuando este libro esté publicado, la inmensa convocatoria de "las/los/les chilenes" para transformar la Constitución, obtener derechos y conquistar más equidad de género haya dado pasos irrevocables.

Mujeres movilizadas
por la paz en Colombia

No puede hallarse entre las mujeres una ínsita, constitutiva, afección pacifista. Las mujeres estamos lejos de una suerte de adscripción ética antibelicista, y las feministas a veces tuvieron fisuras gravísimas con relación a la guerra. Virginia Woolf en su ya citado *Tres guineas* mostró de modo contundente que aunque la responsabilidad por las guerras fuera de raigambre estrictamente patriarcal, los coros femeninos coadyuvantes constituían un espectáculo que debía ser suspendido cuando creciera la conciencia del sometimiento. Baste recordar lo sucedido entre las feministas cuando estalló la primera Guerra, la dramática división ocurrida, y al mismo tiempo ciertas afinidades probelicistas que se acabaron acercando a grupos antes disonantes. Pero no puede sortearse el reconocimiento de las múltiples acciones femeninas para intervenir en procesos desgarradores de enfrentamiento interno acaecidos en nuestras naciones. Uno de los escenarios de lucha armada sostenida ha sido Colombia, con una larga confrontación entre las fuerzas guerrilleras, especialmente la más perdurable protagonizada por las Fuerzas Armadas Revolucionarias de Colombia (FARC) y el orden estatal desde la década de 1960. Las características de esa guerra muestran ángulos abyectos. El propio Estado facilitó la intervención de grupos paramilitares que terminaron degradando más los contextos del enfrentamiento armado. Omito la suma de referencias históricas acerca de la prolongada violencia que vivieron las zonas de ocupación y contraocupación, hasta el surgimiento de expresiones más firmes tendientes a conseguir un armisticio y conquistar la paz definitiva.

A fines de los años noventa proliferaron los contactos para ese armisticio, pero luego se interrumpieron cuando las FARC asesinaron a uno de los secuestrados, miembro del Ejército. El recrudecimiento bélico fue devastador. Las conversaciones volvieron a retomarse bajo el gobierno de Juan Manuel Santos con un impulso decisivo que significó que se instalara finalmente en La Habana, Cuba, la mesa de diálogo que sentó a los representantes de ambas partes. Resultó muy complejo arribar a acuerdos debido a las múltiples dimensiones del conflicto, y a menudo las negociaciones parecieron estancarse. Pero finalmente los arreglos se concretaron, aunque fracasó la convalidación por parte de la población colombiana ya que, sometida a fuertes tensiones, no votó por la paz en una proporción de poco más de 50% en el plebiscito de octubre de 2016. No fueron extrañas las presiones de grupos fundamentalistas que asustaron a la ciudadanía colombiana con imágenes desquiciadas concernientes al significado del pacto con las FARC. Pero el proceso exigiendo la paz fue anterior que el ceñido a las conversaciones entre las partes litigantes originada en el nuevo siglo, y tal como ocurrió en otros países en la experiencia mundial, las mujeres tuvieron un papel protagónico de fuste. Señalaré algunas de las movilizaciones más importantes en el transcurso de fines del XX y muy especialmente las que se desarrollaron en el nuevo siglo, de acuerdo con el registro de Ruta Pacífica de las Mujeres, una de las más sobresalientes organizaciones movilizadas por la paz. Entre 1996 y 2000 hubo manifestaciones de miles de mujeres en Antioquia, Cartagena y Barrancabermeja, en esta última se repitieron en agosto de 2001, y también en Medellín. Entre los años 2000 y 2007 se realizaron actos públicos con nutrida concurrencia femenina especialmente en Barrancabermeja, en Putumayo y en la zona del Cauca. En noviembre de 2007 tuvo gran repercusión el acto en la frontera con Ecuador, en el Puente Internacional de Rumichaca, donde se reunieron alrededor de 5 000 mujeres de los dos países reclamando el fin del militarismo y el advenimiento de la paz. Otra gran manifestación ocurrió en Bogotá en noviembre de 2009, pero tal vez la más nutrida, puesto que pudieron reunirse más de 40 000 mujeres exigiendo el fin de las violencias, fue la del 25 de julio de 2013 también en Bogotá. La consigna central de aquel vibrante acto en gran medida auspiciado por Ruta Pacífica de las Mujeres, fue "Por una solución negociada al conflicto armado interno", en un momento en que arreciaban las tensiones y había cundido un cierto desencanto. Como relata una de las manifestantes, María Himelda Ramírez Rodríguez, en un testimonio que ha redactado especialmente para este libro:

> Fue una especie de carnaval político. Las delegaciones de las regiones llegaron con sus rasgos de identidad, trajes de sus lugares: mantas guajiras, enaguas y turbantes del Pacífico, música y pancartas muy vistosas. Las mujeres de Boyacá, un departamento de la zona andina, desfilaron con sus atuendos campesinos y tejiendo en husos en clara alusión a su oficio ancestral de tejer mantas y construir tejido social... Las recibimos con aplausos y lágrimas de emoción.

Las manifestaciones de las mujeres no han cesado pues la marcha hacia la paz definitiva, más allá de los actos formales consagratorios, ha quedado comprometida con el último cambio de gobierno. No pueden dejar de mencionarse los testimonios de mujeres que abandonaron la lucha armada en diferentes momentos. Hay revelaciones muy conmovedoras sobre ese proceso, y tal vez uno de los más estremecedores sea el de María Eugenia Vázquez a quien se debe *Escrito para no morir. Bitácora de una militancia*. He aquí algunos párrafos:

> Exploté mi condición femenina con propósitos conspirativos: ser mujer me servía para despistar, eludir requisas y conseguir información. Sobre todo, los más machos, los que nos subvaloraban, no nos concedían el estatus de enemigos suyos, ventaja que nosotras aprovechábamos. Pero si descubrían que habíamos penetrado

en su terreno, el de la guerra, eran implacables. Nos castigaban doblemente, como subversivas y como mujeres. Por eso, en casi todos los casos de torturas a mujeres guerrilleras, se presenta la violación o un ultraje sexual de cualquier tipo.

Este testimonio desgarrador vuelve sobre la condición femenina en situaciones límite, en circunstancias en las que la víctima queda reducida como objeto y recrudece hasta el paroxismo el sino patriarcal que constituye a las mujeres en bienes patrimoniales. La torturada queda a merced de una subjetividad también persecutoria que tiene el eco soez del presunto consentimiento. He aquí configurado todo el espanto de la violación. Ha sido imprescindible la toma de la palabra, a menudo el aullido de nuestras congéneres victimadas para mitigar la conmoción.

La mayor movilización de mujeres en la historia de Brasil: "Ele não"

La situación política de Brasil arribó a una circunstancia gravísima con el proceso que llevó a la destitución por la vía parlamentaria de la presidenta Dilma Rousseff. Las crecientes resistencias de los sectores económicos más poderosos —incluidos los concentrados medios de comunicación—, el deterioro de la imagen del principal líder del Partido de los Trabajadores, Luiz Inácio "Lula" da Silva quien había presidido el país y que era blanco de acusaciones de corrupción, la disconformidad de las clases medias mejor ubicadas en la pirámide social, por lo general identificadas con los grupos dominantes y disconformes con la economía que presentaba signos de crisis, condujeron al "golpe blanco" que derrumbó a la presidenta Rousseff. Los discursos de los parlamentarios —en su enorme mayoría varones— que decidieron el derrumbe de la presidenta fueron agraviantes para su condición de mujer, y hubo algunos de inocultable gravedad, como el del diputado Jair Bolsonaro, que se permitió homenajear al militar que la había torturado, cuando estuvo encarcelada en 1970, debido a su pertenencia a los grupos de izquierda que enfrentaban a la dictadura; esta alocución fue el ápice de la violenta arremetida verbal que caracterizó a aquellos discursos misóginos y denigrantes. El derrocamiento de Dilma Rousseff abrió un interregno de persecución abierta contra Lula, quien fue condenado a prisión en marzo de 2018, sin pruebas, aunque por "íntima convicción" como admitió el juez Moro, por una causa referida a la obtención de un apartamento en una zona balnearia. Era evidente la maniobra de apartar a quien contaba con la adhesión mayoritaria para contender en las elecciones que debían realizarse en poco tiempo. Brasil respiraba un ambiente de grandes tensiones y un tufo de derechas se iba extendiendo, especialmente cuando el gobierno de facto de Michel Temer decidió la militarización de Rio de Janeiro. Unos días después del encarcelamiento de Lula fue asesinada Marielle Franco —Marielle Francisco da Silva, su nombre verdadero— en esa ciudad; egresada de Ciencias Sociales, feminista, defensora de los derechos humanos, lesbiana, quien ejercía el cargo de *vereadora* (representante comunal). Su muerte desató manifestaciones en diversas ciudades, tuvo proyeccón internacional, y pocas dudas hubo de que no se había tratado de un acto casual, sino de una acción planeada por miembros de los servicios de seguridad. Marielle era una voz potente, de enorme convicción y coraje.

La imposibilidad de llevar a Lula como candidato fue muy perturbadora y finalmente se optó por Fernando Haddad, pero dadas las circunstancias y las características de la cultura política brasileña, resultaba muy difícil que se le transfirieran los votos de aquél. No puede sorprender que las derechas postularan nada menos que a Jair Bolsonaro, quien arrancó con una proporción mínima de adhesiones, pero la obstinada oposición a Lula terminó agrandando su candidatura. Bolsonaro expresaba las formulaciones más antitéticas de lo "políticamente correcto" y sin ningún escrúpulo se expresaba con un lenguaje fóbico contundente. Eran habituales sus diatribas contra los homosexuales, las lesbianas, las personas trans y también su desprecio hacia las personas indígenas, a las de ascendencia afro y a otras etnias… Su ideario era antifeminista, contrario por completo al aborto y partidario de los patrones patriarcales más ortodoxos. Celebraba con unción a militares que habían llevado al golpe de Estado en 1964 y denostaba a las izquierdas con los viejos anatemas del anticomunismo. Con su tercera esposa —parece paradójico su apego exacerbado a los valores familiares— se habían afiliado a una de las Iglesias evangélicas y, con esto, subrayado su adhesión a las formas más convencionales de las diferencias de géneros; alguna vez afirmó que él era padre de varones y que luego "le vino una debilidad" y nació una mujer. Los improperios, sobre todo contra los homosexuales, han figurado normalmente en sus discursos. Sin embargo, en la encrucijada de aquellas elecciones, Bolsonaro fue cerrando la brecha inicial que lo mostraba como un candidato sin chances. Hubo también un episodio muy extraño de violencia contra él, un atentado con un cuchillo durante un acto de apoyo a este candidato de la extrema derecha en la ciudad de Juiz de Fora, en el estado de Minas Gerais. Se ha sostenido que el ataque fue preparado como una estrategia de *marketing* electoral que rindió frutos porque de inmediato las encuestas marcaron un alza en las predilecciones de la población. Una plausible versión que ha ganado terreno indica que se hizo coincidir este acto y la escena de la agresión con una sesión de intervención médica, programada con bastante antelación, debido a la necesidad que tenía Bolsonaro de realizarse estudios debido a un preocupante problema de salud. De hecho, a poco de asumir el cargo como presidente en enero de 2019, debió pedir licencia debido al recrudecimiento de los síntomas que lo llevaron a una nueva internación.

En los días dramáticos previos a las elecciones se extendió un clamor para evitar que Bolsonaro se impusiera. Parte fundamental de ese clamor corrió por cuenta de las mujeres, azoradas ante la posibilidad de que llegara a la primera magistratura, y se organizaron multitudinarias manifestaciones públicas en diversos puntos del país. Rio de Janeiro y São Paulo, debido a su porte, resultaron escenarios de mayor concentración en repetidas ocasiones. No se trató sólo de mujeres cis, ya que entre quienes salieron a las calles para exhibir su repudio a Bolsonaro se encontraban todas las diversidades sociosexuales, y no deja de sorprender el carácter espontáneo de la mayoría de esas estridentes manifestaciones que se desarrollaban en plazas, en otros espacios amplios o que recorrían las principales arterias de cientos de localidades. Una interesante interpretación de un activista debe ser citada:

Bolsonaro… es un símbolo que se supera a sí mismo, un significado que trasciende el significante y esto porque él, y no sólo él, es un refuerzo del pacto de masculinidad violenta, que es una relación social. Nuestra salida no es apenas mantenernos vigilantes y activos, sino mantenernos donde estamos, y aquellos que todavía no llegaron a donde estamos precisan ser tomados con toda la fuerza, precisamos mantener sobre ellos nuestras luces para sacarlos de lo oscuro que alimenta al enemigo.

La periodista Flavia Biroli en *Le Monde Diplomatique* de enero de 2018 respondió a la pregunta ¿*De onde surgiram esas mulheres?* En esa nota relató hitos fundamentales de la larga marcha por los derechos femeninos y las conquistas más recientes ocurridas en Brasil. Recordó el impacto de las cuatro Conferencias Nacionales de Políticas de Mujeres (2004, 2007, 2011 y 2016) y movilizaciones importantes como las Marchas das Margaridas (2000, 2003, 2007 y 2011), la Marcha Nacional das Mulheres Negras (2015), la Marcha das Vadias (2011 y 2012), además de las que centralmente se organizaron para apoyar la legalización del aborto. En aquellas movilizaciones pudieron leerse pancartas artesanales tales como la que rezaba: "Feminismo es la idea radical de que las mujeres son personas". En la nota de referencia, la autora sostenía que a esos antecedentes era necesario sumar el desbordamiento feminista que venía produciéndose, pues, decía "el feminismo sobrepasó los circuitos de los movimientos, las organizaciones y los encuentros existentes hasta aquel momento. El campo feminista se abrió y se tornó menos centralizado, con colectivos surgiendo en todo el país".

La enorme expansión del feminismo, en efecto, debe tenerse en cuenta para comprender las manifestaciones contra Bolsonaro. Las expresiones masivas a favor de este político de extrema derecha resultaron muy significativas en las áreas del sur del país debido al mayor rechazo de estos estados a la candidatura de Haddad —en realidad donde ha sido ostensible la oposición a Lula—. En Rio Grande do Sul, Paraná y Santa Catarina abigarrados grupos de mujeres integrados por militantes lesbianas, numerosos grupos de varones gays y comunidades trans en un muy variado arco, salieron a la calle contra la amenaza Bolsonaro. De cualquier modo estas expresiones ocurrieron en casi 200 lugares de Brasil, y probablemente la mayor concentración ocurrió en São Paulo donde cerca de 200 000 personas exhibieron radical animadversión contra el candidato Bolsonaro. Como bien se sabe, a pesar de estas notables expresiones de oposición, fue elegido presidente, y en poquísimo tiempo retrocedieron programas fundamentales, cedió el reconocimiento de las personas trans y se establecieron nuevas consignas de Estado como la grotesca identificación azul para los niños y rosa para las niñas... En discursos más recientes, la ministra de la Mujer, Familia y Derechos Humanos de su gobierno, la pastora Damara Alves, sostuvo que "la mujer casada debe ser sumisa al marido...". Casi no es posible imaginar una involución tan grave, un daño tan severo a los derechos de las mujeres. Pero la resistencia recrudece y ha habido nuevas manifestaciones masivas contra las políticas regresivas instaladas en Brasil.

Feminismos con tonos nativos
y los juicios de *Abya yala*
a la justicia patriarcal

Ya se ha señalado el significado que ha ido adquiriendo la lucha antipatriarcal en el seno de las comunidades originarias. Se trata de un cambio profundo si se analiza la situación de algunas décadas atrás, cuando resultaba dificultosa la instalación de sentimientos y sensibilidades que contestaran las formas subordinantes femeninas en los diferentes pueblos aborígenes mediante agencias específicas. Sin duda la situación en las naciones centroamericanas —y de modo particular Guatemala, Honduras y El Salvador que sufrieron genocidios a raíz de la represión de los movimientos revolucionarios— había permitido vislumbrar el ensañamiento contra las poblaciones femeninas, y se abrieron paso los colectivos de mujeres que incorporaron perspectivas novedosas de derechos *para sí*. Se quebraron en buena medida las prevenciones contra *el feminismo* en la medida en que pudieron construirse cauces renovados. Pudo extenderse el ímpetu por contestar las manifestaciones hegemónicas, producidas por mujeres blancas y de clase media, y se impuso reponer vías interpretativas que en gran medida se auxiliaron con manifiestos "poscoloniales" —aunque debe admitirse que los principales centros dinamizadores de esa perspectiva paradójicamente se situaban fuera de la región—.

No puede dejar de mencionarse la conversión feminista de algunas protagonistas de las luchas de las comunidades aborígenes. Tal es el caso de Berta Cáceres, asesinada en marzo de 2016 en su Honduras natal, una de las referentes del Consejo Cívico de Organizaciones Populares e Indígenas de Honduras (COPINH), cuya actuación, desde 1993, tuvo como foco central al pueblo lenca, aunque extendió sus reivindicaciones a otros pueblos hondureños. Berta y muchas de sus compañeras y compañeros habían actuado en la guerra insurgente en El Salvador, y luego de los Acuerdos de Paz retornaron a Honduras. Fueron años intensos para empoderar a la comunidad lenca y también de cambios notables en su sensibilidad, tal como surge de los testimonios recogidos por Claudia Korol y vertidos en *Las revoluciones de Berta* (2018). Véase:

> Reflexionamos también sobre el papel de las mujeres en los procesos revolucionarios. Por la cultura patriarcal y sexista en los espacios militares, una sabe que ahí se siente más la carga. El acoso sexual, la discriminación —incluso la discriminación por tener menstruación—, eran constantes. Es una complejidad tremenda la que se da... Conocí a un grupo de mujeres que tenían más experiencia de discusiones y posiciones más claras. Nadie de nosotras había leído un libro de feminismo. No sabíamos qué era el patriarcado. Era una discusión muy lejana.

Algunas páginas más adelante se lee este testimonio:

> En los comienzos del COPINH no pensábamos en feminismos. Pero lo que siempre nos quedó claro a las compañeras es que teníamos que luchar por los derechos de las mujeres... Había mucha fuerza en las mujeres indígenas. Eso permitió que con algunas organizaciones feministas que tienen un pensamiento más popular, nos acerquemos y coordinemos acciones, por ejemplo, demandar castigo a los violadores y a los agresores de mujeres... En Honduras no ha habido un movimiento feminista fuerte. Mucho tiempo fue de élite... Pudimos sentir la incomprensión de algunos grupos feministas que despreciaban el tema indígena... En los últimos años, especialmente después del golpe de Estado, hemos venido coordinando muy bien con estas organizaciones feministas que tienen otro trabajo y otra tradición, que reconocen que hay lucha de clases, que hay diversidad. Creo que el elemento de

la diversidad siempre es muy importante, porque aunque seamos mujeres somos diversas. En el feminismo su riqueza también es esa diversidad.

El despertar a su propia condición impulsó a Berta a apoyar medidas tomadas por el luego derrocado presidente José Manuel Zelaya quien, entre otras iniciativas, había vetado una ley que impedía el acceso a las píldoras de anticoncepción de emergencia. La resistencia al derrocamiento de Zelaya tuvo un motor en la COPINH, y deben recordarse las acciones anteriores y posteriores a ese gravísimo hecho. Berta Cáceres fue una figura decisiva en aquellas circunstancias, ariete de las movilizaciones y singular lideresa en la resistencia que siguió a la caída de Zelaya. La represión fue violenta en los años inmediatos, ya que asesinatos y prisiones fueron moneda corriente. Una de las víctimas fue Margarita Murillo quien también había sido combatiente en El Salvador, se había sumado al feminismo y creado la agencia Foro de Mujeres por la Vida. Berta había hecho una referencia central, en sus combates por la dignidad, a las formas patriarcales. Tal como lo expresó en el ya citado libro de Korol:

> Nos damos cuenta que es imposible estar en este planeta en contra de las injusticias, si nosotras y nosotros, no le apostamos a desmontar este sistema de muerte que se llama patriarcado. Y esta reflexión interna nos toca muy hondo… Juega en las decisiones, en las estructuras, en nuestro lenguaje, en nuestras prácticas, en nuestras visiones… Ninguna pelea por la justicia y por la construcción de un mundo mejor es posible sin la presencia de las mujeres. En la historia de la humanidad siempre han buscado minimizar y hacer invisibles a las mujeres, incluso en las organizaciones progresistas. Pero aquí estamos, a la vanguardia de la defensa de Honduras, para defender los derechos de las mujeres, de las comunidades, de nuestro pueblo, que es prácticamente la misma batalla por la justicia y la equidad.

Y un poco más adelante, agregaba:

> En este tiempo han aumentado los feminicidios, porque en una cultura patriarcal la militarización aumenta la agresividad hacia las mujeres. Nosotras que venimos de regiones indígenas, sabemos que hay una triple dominación, que se ha presentado sin ambages durante la dictadura. Hemos visto cómo con la militarización los cuerpos de las mujeres se han vuelto botines de guerra. Y cuando una mujer es indígena o negra, en la prisión, al ensañamiento de género se suma el racismo... Nosotras que somos las más afectadas por la dictadura, sabemos que debemos superar el patriarcado y el racismo y participamos de la resistencia con gran creatividad e iniciativa.

No hay dudas de que Berta Cáceres abrazó la causa feminista como un programa inescindible de la saga que procuraba la dignidad de los pueblos aborígenes. Su figura representa el giro suscitado en las propias comunidades al visibilizar la condición de las mujeres. Muchas militantes como ella se ligaron a una reformulación de la contienda contra el patriarcado, y todavía resuenan sus palabras:

> El patriarcado no es exclusivo del sistema capitalista, ni de una u otra cultura nada más. Yo creo que nosotras tenemos que garantizar que en este proceso —que es un proceso para refundar incluso nuestro pensamiento— comencemos a desmontar este pensamiento de que otros tienen que decidir sobre nuestros cuerpos... El feminismo tiene que ayudar a que nosotras, las mujeres, sigamos dando ese aporte de colores, de diversidad, de riqueza, donde realmente le ponemos a la lucha otro sentido, un sentido de vida, de creatividad, de arte, y eso es lo que da más fuerza a este movimiento de resistencia.

El testimonio de Berta es muy conmovedor y no hay dudas de que animó con fuerza a muchas mujeres de los pueblos originarios a encontrar un camino liberador propio, entre cuyas construcciones más importantes se encuentra el colectivo feminista *Abya Yala* —que es la designación originaria del territorio de América Latina antes de que así lo denominara la colonización—, compuesto sobre todo por mujeres de ascendencia aborigen. Francesca Gargallo se ha referido en *Feminismos desde Abya Yala: ideas y proposiciones de las mujeres de 607 pueblos en nuestra América* (2012) a las figuras de pueblos originarios que han resultado centrales en este emprendimiento y ha señalado a Lorena Cabnal, feminista comunitaria maya-xinka; las poetas queqchi Maya Cú Choc y Adela Delgado Pop; Julieta Paredes, feminista comunitaria aymara; Silvia Rivera Cusicanqui, historiadora boliviana; Blanca Estela Colop Alvarado, pedagoga maya quiché; Gladys Tzul, intelectual quiché; Manuela Alvarado López, dirigente quiché; Dorotea Gómez, antropóloga quiché; Virginia Ajxup, investigadora maya quiché; Marcia Quirilao Quiñinao, feminista autónoma mapuche; Liliana Ancalao, poeta mapuche; Araceli García Gallardo, misquita nicaragüense; Judith Batista Pérez, socióloga zapoteca; Sylvia Pérez Yescas, ecologista zapoteca; Natalia Toledo, escritora zapoteca; Juanita López García, activista chocholteca; Avelina Pancho, educadora y dirigente nasa; Isadora Cruz, comunicadora nasa; Aída Quilcué, cuidadora de la cultura nasa; Elizabeth González dirigente qom; Aura Estela Curnes Simón, feminista cakchiquel; Enuna Delfina Chirix García, socióloga cakchiquel; Ofelia Chirix, antropóloga cakchiquel; Filomena Shaslin, comunera bri bri; Maribel Iglesias López, dirigente campesina bri bri; Mónica Chuji Gualinga, comunicadora kichwa; las mayas Francisca López y Estela Ajucum; Luz Gladys Vila Pihue, dirigente quechua; Mildred Escobar, feminista aymara; Norma Mayo, dirigente kichwa panzaleo; Neli Marcos Manrique, dirigente femenina asháninca; Linda Solano Mendoza, poeta y psicóloga wayuu; Érika Poblano, dirigente nahua.

Entre las iniciativas más significativas de *Abya Yala* se encuentra la de llevar a cabo una serie de juicios al patriarcado que opera en el sistema de justicia de los diferentes países de América Latina.

Como sostiene Claudia Korol en *Juicio a la justicia patriarcal. Hacia una justicia feminista, antirracista, originaria, comunitaria y popular* (2019), este grupo decidió llevar adelante procesos que mostraran otras maneras de hacer justicia, poniendo en el banquillo al propio sistema de dominación de base, de modo que pudieran exhibirse los cauces racistas y clasistas que han caracterizado a la actuación de la justicia en las sociedades latinoamericanas. El grupo a menudo nos recuerda que los Estados-nación se asentaron sobre trazos abyectos de violencia, y ha sostenido que se torna imprescindible el reconocimiento de la pluralidad de pueblos preexistentes y también de los que se incorporaron de manera esclava, tornándose necesario entonces admitir "Estados plurinacionales". En 2017 se creó el Tribunal Ético Popular Feminista con una integración de mujeres de diversa procedencia que se dispuso a escuchar a las víctimas y que, como sostiene Korol, hizo posible volver a leer la desgraciada situación que habían vivido, "no como una desgracia individual sino como una parte de un sistema de opresión que tiene un eslabón decisivo en el sistema de justicia". Aspiraban a que ese dispositivo resultara "un momento 'sanador' para mujeres que no fueron escuchadas y fueron sistemáticamente maltratadas y revictimizadas…".

Se dispusieron así una serie de audiencias en diversos lugares, una en Montevideo, otra en Asunción y las restantes en el territorio argentino, la enorme mayoría de las veces utilizando plazas u otros lugares abiertos. La organización de las "sentencias" respondió a diversas tipificaciones entre los que se encontraban la desaparición de adolescentes y mujeres jóvenes, feminicidios y feminicidios políticos. Allí se incorporaron los casos de Berta Cáceres, Marielle Franco, Macarena Valdés (Chile), María Esther Riveros (Paraguay) y las mujeres kurdistanas asesinadas en París; asesinatos de niños y niñas, travesticidios, criminalización sufrida por las defensoras de tierras, presas políticas (como Milagro Sala y sus compañeras detenidas en Jujuy, al norte de Argentina), presas por acciones en defensa propia, víctimas de acoso y abuso sexual, víctimas de violencia institucional, violencia contra migrantes, judicialización por aborto, violencia racista y hostilidades contra grupos específicos (campesinas, personas trans, afrodescendientes).

Los trabajos del Tribunal han permitido visibilizar los dolorosos pasajes por los vericuetos de la justicia que incrementan la victimización, yendo desde la negligencia hasta las formas más hostiles, en un arco que combina malos tratos de lenguaje con formas de castigo físico, torturas y abierta complicidad con victimarios, pues no escapa que hay una cadena de articulaciones para obtener la más completa impunidad, como en el caso de la trata de personas. Los fallos del Tribunal Feminista vuelven la mirada sobre las complicidades de los medios de comunicación, las reiteradas fórmulas de creación de causas y de modos de punición que se encuentran en manos de los poderosos designios mediáticos, una malla perversa entre quienes persiguen determinados intereses políticos y económicos, emplean los influyentes cauces de la información pública y condicionan a quienes operan en la justicia. Las conclusiones del Tribunal que actuó en nombre de la corriente feminista *Abya Yala* resultan, en cualquier caso, un potente llamado de atención para que los servicios de justicia se transformen radicalmente en América Latina, que abandonen la aquiescencia patriarcal y sean efectivos intérpretes de los derechos conquistados. Reclaman que tales servicios efectivamente expresen el Estado de derecho y no de excepción.

La cruzada
contra la ideología de género

A inicios de la década de 1990 ya se había extendido el posicionamiento reaccionario contra el *concepto de género*, que desde luego debe distinguirse por completo de los debates relativos a *género* en la propia cuenca feminista que llevaban adelante, entre otras, Teresa de Lauretis y muy especialmente Judith Butler. Recordaré el aspecto central de los debates: sexo revelaba los mismos condicionantes de lenguaje que género pues era tan sociocultural como este último concepto, y en cualquier caso lo que resultaba decisivo eran las conformaciones disímiles de la sexualidad. Debe recordarse que Sandra Harding, en *Ciencia y feminismo* (1966), se pronunció acerca de la "provisionalidad" del concepto pues pensaba que se trataba de una aproximación y que la crítica feminista fue particularmente intensa en torno de la noción. La propia Judith Butler en *Deshaciendo el género* (2006) reexaminó la diatriba respecto del empleo de género cuando en su texto, de ordenamiento claramente político, admitió con su acostumbrada lucidez que las nociones debían usarse como instrumentos de combate y que "género" resultaba más repulsivo para las comunidades reaccionarias que el vocablo sexo, luego de haber observado las reacciones suscitadas a propósito de las intervenciones feministas en la Conferencia Mundial de Mujeres de Beijing (1995).

En Argentina, a mediados de esa década, la especialista Gloria Bonder, secundada por un equipo en el que se encontraba Graciela Morgade en el Ministerio de Educación, proponían cambios curriculares orientados con la perspectiva de género y fueron atacadas por la alta jerarquía de la Iglesia católica, en particular por el actual papa que desde 1997 había sido designado arzobispo coadjutor del arzobispado de Buenos Aires. El rechazo de la Iglesia ponderó que "género" implicaba un desacato a las reglas de la naturaleza impuesta por la trascendencia divina. No puede dejar de evocarse el crucial significado que tuvo para la Iglesia católica el papado del teólogo Joseph Ratzinger, quien actuó bajo el nombre de Benedicto XVI, y que había sido regente de la Congregación para la Doctrina de la Fe, centro desde donde se impusieron conductas condenatorias a la *ideología de género*. El equipo de Bonder tuvo que renunciar ante la arremetida. La autoridad católica previno, en todo y cualquier lugar, acerca del desvío moral que significaba el concepto de "género", y he tomado el ejemplo de Argentina a título ilustrativo para apreciar la intransigencia con que esta corriente confesional se ha expresado en muy diversas latitudes y especialmente en América Latina.

Pero tal vez de manera más antagónica se pronunciaron las "nuevas Iglesias cristianas", inscritas en lo que de modo económico llamamos "evangelismo", con especial raigambre en Estados Unidos, aunque debe decirse que no son homogéneas. Desde fines del siglo XIX estas Iglesias —que se diferenciaban del tronco histórico de la Reforma protestante— interpelaron a sus propias comunidades acerca de la *racionalidad* con que encaraban la teología y los ritos del culto. Fue una reacción en el cuadro de la modernidad creciente cuya vorágine transformadora amenazaba el mandato unívoco de la orientación religiosa. Reclamaban por la extendida experiencia de *multidimensionalidad* a la que se adhería el sujeto cristiano, propiciando la vuelta a la centralidad de la vida religiosa y un sometimiento a la "interpretación literal de los textos bíblicos", por lo tanto, la renuncia a cualquier interpretación metafórica que comprometiese la *unidad de sentido* que debía otorgarse a los textos sagrados. Surgió así una expresión identificada como *fundamentalismo*, palabra que en lengua española pudo asimilarse sólo en la segunda mitad del XX. La literalidad de la palabra bíblica no daba lugar a dudas, de modo que la *teología al uso* repuso un estricto apego semántico de los términos tornando inadecuadas las interpretaciones metafóricas, de ahí que por ejemplo la entidad "diablo" deviniera en una existencia tan tangible e inequívoca como Dios, cuya figura era infaliblemente visible. La estricta literalidad tornó anacrónicas las referencias a conductas y procesos del pasado, de modo que podría sostenerse que en la prédica religiosa se carece casi de interpretación actualizada de los textos bíblicos.

En las nuevas Iglesias cristianas se ha desarrollado un verdadero credo destinado a reverenciar a la *natura naturanda*, de modo que Dios a menudo parece subalterno a este prodigio inescrutable que se comporta como *sobrenatural*. Las liturgias de exorcismo son en todo caso las más relevantes, una muestra de la abdicación del demonio, pero cuya potencia a veces parece rendir al propio Dios. Como sea, la experiencia religiosa es articuladora de las otras dimensiones del sujeto.

Es en contextos de amenaza de la modernidad —o de hipermodernidad— que surge la encerrona fundamentalista, diferente del milenarismo medieval (aunque hubo tentativas de experiencias milenaristas en el siglo XX). El fundamentalismo es entonces de origen cristiano, aunque luego se extendió a la consideración de experiencias de integridad religioso/étnico/políticas a otros grupos occidentales y no occidentales no cristianos. Sin duda, entonces, otra significativa fuente que combate a la ideología de género en América Latina proviene de la religiosidad evangélica que sostiene el orden natural de los sexos, la inexorable demarcación biológica, las características otorgadas por la anatomía y la fisiología, y se representan la orientación sexual disidente y cualquier cambio sexogenérico como una *abducción demonológica*. De modo general estas actitudes y conductas han sido caracterizadas como "antiderechos", una expresión más adecuada que la anterior "provida" porque sintetizaba de modo incorrecto su perspectiva antiaborto. En las actuales circunstancias de nuestras sociedades latinoamericanas con la extensión de los derechos humanos —más allá de las coyunturas de regresión que viven algunos países—, se han vigorizado las expresiones antiderechos, en especial frente a las más contundentes demandas de prerrogativas para las mujeres y para las diversidades sexo-genéricas. En Colombia, las posiciones adversas a la ideología de género fueron relevantes para que se perdiera el plebiscito relacionado con la paz (2016), han sido en alguna medida responsables del derrocamiento de Dilma Rousseff en Brasil (la bancada "evangélica" representaba el 17% en el momento del *impeachment*) y también fueron significativas en la elección de Jair Bolsonaro en ese país. En Chile, la conjunción de católicos y evangélicos antiderechos se expresaron con especial energía cuando este país sancionó causales para el aborto (2017). Las manifestaciones antiderechos en Argentina se hicieron sentir especialmente con motivo de la sanción del matrimonio igualitario (2010), de la ley de identidad de género (2012) y han ocupado las calles para oponerse —a veces con mucha agresividad— al debate para la obtención de la ley del aborto, especialmente entre abril y agosto de 2018.

A las corrientes ideológicas católicas y evangélicas —y a las reservas existentes en otros credos, como el judaísmo y el islam—, que se oponen a las concepciones sostenidas por el feminismo, y que hostigan a las diversidades sexo-sociales y a los colectivos que se pronuncian por la conquista de derechos relacionados con la dimensión sexo-genérica, deberían agregarse otras que no pueden asimilarse a las confesionales. Se trata de mentalidades reaccionarias aunque "civilistas" pese a las dificultades para caracterizar este parentesco. En efecto, se pueden observar discursos cuya índole matricial no podría asimilarse como confesional, o no es dominante la identidad religiosa en los emisores, sino que hay una manifestación de sentimientos y sensibilidades conservadores, una primacía de las valoraciones arquetípicas de la Naturaleza con cuyos principios se comulga y que impiden la absorción de otras perspectivas. De hecho, hay conductas entre médicos fieles al apotegma de la "objeción de conciencia" que difícilmente responden a un régimen religioso de ideas. Se trata de reservas conservadoras cuyos fundamentos se hallan en la disciplina médica, en los acervos de defensa de la vida, y especialmente en la regencia sobre los cuerpos, que rigen sus principios.

En el orden internacional, las fuerzas contrarias a la ideología de género han cobrado bríos para influir y torcer las orientaciones especialmente en los organismos internacionales. De acuerdo con el informe *Derechos en riesgo* —producido por el Observatorio sobre Universalidad de Derechos (2017)—, las fuentes principales de recursos financieros provienen de organizaciones asentadas en Estados Unidos, del Vaticano y de algunos países islámicos. Entre las principales organizaciones que ejercen poder en las esferas de la ONU, para que se retroceda en materia de convenciones que garanticen derechos, pueden situarse el Congreso Mundial sobre la Familia (Family Watch International, que responde al grupo religioso de los mormones), el World Youth Alliance (que es transreligioso), el grupo C-Fam (de identidad católica), la Iglesia ortodoxa rusa y desde luego el Vaticano.

Se advierten algunas novedades en su estrategia. A diferencia de los ciclos anteriores, entre sus empeños del presente resulta de especial cuidado hacer aparecer sus formulaciones como respaldadas por autorizaciones científicas y no por autos de fe. En efecto, la mayor parte de la comunicación empleada, y de la difusión con que desean alcanzar a determinados sectores sociales, intenta una formulación "objetiva" basada en datos aportados por la ciencia, tales como las apreciaciones de la evolución fetal en el caso del aborto o las inexorables características neuronales y de personalidad basadas en los repertorios biológicos incuestionables. Los desvíos pueden curarse, tal es la certidumbre de las intervenciones científicas que promueven desde diversos púlpitos. En Argentina, uno de los cruzados antiderechos utiliza incluso a varones adolescentes homosexuales haciéndoles pronunciar condenas a la "ideología de género", un verdadero oxímoron, o mejor, una severa lesión a la integridad del sujeto. En sus concepciones y la de otros profetas antiderechos, se trata de denunciar en la perspectiva de género a "la verdadera forma que hoy tiene la subversión de izquierda" en el mundo. Y alega que comporta una suerte de "pornomarxismo" —así se refiere uno de los exégetas ofuscado por la amenaza del concepto género— o una forma renovada de totalitarismo. Se exhibe una configuración desopilante si no fuera porque origina odio, persecución y hasta muerte, con el supuesto de que la sucesión de la revolución marxista (extinta) le corresponde el peligro de la revolución del género que se impondrá.

Hay un autor habitual en la divulgación más exacerbada contra las políticas de género en Argentina, pero ha trascendido que está siendo impedido de dar conferencias en algunos ámbitos católicos porque hay denuncias respecto de su comportamiento sexual con niños. Si se examina en conjunto a estas vertientes opuestas al feminismo, a las diversidades, y en cualquier caso a las conductas autónomas, hay una asimilación de estas vertientes a las siguientes cuestiones principales: *a*] sustanciación de las diferencias sexuales, inadmisibilidad de orientaciones sexuales disonantes con la biología; *b*] condena al concepto de género como una amenaza a la disgregación social; *c*] apreciaciones culturales autoritarias que van más allá de la dimensión de los sexos y la sexualidad. La paranoia respecto del cambio de orientación sexual, la presunción de que es insostenible el aberrante cambio de identidad sexo-genérica porque la humanidad estará sometida a un cataclismo

Desde la perspectiva de quien escribe, las mayores preocupaciones en torno de la cruzada adversa al género se organizan en torno de algunos problemas. Una primera cuestión se refiere a la expansión de la saga antiderechos a grupos más amplios, con problemas de seguridad social, especialmente los sectores populares. En momentos en que varias de las naciones latinoamericanas experimentan políticas de ajuste, y el Estado se desentiende de sus responsabilidades de dar cobertura a los segmentos más débiles y excluidos, las Iglesias evangélicas fundamentalistas tienden a ocupar su lugar. Son dominantes sus preocupaciones para alejar de las drogas a niños y adolescentes, y proponen formas alternativas de seguridad y contención que pueden resultar eficaces en los sectores populares. Debe analizarse la penetración de los cultos fundamentalistas en las propias estructuras del Estado como cárceles y penitenciarías, donde concentran esfuerzos para la "redención" de quienes han caído en el delito. Hay pabellones en muchos lugares carcelarios cuya dirección, y no sólo espiritual, se encuentra en manos de pastores que proveen muchas formas de contención que se extienden también a las familias de los detenidos. La circunstancia de obrar como sustitutas de las obligaciones de protección y asistencia del Estado hace especialmente difícil la actuación de diversas manifestaciones evangélicas fundamentalistas.

Otro aspecto de las organizaciones antiderechos son las mallas efectivamente politizadas que tienden a establecer, la formulación en el campo estricto de la política pues cada vez hay más riesgos de una escalada en la conformación de "fuerzas partidarias", sobre todo teniendo en consideración las fuentes de recursos económicos que manejan. En algunos países —especialmente en Brasil— las "Iglesias electrónicas" son agentes recaudadores de millones de fieles que depositan ingentes recursos. La Iglesia Universal de Dios es una de las más fuertes organizaciones económicas en este país y, en general, las diversas confesiones evangélicas se han ido haciendo cargo de emisoras televisivas y de radios, de modo tal que recientemente se ha sostenido que más de 60% de la música que se difunde en Brasil es de orden confesional. Ese enorme aparato cultural está volcándose a la esfera de la partidización política, de modo que la bancada allí conseguida se aproxima a 20% de los representantes.

Una tercera cuestión a observar es la vinculación creciente con las gobernanzas de derecha de la región: la predilección de que gozan los segmentos antiderechos, de todas las inscripciones confesionales, en la actual coyuntura de gobiernos neoliberales (en verdad conservadores con abundantes tintes autoritarios). Se asiste a transferencias de recursos otorgadas por varias fuerzas gobernantes en América Latina a grupos que militan contra la ideología de género, políticamente funcionales a sus intereses. En conclusión, podría asegurarse que hay una sinergia entre las posiciones neoliberales y la mayor aptitud para expandir fórmulas antiderechos. Tiene sustento nuestra interpretación que vincula de modo inescindible a gobiernos de exacerbados tintes patriarcales con fórmulas económicas que conducen a reforzar la concentración de la riqueza, expulsoras de mecanismos distributivos, donde destellan políticas regresivas que afectan sobre todo a los segmentos más expuestos, a las mujeres, muy especialmente a las congéneres de las clases populares, a las personas trans y en general a las otredades de toda diversidad.

En conclusión, las posiciones recalcitrantes contra la ideología de género se han extendido en la región latinoamericana, aunque parece que en proporción mayor en sectores de la población que padecen más la ausencia protectora del Estado, donde crece la inseguridad respecto del futuro y donde son enormes las carencias fundamentales de salud, educación y vivienda. Aunque los fundamentalismos religiosos constituyen una saga central de la cruzada contra el feminismo y las disidencias sexo-sociales, y que sus manifestaciones comprenden tanto a diversos grupos de la Iglesia católica como a las congregaciones evangélicas de más reciente formación, no son los únicos actores gravitantes en la oposición a los derechos referidos a cuerpos y sexualidades. Hay vigorosas conformaciones mentales que aunque partidarias del civilismo —del principio de la facultad estatal de obrar sin consentimiento de la Iglesia— constituyen canteras resistentes centralmente patriarcales, que se indisponen con la consideración igualitaria de las mujeres y que condenan las derivas sexuales. Mucha membresía de este segmento, con certeza, exhibe una robusta hipocresía moral.

De modo sintético y para finalizar, los tres problemas fundamentales en los que se aloja la posibilidad de que la cruzada antiderechos tenga éxito y signifique una amenaza para los derechos fundamentales son: su decidida extensión entre los segmentos populares, su fortalecimiento como partidos políticos y su especial holgura en regímenes de derecha tan pródigos en la actual coyuntura de América Latina.

NOTAS BIBLIOGRÁFICAS

Este libro no hubiera visto la luz sin el enorme cúmulo de investigaciones que se han producido en América Latina relacionadas con la historia de las mujeres y muy especialmente con la de las organizaciones feministas destinadas a la conquistas de derechos. Resulta fundamental, de cualquier modo, alentar a las jóvenes generaciones a la construcción de una vigorosa historiografía que permita conocer e interpretar de la vida de las mujeres —en muy diferentes condiciones—, de los movimientos por la demanda de equidad, de las agencias referidas a la disidencia sexo-genérica, de la misma manera que es acuciante esclarecer la índole de las mentalidades y organizaciones que se proponen impedir la conquista de derechos. Será de enorme importancia que se patrocine la clasificación de las fuentes documentales y se organicen los repertorios producidos, especialmente de las publicaciones de las agencias feministas, con amplia accesibilidad mediante formas tecnológicas como la digitalización. Muy pocos países exhiben en América Latina ese desarrollo esencial para la tarea historiográfica, para la salvaguarda de la memoria de luchas y movilizaciones.

Es probable que la historiografía especializada haya cumplido medio siglo, aunque su reconocimiento académico sea más reciente. La presente historia de los feminismos latinoamericanos, en todo caso, desea representar una modesta contribución para ampliar la visibilidad y el reconocimiento de la condición femenina en su multiplicidad, pero también aspira a constituir un aporte para ampliar las prerrogativas que completen el estado de ciudadanía de quienes se ubican en el amplio espectro de las identificaciones socio-sexuales. Aspiro también a que esta historia tenga utilidad para la formación apegada a principios de equidad, en el transcurso de la vida académica o en las múltiples oportunidades que ofrece la inmensa cantera de los movimientos sociales.

La referencia bibliográfica que sigue —resulta innecesario aclarar que de ninguna manera es exhaustiva— está organizada según los tramos que constituyen este texto y guarda referencia con cada uno de los países de América Latina.

Con relación al capítulo introductorio que recorre los antecedentes del feminismo desde el siglo XIX y su evolución a mediados del XX —los fenómenos apreciados como "primera ola" y "segunda ola", respectivamente—, hay una proliferación de trabajos. Se señalan tan sólo textos indispensables relacionados con la recepción y ampliación del movimiento de América Latina, a saber: Karen Offen, *Feminismos europeos, 1700-1950* (Madrid, Akal, 2015);Virginia Woolf, *Un cuarto propio* (Santiago de Chile, Ed. Cuarto Propio, 1993); Virginia Woolf, *Tres guineas* (Madrid, Lumen, 1999); Georges Duby y Michelle Perrot, *Historia de las mujeres – Siglo XIX – Siglo XX* (Madrid, Taurus, 1993); Simone de Beauvoir, *El segundo sexo* (Buenos Aires, Sudamericana, 1999); Mary Nash, *Mujeres en el mundo. Historia, retos y movimientos* (Madrid, Alianza, 2004); Gisela Bock, "La historia de las mujeres y del género: aspectos de un debate internacional", Arlette Farge, "La historia de las mujeres: ensayo de historiografía", y Karen Offen, "Definir el feminismo: un análisis histórico comparativo" (estos tres últimos en *Historia Social*, núm. 9, 1991); Bonnie Anderson y Judith Zinser, *Historia de las mujeres: una historia propia* (Barcelona, Crítica, 1991).

Obras generales para América Latina o referidas a amplias áreas geográficas de la región son: Isabel Morant (dir.), *Historia de las mujeres en España y América Latina*, tomos III y IV, Guadalupe Gómez-Ferrer, Gabriela Cano, Dora Barrancos y Asunción Lavrin (coords.), (Madrid, Cátedra, 2006); Eugenia Rodríguez (ed.), *Mu-

jeres, género e historia en América Central durante los siglos XVIII, XIX *y* XX (San José, UNIFEM–Plumsock Mesoamerican Studies, 2002); Saskia Weringa (org.), *Women's Movement in Asia, Africa, Latin America and the Caribbean* (Nueva York, Zed Books, 1997); Silvia Chejter (ed.), *Feminismos latinoamericanos. Tensiones, cambios y rupturas* (Madrid, ACSUR–Las Segovias, 2007); Eugenia Rodríguez Sáenz (ed.), *Un siglo de luchas femeninas en América Latina* (San José, Editorial Universidad de Costa Rica, 2005); Asunción Lavrin (comp.), *Las mujeres latinoamericanas. Perspectivas históricas* (México, Fondo de Cultura Económica, 1985); Juan Andreo y Sara Beatriz Guardia (comp.), *Historia de las mujeres en América Latina* (Murcia, CEMHAL, Departamento de Historia Moderna y de América de la Universidad de Murcia, 2002); Asunción Lavrin, *Mujeres, feminismo y cambio social en Argentina, Chile y Uruguay 1890-1940* (Santiago de Chile, Centro de Investigaciones Diego Barros Arana, 2006); Magdalena Valdivieso *et al.*, *Movimiento de mujeres y lucha feminista en América Latina y el Caribe* (Buenos Aires, Clacso, 2016); Norma Mogrovejo, *Un amor que se atrevió a decir su nombre. Las luchas de las lesbianas y su relación con el movimiento homosexual y feminista en América Latina* (México, UNAM, 1998); Sueann Caulfield, "The History of Gender in the Historiography of Latin America" (*Hispanic American Historical Review* 81: 3, 2001); Francesca Gargallo, *Ideas feministas latinoamericanas* (México, UACM, 2006).

Con relación a México, no puede ignorarse el notable antecedente de sor Juana Inés de la Cruz, cuyo análisis ha sido proverbial. Véase especialmente: Asunción Lavrin y Rosalva Loreto (eds.), *Monjas y beatas: la escritura femenina en la espiritualidad barroca novohispana: siglos* XVII *y* XVIII (México, Universidad de las Américas–Archivo General de la Nación, 2002); Georgina Sabat de Rivers, "A Feminist Reading of Sor Juana's Dream", *Feminist Perspectives on Sor Juana Inés de la Cruz* (Detroit, Wayne State University Press, 1991); Alberto Adam Pérez-Amador, *La ascendente estrella. Bibliografía de los estudios dedicados a Sor Juana Inés de la Cruz en el siglo* XX (Madrid, Iberoamericana, 2007); Antonio Alatorre, *Sor Juana a través de los siglos* (México, El Colegio de México, 2007); Celsa Carmen García Valdés, *Los empeños de una casa/Amor es más laberinto* (Madrid, Cátedra, 2010). La bibliografía que sigue se refiere a aspectos de la historia de las mujeres y a las agencias feministas mexicanas: Patricia Galeana (comp.), *Historia de las mujeres en México* (México, Instituto Nacional de Estudios Históricos de la Revolución Mexicana–Secretaría de Educación Pública, 2015); Gabriela Cano, "Debates en torno al sufragio femenino y la ciudadanía de las mujeres en México", en Isabel Morant (dir.), *Historia de las mujeres en España y América Latina*, tomo IV, G. Gómez-Ferrer, G. Cano, D. Barrancos y A. Lavrin (coords.) (Madrid, Cátedra, 2006); Lucrecia Infante Vargas, Adriana Maza Pesqueira y Martha Santillán Esqueda, *Lo personal es político. Las mujeres en la construcción del ámbito público. México, siglos XIX y XX* (México, Nueva Alianza, 2017); Gabriela Cano, *Se llamaba Elena Arizmendi* (México, Tusquets, 2010); Carmen Ramos Escandón, "Desafiando el orden legal y las limitaciones en las conductas de género en México. La crítica de Sofía Villa de Buentello a la legislación familiar mexicana 1917-1927" (*La Aljaba,* vol, VII, 2002); Rosa María del Valle Ruiz, "El primer Congreso Feminista en México. Los primeros pasos hacia la conquista del sufragio femenino", en Patricia Galeana (comp.), *Historia de las mujeres en México* (México, Instituto Nacional de Estudios Históricos de la Revolución Mexicana–Secretaría de Educación Pública, 2015); Carmen Ramos Escandón, "La participación política de la mujer en México: del fusil al voto (1915-1955) (*Boletín Americanista*, núm. 44, 1994); Enriqueta Tuñón Pablos, "Hace 55 años se decretó en México el sufragio femenino" (*Dimensión Antropológica*, vol. 25, 2002); Marta Lamas, "La despenalización del aborto en México" (*Nueva Sociedad*, núm. 220, marzo-abril de 2009); Pamela Fuentes, "Entre reivindicaciones sexuales y reclamos de justicia económica: divisiones políticas e ideológicas durante la Conferencia Mundial del Año Internacional de la Mujer, México, 1975" (*Secuencia*, núm. 89, mayo-agosto de 2014); Eli Bartra, "El movimiento feminista en México y su vínculo con la academia" (*La Ventana*, núm. 10, diciembre de 1999); Ana Lau Javen y Gisela Espinosa Damián, *Un fantasma recorre el siglo. Luchas feministas en México, 1910-2010* (México–Itaca, Ecosur–UAM/X–Conacyt, 2011); Ana Lau Javen, *La nueva ola del feminismo en México* (México, Planeta, 1987); Elvira Hernández Carballido (coord.), *El género es el mensaje: mujeres periodistas en México* (Universidad Autónoma del Estado de Hidalgo, 2013); Elena Urrutia, "El Programa Interdisciplinario de Estudios de la Mujer" (PIEM) (*Nueva Antropología*, vol. VIII, núm. 30, noviembre de 1986); Ana Maria Bracamontes Ayon, "The dilemmas of working from within. Feminist academics in Mexican universities: Social origins, institutional experiences and social activism" (PhD Thesis, The University of Arizona, <///C:/Users/pc/Downloads/azu_td_3108888_sip1_m.pdf>).

Para la historia del feminismo en Guatemala son de gran significado Ana Patricia Borrayo Morales, *En el trazo de las mujeres* (Guatemala, Universidad de San Carlos de Guatemala, 2007); Ana Patricia Borrayo Morales, *Mujeres y ciudadanía: un enfoque histórico-social. Los inicios, 1921-1944* (tesis de licenciatura en Sociología, Universidad de San Carlos de Guatemala, Escuela de Ciencia Política, 2015); Marta Elena Casaús Arzú, *La influencia de la teosofía en la emancipación de las mujeres guatemaltecas: la Sociedad Gabriela Mistral* (*Anuario de Estudios Centroamericanos*, Universidad de Costa Rica, 27(1), 2001); Ana Lorena Carrillo Padilla, "Sufridas hijas del pueblo: la huelga de las escogedoras del café en Guatemala en 1925" (*Mesoamérica*, núm. 27, junio de 1994); Guadalupe Rodríguez Ita, *Mujeres abriendo brecha en la primavera guatemalteca (1944-1954)* (México, Nostromo, 2012); Silvia Chejter (ed.), *Feminismos latinoamericanos. Tensiones, cambios y rupturas* (Madrid, ACSUR-Las Segovias, 2007).

Para El Salvador es imprescindible María Candelaria Navas, "Breve recorrido histórico de la participación de las mujeres en El Salvador" (*Alternativas para el desarrollo*, Funde, <http://www.repo.funde.org/921/3/APD-105-Art1.pdf>).

Con relación a Honduras véase Rina Villars, *Para la casa más que para el mundo. Sufragio y feminismo en la historia de Honduras* (Tegucigalpa, Guaymuras, 2001); Pavel Sánchez, "La mujer escondida bajo la sotana del padre Reyes" (*Presencia Universitaria*, UNAH, 25 de enero de 2015, <https://presencia.unah.edu.hn/academia/articulo/la-mujer-escondida-bajo-la-sotana-del-padre-reyes>); Breny Mendoza, *Sintiéndose mujer, pensándose feminista. La construcción del movimiento feminista en Honduras* (Tegucigalpa, CEMH–Guaymuras, 1996).

Sobre las mujeres y el feminismo en Nicaragua véase especialmente María Hamlin Zúñiga y Ana Quirós Víquez, "Las mujeres en la historia de Nicaragua. Sus relaciones con el poder y el Estado" (*Medicina Social*, 232, vol. 9, núm. 3, septiembre-diciembre de 2014); Alberto González Casado, María Antonia Sabater Montserrat y María Pau Trayner Vilanova, *Guerrillera, mujer y comandante de la revolución sandinista. Memorias de Leticia Herrera* (Barcelona, Icaria, 2011); Elvira Cuadra Lira y Juana Jiménez Martínez, "El movimiento de mujeres y las luchas por sus derechos en Nicaragua, 1998-2008" (<HIVOS/ISS-https://cinco.org.ni/archive/158.pdf>).

Una excelente perspectiva para la historia del feminismo en Panamá se encuentra en Yolanda Marco, *Clara González de Behringer. Biografía* (Panamá, Embajada de España en Panamá, Cooperación Española–UNIFEM–Ministerio de Economía y Finanzas de Panamá–Universidad de Panamá, 2007).

Para República Dominicana véase Carmen Durán, *Historia e ideología. Mujeres dominicanas, 1850-1950* (Santo Domingo, AGN, 2010); Alejandro Paulino Ramos, *Vida y obra de Ercilia Pepin* (Santo Domingo, Comisión Permanente de Efemérides Patrias–AGN, 2007).

Para la historia de los movimientos feministas en Cuba debe abordarse a Julio César González, "Historia de la mujer en Cuba: del feminismo liberal a la acción política femenina", en José Antonio Piqueras, *Diez nuevas miradas de historia de Cuba* (Castellón de la Plana, Universitat Jaume I, 1998); Lynn Stoner, *From the House to the Streets. The Cuban Women's Movement for Legal Reform (1898-1940)* (Universidad de Duke, Duke University Press, 1991); Julio César González Pagés, *Historia de la mujer en Cuba: del feminismo liberal a la acción política femenina* (<http://feminismocuba.blogspot.com.ar/2010/12/historia-de-la-mujer-en-cuba-del.html>); Lynn Stoner, "Las mujeres cubanas en la revolución y después", en Isabel Morant (dir.), *Historia de las mujeres en España y América Latina*, t. IV, G. Gómez-Ferrer, G. Cano, D. Barrancos y A. Lavrin (coords.) (Madrid, Cátedra, 2006); Teresa Díaz Canals, "Palabras que definen: Cuba y el feminismo nuestroamericano", en Magdalena Valdivieso (org.), *Movimiento de mujeres y lucha feminista en América Latina y el Caribe* (Buenos Aires, Clacso-Colección Becas de Investigación, 2016).

Con respecto a Costa Rica debe consultarse a Margarita Silva Hernández, "La educación de la mujer en Costa Rica durante el siglo XIX" (*Revista de Historia*, núm. 20, 1989); Eugenia Rodríguez, "Divorcio y violencia de pareja en Costa Rica (1800-1950)", en Eugenia Rodríguez (ed.), *Mujeres, género e historia en América Central durante los siglos XVIII, XIX y XX* (San José, Unifem–Plumsock Mesoamerican Studies, 2002); Eugenia Rodríguez Sáenz "La lucha por el sufragio femenino en Costa Rica (1890-1949)", en Eugenia Rodríguez Sáenz (ed.), *Un siglo de luchas femeninas en América Latina* (San José de Costa Rica, Editorial Universidad de Costa Rica, 2005); Macarena Barahona, *Las sufragistas de Costa Rica* (San José, Editorial Universidad de Costa Rica, 1994); Roxana Hidalgo, *Historias de las mujeres en el espacio público en Costa Rica ante el cambio del XIX al XX* (Cuaderno de Ciencias Sociales 132, Flacso, San José de Costa Rica, 2004); Lorena Camacho, "Aportes feministas a la construcción de la ciudadanía de las mujeres y a la vida democrática, a finales del siglo XX, en Costa Rica" (tesis, Programa de Estudios de Posgrado en Estudios de la Mujer, Maestría en Estudios de la Mujer, Universidad de Costa Rica, 2008).

Para Venezuela es imprescindible consultar a Sara Barrios, Virginia Montilla y Álvaro Gil, "El protagonismo oculto de la mujer en el transcurso de la historia de Venezuela" (*Perspectivas. Revista de Historia, Geografía, Arte y Cultura*, año 4, núm. 7, enero-julio de 2016); Iraida Vargas Arena, "La ocultación de las mujeres en la historia de Venezuela" (*Revista Venezolana de Estudios de la Mujer*, vol. 15, núm. 34, junio de 2010); Luis Delgado, *La lucha histórica de las mujeres venezolanas por su reivindicación política y social (1936-2010)* (tesis de Maestría en Historia de Venezuela, Facultad de Ciencias de la Educación, Universidad de Carabobo, campus Bárbula, 2015); Guiomar Dueñas-Vargas, "Participación política de las mujeres, Colombia y Venezuela, en Isabel Morant (dir.), *Historia de las mujeres en España y América Latina*, tomo IV, G. Gómez Ferrer, G. Cano, D. Barrancos y A. Lavrin (coords.) (Madrid, Cátedra, 2006); Gioconda Espina, *Estrategias del Movimiento de Mujeres: hacia el año 2000* (*II Congreso Venezolano de la Mujer: Recopilación de Documentos Presentados*, tomo I (Caracas, Comisión Femenina Asesora de la Presidencia de la República, Ministerio de Estado para la Promoción de la Mujer, 1992); Gioconda Espina, "Las feministas de aquí", en VVAA, *Las mujeres de Venezuela, historia mínima* (Caracas, Fondo Editorial de Funtrapet, 2003).

Con relación a Colombia debe consultarse a Patricia Lodoño, "Publicaciones periódicas dirigidas a la mujer en Colombia, 1858-1930", en Magdalena Velázquez Toro (org.), *Las mujeres en la historia de Colombia*, t. II (Bogotá, Norma, 1995); Lucy M. Cohen, *Colombianas en la vanguardia* (Medellín, Clío–Editorial de la Universidad de Antioquia, 2001); Lola G. Luna, "Los movimientos de mujeres: feminismo y feminidad en Colombia (1930-1934)" (*Bo-*

letín Americanista, 27 (35), 1985); Diego H. Arias, "Memorias de la guerra en Colombia. Relatos de una mujer excombatiente" (*Eleuthera*, núm. 10, 2014); Margaret González-Pérez, "Guerrilleras in Latin America: Domestic and International Roles" (*Journal of Peace Research*, vol. 43, núm. 3, 2006); Helena Páez, María Cristina Ocampo y Norma Villarreal, *Protagonismo de mujer. Organización y liderazgo femenino en Bogotá* (Bogotá, Prodemocracia–Fundación Friedrich Naumann, 1989); María Eugenia Vázquez, *Escrito para no morir. Bitácora de una militancia* (Bogotá, Anthropos, 2000).

Para la historia del feminismo ecuatoriano véase Ana María Goetschel, *Re/construyendo historias de mujeres ecuatorianas* (Quito, Trama Ediciones, 2010); Lorena Elizabeth Vilaña Monteros, *El pensamiento de Marietta de Veintemilla y su influencia en la emergencia del sujeto femenino en el contexto nacional ecuatoriano, años 1876-1907* (Facultad de Filosofía y Ciencias de la Educación, carrera de Ciencias Sociales, Universidad Central de Ecuador, 2014); Mercedes Prieto y Ana María Goetschel, "El sufragio femenino en Ecuador, 1884-1940", en Mercedes Prieto (ed.), *Mujeres y escenarios ciudadanos* (Quito, Flacso–Ministerio de Cultura, 2008); Tatiana Alejandra Salazar Cortez, "Una lectura a la versátil militancia de la Alianza Femenina Ecuatoriana, 1938-1950" (*Trashumante. Revista Americana de Historia Social*, 11, 2018); Nela Martínez Espinosa, *Yo siempre he sido Nela Martínez Espinosa. Una biografía hablada* (Quito, Conamu, 2005); Raquel Rodas Morales, "100 años de feminismo en el Ecuador" (*Renovación*, núm. 7, mayo-junio de 2005).

La historia del feminismo en Perú requiere consultar a Sara Beatriz Guardia, "María Jesús Alvarado, la primera feminista de Perú" (<https://www.academia.edu/29590672/Maria_Jesus_Alvarado._Primera_feminista_del_Per%C3%BA.docx>), y *Mujeres peruanas. El otro lado de la historia* (Lima, edición de la autora, 2013); Elsa Cheney, *Significado de la obra de María Jesús Alvarado Rivera* (*Cuadernos Culturales*, serie II, Cendoc-Mujer, Centro de Documentación sobre la Mujer, Lima, 1988); Asunción Lavrin, "Ciudadanía y acción política femenina en Chile y Perú hasta mediados del siglo XX", en Isabel Morant (dir.), *Historia de las mujeres en España y América Latina*, t. IV, G. Gómez Ferrer, G. Cano, D. Barrancos y A. Lavrin (coords.) (Madrid, Cátedra, 2006); Maritza Villavicencio, "Women's movement in Peru: The early years", en Saskia Weringa (org.), *Women's Movement in Asia, Africa, Latin America and the Caribbean* (Nueva York, Zed Books, 1997); VVAA, *25 años de feminismo en el Perú* (Lima, Centro de la Mujer Peruana Flora Tristán, 2004); Margarita Zegarra (ed.), *Mujeres y género en la historia del Perú* (Lima, Cendoc, 1999).

La historia de la saga feminista en Bolivia puede apreciarse en María Elvira Álvarez Giménez, "Movimiento feminista y derecho al voto en Bolivia, 1920-1952" (*Fuentes, Revista de la Biblioteca y Archivo Histórico de la Legislatura Plurinacional*, vol. 5, núm. 5, 2011); Marcela Revollo Quiroga, *Mujeres bajo prueba. La participación electoral de las mujeres antes del voto universal (1939-1949)* (La Paz, Eureka Ediciones, 2001); Ana María Seoane de Capra, "Resistencia e insurgencia: mujeres en Bolivia, 1946-1952", en Dora Cajías, Magdalena Cajías, Carmen Johnson e Iris Villegas (coords.), *Visiones de fin de siglo. Bolivia y América Latina en el siglo XX* (Lima, Institut français d'études andines, Plural, 2001); María Isabel Arauco, *Mujeres en la revolución nacional: las "barzolas"* (La Paz, CINCO, 1984); Eugenia Bridikhina, "La experiencia política de las mujeres bolivianas", en Isabel Morant (dir.), *Historia de las mujeres en España y América Latina*, t. IV, G. Gómez Ferrer, G. Cano, D. Barrancos y A. Lavrin (coords.) (Madrid, Cátedra, 2006); Lola González Guardiola, *De "Bartolina Sisa" al Comité de Receptoras de Alimentos de El Alto. Antropología del género y organizaciones de mujeres en Bolivia* (Cuenca, Ediciones de la Universidad de Castilla–La Mancha, 2000.

Para investigar el feminismo en Chile, las obras imprescindibles de consulta son Asunción Lavrin, "Ciudadanía y acción política femenina en Chile y Perú hasta mediados del siglo XX", en Isabel Morant (dir.), *Historia de la mujeres en España y América Latina*, t. IV, G. Gómez Ferrer, G. Cano, D. Barrancos y A. Lavrin (coords.) (Madrid, Cátedra, 2006); Julia Antivilo Peña, "Belén de Sárraga y la influencia de su praxis política en la consolidación del movimiento de mujeres y feminista chileno", en Sonia Montecino Aguirre, *Mujeres chilenas: fragmentos de una historia* (Santiago de Chile, Catalonia, 2008); Olga Poblete Poblete, *Una mujer, Elena Caffarena* (Santiago de Chile, Cuarto Propio, 1993); Claudia Montero, "Prensa de mujeres en el circuito comercial en Chile, entre 1900-1920" (*Argos*, vol. 32, núm. 62, 2015); Asunción Lavrin, *Mujeres, feminismo y cambio social en Argentina, Chile y Uruguay, 1890-1940* (Santiago de Chile, Centro de Investigaciones Diego Barros Arana, 2006); Ana María Stuven, "El asociacionismo femenino: la mujer chilena entre los derechos civiles y los derechos políticos", en Sonia Montecino Aguirre, *Mujeres chilenas: fragmentos de una historia* (Santiago de Chile, Catalonia, 2008); MEMCh. *Antología para una historia del movimiento feminista en Chile* (Santiago de Chile, Ediciones Minga, s.f.); Julieta Kirkwood, *La política del feminismo en Chile* (Santiago de Chile, Flacso, 1983); Julieta Kirkwood, *Ser política en Chile: las feministas y los partidos* (Santiago de Chile, LOM Ediciones, 1982); Margareth Power, *La mujer de derecha. El poder femenino y la lucha contra Salvador Allende* (Santiago de Chile, Centro de Investigaciones Diego Barros Arana, 2008); María Elena Valenzuela, "Las mujeres en la transición democrática", en Paul Drake e Ivan Jaksik (eds.), *El difícil camino hacia la democracia en Chile, 1982-1990* (Santiago de Chile, Flacso, 1993); Felícitas Klimpel, *La mujer chilena (el aporte femenino al progreso de Chile) 1910-1960* (Santiago de Chile, Editorial Andrés Bello, 1962).

Aspectos fundamentales de historia de las mujeres y del feminismo en Paraguay se hallan en Barbara Potthast, *¿"Paraíso de Mahoma" o "país de las mujeres"?* (Asunción, Instituto Cultural Paraguayo–Alemán Editor,1996); Estela Mary Sosa, *El papel de las mujeres* *paraguayas en la Guerra del Chaco, 1932-1935* (Posadas, Editorial Universidad Nacional de Misiones, 2010); Gaya Makaran, "La imagen de la mujer en el discurso nacionalista paraguayo" (*Latinoamérica*, 57, núm. 2, 2013); Ana Barreto, *Mujeres que hicieron historia en el Paraguay* (Asunción, Ateneo Cultural Lidia Guames–Servilibro–Secretaría de la Mujer, 2011); Clyde Soto, "Una presencia inconstante", y Marta Isabella Mora, "La liga de las mujeres", ambos en Line Bareiro y Clyde Soto (eds.), *Ciudadanas: una memoria inconstante* (Caracas, Centro de Documentación y Estudios–Nueva Sociedad, 1997); Lorena Soler, *Mujeres y redes internacionales. La Liga Paraguaya Pro Derechos de la Mujer (1951-1962) como parte de las disputas de la Guerra Fría* (Ponencia, V Jornadas CINIG de Estudios de Género y Feminismos y III Congreso Internacional de Identidades, UNLP, julio de 2018); Graziella Corvalán, *La construcción social del movimiento feminista paraguayo* (Asunción, Ediciones y Arte, 2012).

Para Brasil, véase especialmente Maria Simonetti de Gadelia Grilo, *Buscando a luz sobre Nísia Floresta Brasileira Augusta* (Rio de Janeiro, Editor Clima, 1989); Katherine M. Marino, "Transnational Pan-American feminism. The friendship of Berha Lutz and Mary Wilhelmine Williams, 1926-1944" (*Journal of Women's History*, vol. 26, núm. 2, 2014); Hildete Pereira de Melo y Cintia Rodrigues, "La trayectoria de las mujeres comunistas brasileñas: una historia sin contar", en Adriana Valobra y Mercedes Yusta (eds.), *Queridas camaradas. Historias iberoamericanas de mujeres comunistas* (Buenos Aires, Miño y Dávila, 2017); Rachel Soihet, "Movimientos femeninos y lucha por el voto en Brasil", en Isbael Morant (dir.), *Historia de las mujeres en España y América Latina*, t. IV, G. Gómez Ferrer, G. Cano, D. Barrancos y A. Lavrin (coords.) (Madrid, Cátedra, 2006); Elizabeth Cardoso, "Imprensa feminista pos 1974" (*Estudos Feministas*, vol. 12, núm. 99, septiembre-diciembre de 2004); Elizabeth Souza Lobo, "Mulheres, feminismo e novas praticas sociais" (*Revista de Ciencias Sociais*, vol. 1, núm. 2, 1987); Ana Alice Alcantara Costa, "O movimento feminista no Brasil: dinámicas de uma intervenção política" (*Anuario de Hojas de Warmi*, núm. 16, 2011); Anette Golberg, "Feminismo no Brasil contemporáneo: o percurso intelectual de um ideario político" (Rio de Janeiro, *BIB*, núm. 28, segundo semestre de 1989); Margareth Rago, "Adeus ao feminismo? Feminismo e (pos) modernidade no Brasil" (*Cadernos AEL*, núm. 3/4, 1995/1996); Mary del Priore (org.) y Carla Bassanezi (coord.), *Historia das mulheres no Brasil* (São Paulo, Contexto, 2004); Carla Bassanezi Pinsky y Joana Pedro (orgs.), *Nova história das mulheres no Brasil* (São Paulo, Contexto, 2012); María de Almeida Teles, *Breve história do feminismo no Brasil e outros ensaios* (São Paulo, Alameda, 1993).

Con relación a la historia del feminismo en Uruguay la bibliografía de consulta imprescindible es: Asunción Lavrin, "Paulina Luisi: pensamiento y escritura feminista", en Lou Charnon Deutsch, *Estudios sobre escritoras hispánicas en honor de Georgina Sabat Rivers* (Madrid, Castalia, 1992); Graciela Sapriza, "Clivajes de la memoria. Para una biografía de Paulina Luisi", en *Uruguayas notable: 11 biografías* (Montevideo, Fundación Bank Boston, Linardi y Riso, 1999); Christine Ehrick, "Madrinas and missionaries: Uruguay and the Pan-American Women's Movement" (*Gender & History*, vol. 10, núm. 3, 1998); Asunción Lavrin, *Mujeres, feminismo y cambio social en Argentina, Chile y Uruguay, 1890-1940* (Santiago de Chile, Centro de Investigaciones Diego Barros Arana, 2006); Graciela Sapriza, "La hora de la eugenesia, las feministas en la encrucijada", en Isabel Morant (dir.), *Historia de las mujeres en España y América Latina*, t. III, D. Barrancos, A. Lavrin y G. Cano (coords.) (Madrid, Cátedra, 2006); Inés Cuadro Cawen, "Feminismos, culturas políticas e identidades de género en Uruguay, 1906-1932" (tesis de doctorado, Universidad Pablo de Olavide, Programa "Europa, el Mundo Mediterráneo y su difusión Atlántica. Métodos y teorías para la investigación histórica" (Sevilla, 2016); Silvia Rodríguez Villamil y Graciela Sapriza, *Mujer, Estado y política en el Uruguay del siglo XX* (Montevideo, Ediciones de la Banda Oriental, 1984); Verónica Giordano, *Ciudadanas incapaces. La construcción de los derechos civiles en Argentina, Brasil, Chile y Uruguay en el siglo XX* (Buenos Aires, Teseo, 2012); Mónica Cardoso "Las uruguayas en el Bicentenario" (*Nuestro Tiempo*, núm. 2, 2013-2014); Ana Laura Di Giorgi, "A la calle con la cacerola. El encuentro entre la izquierda y el feminismo en los ochenta", en Magdalena Valdivieso *et al.*, *Movimientos de mujeres y lucha feminista en América Latina y el Caribe* (Buenos Aires, Clacso, 2016).

Para la historia de las mujeres y del feminismo en Argentina, véase María del Carmen Feijóo, *Las feministas* (Buenos Aires, CEA, 1980); Asunción Lavrin, *Mujeres, feminismo y cambio social en Argentina, Chile y Uruguay, 1890-1940* (Santiago de Chile, Centro de Investigaciones Diego Barros Arana, 2006); Donna Guy, *Las mujeres y la construcción del Estado de Bienestar. Caridad y creación de derechos en la Argentina* (Buenos Aires, Prometeo, 2011); Omar Acha y Paula Halperin (comps.), *Cuerpos, géneros, identidades. Estudios de historia de género en Argentina* (Buenos Aires, Ediciones del Signo, 2000); Dora Barrancos, *Inclusión/exclusión. Historia con mujeres* (Buenos Aires, FCE, 2002); Dora Barrancos, *Mujeres en la sociedad argentina. Una historia de cinco siglos* (Buenos Aires, Sudamericana, 2007); Sandra McGee Deutsch, "Mujeres, antifascismo y democracia: la Junta de la Victoria (1941-1947)" (*Anuario IEHS*, vol. 28, 2013); Karina Ramaciotti, Adriana Valobra y Carolina Barry, *La Fundación Eva Perón y las mujeres en Buenos Aires: entre la provocación y la integración* (Buenos Aires, Biblos, 2008); Susana Bianchi y Norma Sanchís, *El Partido Peronista Femenino* (Buenos Aires, CEAL, 1988); Fernanda Gil Lozano, Valeria Silvina Pita y María Gabriela Ini (dirs.), *Historia de las mujeres en la Argentina* (Buenos Aires, Taurus, 2000); Mirta Lobato, *Historia de las trabajadoras en la Argentina (1869-1960)* (Buenos Aires, Edhasa, 2007); Adriana Valobra, *Del hogar a las urnas. Recorridos de la ciudadanía política femenina. Argentina. 1946-1955* (Buenos Aires, Prohistoria, 2010); Verónica

Giordano, *Ciudadanas incapaces. La construcción de los derechos civiles de las mujeres en Argentina, Brasil, Chile y Uruguay en el siglo XX* (Buenos Aires, Teseo, 2012); Laura Masson, *Feministas en todas partes. Una etnografía de espacios y narrativas feministas en Argentina* (Buenos Aires, Prometeo, 2007); Eleonor Faur (comp.), *Mujeres y varones en la Argentina de hoy. Géneros en movimiento* (Buenos Aires, Siglo XXI–OSDE, 2017); Ilse Fuscova, Silvia Schmid y Claudina Marek, *Amor de mujeres. El lesbianismo en la Argentina, hoy* (Buenos Aires, Planeta, 1994); Graciela Di Marco, *El pueblo feminista: movimientos sociales y lucha de las mujeres por la ciudadanía* (Buenos Aires, Biblos, 2012); Diana Maffía, *Sexualidades migrantes. Género y transgénero* (Buenos Aires, Feminaria, 2003); Silvana Palermo, *Los derechos políticos de la mujer. Los proyectos y debates parlamentarios 1916-1955* (General Sarmiento, UNGS–Secretaría de Relaciones Parlamentarias, 2012); VVAA, *#NiUnaMenos/Vivas nos queremos* (Buenos Aires, Milena Caserola, 2015.

Con referencia a los movimientos feministas que incluyen centralmente a mujeres de pueblos originarios y afrodescendientes, véase Francesca Gargallo, *Feminismos desde Abya Yala: ideas y proposiciones de las mujeres de 607 pueblos en nuestra América* (Medellín, Desde Abajo, 2012); Claudia Korol (org.), *Las revoluciones de Berta* (Buenos Aires, América Libre, 2018); Claudia Korol, "Juicio a la justicia patriarcal. Hacia una justicia feminista, antirracista, originaria, comunitaria y popular", en Diana Maffía, Patricia Laura Gómez y Aluminé Moreno (comps.), *Miradas feministas sobre los derechos* (Buenos Aires, Jusbaires, 2019); Karina Bidaseca y Vanesa Vázquez Laba (comps.), *Feminismos y poscolonialidad* (Buenos Aires, Godot, 2011); Julieta Paredes, *Hilando fino desde el feminismo comunitario* (La Paz, 2008); Lorena Cabnal–ACSUR–Las Segovias, *Siempre feminista. Feminismos diversos: el feminismo comunitario* (Madrid, ACSUR-Las Segovias–Ministerio de la Igualdad, 2010); María Lugones, "Colonialidad y género. Hacia un feminismo descolonial", en Walter Mignolo *et al.* (eds.), *Género y descolonialidad*

(Buenos Aires, Del Signo, 2014); Ochy Curiel, "La crítica poscolonial desde las prácticas políticas del feminismo antirracista" (*Nómadas*, núm. 26, 2007).

Con relación a los movimientos "anti derechos" que se han manifestado en la región véase especialmente *Derechos en riesgo,* Informe del Observatorio sobre Universalidad de Derechos (Toronto, Association for Women's Rights in Development (AWID), 2017); Richard Dawkins, "El espejismo de dios" (Barcelona, Espasa, 2007); José Manuel Morán, "El activismo católico conservador y los discursos científicos sobre sexualidad: cartografía de una ciencia heterosexual" (*Sociedad y Religión*, núm. 22, 2012); Juan Marco Vaggione (comp.), *El activismo religioso conservador en América* (Córdoba, Católicas por el Derecho a Decidir, 2010); Juan Marco Vaggione, "La 'cultura de la vida'. Desplazamientos estratégicos del activismo católico conservador frente a los derechos sexuales y reproductivos" (*Sociedad y Religión*, núm. 32, 2012); Roberto Blancarte, *Laicidad y valores en un Estado democrático* (México, El Colegio de México, 2000); Fortunato Mallimaci, "Los laberintos de la secularización y la laicidad en la Argentina contemporánea", en Mariela Ceva y Claudia Touris (comps.), *Nuevos aportes a los estudios de la religión en las sociedades contemporáneas del Cono Sur* (Buenos Aires, Lumiere, 2011); Enzo Pace y Renzo Guolo, *Los fundamentalismos* (México, Siglo XXI, 2006); Lilian Abraciskas, Santiago Puyol, Nicolás Iglesias y Stefanie Kreher, *Políticas antigénero en Latinoamérica. Uruguay, el mal ejemplo* (Montevideo, MYSU, 2019); B. de Sousa Santos, *Si Dios fuese un activista de los derechos humanos* (Madrid, Trotta, 2014).

Historia mínima de los feminismos en América Latina
se terminó de imprimir en agosto de 2020,
en los talleres de Gráfica Premier, S.A. de C.V.,
Calle 5 de febrero 2309, Col. San Jerónimo Chicahualco,
52170, Metepec, Estado de México.
Portada: Pablo Reyna.
Tipografía y formación: Socorro Gutiérrez.
La edición consta de 1 500 ejemplares.
Cuidó la edición Eugenia Huerta.